PLANIFIQUE SU PREDICACIÓN

CÓMO DESARROLLAR *un* CALENDARIO *de* PREDICACIÓN *por un* AÑO

◆◆◆

STEPHEN NELSON RUMMAGE

La misión de *Editorial Portavoz* consiste en proporcionar productos de calidad —con integridad y excelencia—, desde una perspectiva bíblica y confiable, que animen a las personas a conocer y servir a Jesucristo.

Título del original: *Planning your Preaching* © 2002 por Stephen Nelson Rummage y publicado por Kregel Publications, una división de Kregel, Inc., P.O. Box 2607, Grand Rapids, MI 49501. Traducido con permiso.

Edición en castellano: *Planifique su predicación* © 2011 por Editorial Portavoz, filial de Kregel Publications, Grand Rapids, Michigan 49501. Todos los derechos reservados.

Traducción: Daniel Andrés Díaz Pachón

Ninguna parte de esta publicación podrá reproducirse de cualquier forma sin permiso escrito previo de los editores, con la excepción de citas breves en revistas o reseñas.

A menos que se indique lo contrario, todas las citas bíblicas han sido tomadas de la versión Reina-Valera © 1960 Sociedades Bíblicas en América Latina; © renovado 1988 Sociedades Bíblicas Unidas. Utilizado con permiso. Reina-Valera 1960™ es una marca registrada de la American Bible Society, y puede ser usada solamente bajo licencia.

EDITORIAL PORTAVOZ
P.O. Box 2607
Grand Rapids, Michigan 49501 USA

Visítenos en: www.portavoz.com

ISBN 978-0-8254-1813-6

1 2 3 4 5 / 15 14 13 12 11

Impreso en los Estados Unidos de América
Printed in the United States of America

*A mis padres,
Gerald y Selma Rummage,
quienes me han respaldado amorosamente en el ministerio,
y quienes son ejemplo continuo y brillante de
carácter, fidelidad y servicio semejantes a los de Cristo.*

Contenido

Reconocimientos 7

Introducción 9

1. Razones para planificar su predicación 15
2. Determinar su estrategia de predicación 31
3. La mecánica de la planificación 52
4. Planificación de series expositivas 69
5. Planificación para las ordenanzas 92
6. Planificación para los días especiales 110
7. Planificación para la predicación doctrinal 129
8. Planificación para la predicación pastoral 153
9. Aprender del plan antiguo 172
10. El plan puesto en marcha 191

Notas 213

Reconocimientos

En el tiempo que he tardado en escribir este libro han sido varias las personas que me han ayudado y animado grandemente. Mis estudiantes del Seminario Teológico Bautista del Sureste me han llevado a pensar y refinar los materiales aquí presentados. El doctor Paige Patterson, presidente del seminario y uno de mis héroes en el ministerio, ha proporcionado una atmósfera maravillosa en el campus que promueve la escritura e investigación entre los profesores. El doctor Wayne McDill, mi profesor de predicación y ahora colega en el cuerpo docente del seminario, me introdujo al concepto de la predicación planificada y agudizó mis ideas durante todo el proyecto, especialmente en lo relativo a la estrategia de predicación del pastor. Chris Griggs, amigo de toda la vida y compañero de predicación, leyó las primeras versiones de cada capítulo y me dio muchas ideas útiles. Jim Weaver, de Kregel Publications, me animó constantemente mientras escribía el manuscrito. Mi esposa, Michele, me ha respaldado con dulzura en este proyecto, como me hace siempre en todo lo que emprendo. Finalmente, nuestro joven hijo Joshua me ha recordado en repetidas ocasiones su interés por tener un ejemplar de este libro y en leerlo tan pronto aprenda a leer, lo cual me ha sido un mayor incentivo para escribir de lo que jamás sabrá.

Stephen Nelson Rummage
Raleigh, Carolina del Norte
Octubre de 2002

Introducción

A los seminaristas, pastores e incluso a otros profesores les gusta hacernos una pregunta a quienes enseñamos la predicación. Me la han formulado en entrevistas de trabajo, en el salón de clase y en la cena antes de una reunión de avivamiento. He aquí la pregunta: "Sin contar los sermones registrados en las Escrituras, ¿cuál es el mejor sermón de todos?".

Suelo responder algo como esto: "No creo que las grandes predicaciones puedan limitarse a un sermón". Nunca tengo la certeza de que mi respuesta satisfaga a quien me ha hecho la pregunta. Sin embargo, la verdad es que la predicación exitosa no tiene que ver con un único sermón, sino con muchos. Piense en los grandes predicadores de la historia; hombres como Charles Spurgeon, Alexander Maclaren, Henry Ward Beecher, Martyn Lloyd-Jones, Billy Graham y otros. Aunque podamos mencionar algún sermón predicado por cualquiera de ellos cuyo contenido haya sido especialmente fuerte, ninguno se definió por un único gran sermón. Lograron el éxito en su papel de predicadores por esforzarse toda la vida en ofrecer predicaciones siempre efectivas.

La excelencia continua es la clave del éxito en cualquier cosa que se haga. Joe DiMaggio se convirtió en un héroe nacional durante su carrera con los Yankees de Nueva York. Los compositores escribían canciones sobre él. Los niños esperaban en largas filas para tener su autógrafo. Las compañías pagaban mucho dinero para que él respaldara sus productos. Curiosamente, DiMaggio no fue un jugador vistoso. No fue el rey de los *home-runs*, como sí lo fue Babe Ruth antes que él o Roger Maris después. En cambio, obtuvo fama por ser constante en su buen juego. En 1941 lo nombraron el jugador más valioso de la liga americana, en gran parte debido al hecho de haber bateado pelotas imparables en 56 partidos seguidos. Por su excelencia continua obtuvo también los premios de jugador más valioso en 1939 y 1947. Durante su carrera tuvo un promedio al bate de .325 en 1736 juegos. Siempre destacó en los estadios por jugar bien.

Igual que DiMaggio construyó su carrera de béisbol sobre la confiabilidad, más que sobre el momento, los predicadores deben procurar la consistencia en el púlpito. La buena predicación es batear todas las semanas, no predicar un solo sermón importante de grand-slam. Pocos predicadores tienen la capacidad de crear y ofrecer una obra maestra de la oratoria, pero todos los predicadores llamados por Dios pueden predicar con efectividad constante y fidelidad con la Palabra de Dios.

La importancia de la constancia en la predicación da a conocer que el valor general de su ministerio en la predicación tiene poca relación con el sermón que prepara para el próximo domingo, cosa que puede ser tan humillante como alentadora. Por un lado, es una lección de humildad descubrir que, incluso si usted hace un gran trabajo sobre algún tema bíblico para esta semana, hay una buena posibilidad de que necesite repetirlo dentro de pocos meses o años. Incluso podría ser necesario predicar a partir del mismo pasaje. Hay muy poca probabilidad de que algún predicador tenga la última palabra sobre algún tema teológico o texto bíblico dado en un sermón.

Por otro lado, es tremendamente alentador el hecho de que un sermón no pueda determinar, a favor o en contra, la efectividad de la predicación. El predicador puede tranquilizarse porque, aún cuando su predicación es menos que estelar, no todo está perdido. Tendrá otra oportunidad para volver a hablar sobre el mismo tema, incluso el mismo pasaje bíblico. La efectividad del predicador depende de la suma de todo su trabajo en el púlpito, más que de algún mensaje particular.

Para predicar siempre con calidad es necesaria una buena planificación. Andrew Blackwood fue un profesor de homilética y un predicador muy querido en el Seminario Teológico de Princeton. Él observó que el éxito de los grandes predicadores solía depender de su planificación. Blackwood escribió: "Casi todos los pastores predicadores que conozco han planificado su obra en el púlpito de alguna manera. Existe la impresión de que Beecher o Spurgeon se ocupaban de otras cosas toda la semana y el sábado por la noche preparaban su sermón de la mañana. Incluso si hubieran sido magos, saliera lo que saliera de su manga, primero tendría que haber entrado en ella de acuerdo con un plan cuidadoso".[1]

La mayoría de los libros sobre predicación se enfoca en el desarrollo de un único sermón. El autor lo lleva a usted por los asuntos básicos de un pasaje bíblico, por la formulación del tema del sermón, por el diseño de un bosquejo y luego por darle cuerpo al mensaje mediante ilustraciones, aplicaciones y otros materiales, todo paso a paso. Tal enfoque es esencial como introducción a la homilética, pero puede dejar fuera algunas consideraciones importantes como las siguientes:

- ¿Cómo planifica y se prepara el predicador para el largo alcance de su ministerio de predicación?
- ¿Cómo puede asegurarse de abordar los temas que su congregación necesita oír?
- ¿Cómo puede asegurarse de hablar regularmente de las doctrinas importantes?
- ¿Cómo puede el predicador aprovechar al máximo las temporadas cristianas como la Navidad y la Pascua?
- ¿Cómo se planifican y programan las series sobre temas o libros de la Biblia?
- ¿Cómo deben tratarse los días especiales como el día de la madre, el día del padre y otros eventos?
- ¿Qué dirección deben tomar las predicaciones de un pastor en el transcurso del año?

En este libro abordaremos tales asuntos. Explicaremos la forma en que toda su predicación puede ajustarse a un plan cohesivo de manera tal que su ministerio en el púlpito crezca en efectividad.

El enfoque de este libro

El propósito de este libro es ayudar a que los pastores estructuren un calendario trimestral, semestral o anual de sus predicaciones. Aunque mencionaré algo en cuanto a la preparación de sermones individuales, mi propósito principal es buscar medios para crear un plan de predicación extendido y cuidadosamente meditado. Para tal fin, examinaremos la mecánica de cómo crear un calendario de predicación para los cultos semanales de una iglesia típica. Exploraremos cómo planificar las predicaciones doctrinales, cómo incorporar las ordenanzas en su calendario de predicación y cómo planificar mensajes dirigidos a las necesidades espirituales en la vida de su congregación.

A lo largo de todo este libro, voy a suponer que usted es pastor de una iglesia con tres servicios a la semana: el servicio de adoración dominical por la mañana, otro por la noche, y un servicio de oración a mitad de la semana. Soy consciente de que no todos los pastores tengan la oportunidad de predicar tres veces por semana. Algunos estarán en iglesias con un único culto dominical, y otros lectores tal vez estén en congregaciones con reuniones no tradicionales. Mi esperanza es que tenga usted la capacidad de tomar el enfoque básico aquí presentado y lo ajuste a las necesidades de su propio ambiente ministerial.

Además de lo práctico que resulta aportarle un sistema de planificación viable, este libro lo retará a refinar su estrategia para predicar la Palabra de Dios a su congregación. A lo largo del tiempo, los temas que un pastor escoge para sus sermones pueden afectar a su liderazgo y al ministerio de la iglesia. De muchas maneras, su ministerio en la predicación funciona como el timón de un barco que dirige el curso de la iglesia. Lo que usted hace en el púlpito semana tras semana es instrumental para la comprensión que tenga su congregación de Dios, de la Biblia, del mundo y de ellos mismos. En consecuencia, su plan de predicación merece una buena cantidad de reflexión, oración y atención. Consideraremos el grado en el cual su estrategia de predicación puede fomentar la misión y la salud de su iglesia.

Para alcanzar los propósitos establecidos, el contenido de este libro procederá como sigue:

Razones para planificar su predicación. En este capítulo examinaremos los modelos bíblicos de la predicación y la planificación. También observaremos las ventajas de predicar con un plan previsto.

Determinar su estrategia de predicación. Consideraremos de qué forma las metas del programa de predicación pueden servir a la misión de la iglesia y a las necesidades de la congregación.

La mecánica de la planificación. Este capítulo presenta una metodología paso a paso para planificar su calendario de predicación trimestral, semestral o anual.

Planificación de series expositivas. Trataremos la predicación de series expositivas sobre libros de la Biblia. Se incluirá una explicación sobre los beneficios de predicar sobre libros de la Biblia, una consideración de cuán largas deben ser estas series, y las pautas para prepararlas.

Planificación para las ordenanzas. Se considerarán en este capítulo los roles de la Cena del Señor y el bautismo en el ministerio de predicación del pastor.

Planificación para los días especiales. Este capítulo ofrece sugerencias para tratar desde el púlpito festividades cristianas y seculares.

Planificación para la predicación doctrinal. En este capítulo consideraremos cómo se pueden cubrir los más importantes fundamentos teológicos de la fe cristiana en un plan de predicación completo.

Planificación para la predicación pastoral. Examinaremos los asuntos éticos, sociales y personales que el pastor debe tratar en un período extendido de predicaciones.

Aprender del plan antiguo. Se explorará el Año Cristiano como un método antiguo y efectivo para predicar los grandes temas de la fe cristiana.

El plan puesto en marcha. Este capítulo presentará un sistema semanal para la preparación de sermones. Ayudará a que los pastores organicen más eficientemente su tiempo de estudio.

CAPÍTULO 1

Razones para planificar su predicación

Tal vez haya usted oído el dicho: "El viaje de mil kilómetros comienza con un solo paso". Pero la mayoría de nosotros ni siquiera daría el primer paso si no tuviera interés en llegar al lugar de destino.

Planificar su predicación es un camino duro de recorrer. Determinar su estrategia de predicación es un proceso difícil que requiere pensar profundamente y orar intensamente para buscar la guía de Dios en cuanto a las necesidades de la congregación y la dirección de la iglesia. Más aún, se requiere comprometer tiempo y energía para hacer una pausa de las presiones semanales propias del pastorado, y concebir un calendario de predicación exhaustivo. Probablemente no se embarcaría usted en un viaje de planificación de sus predicaciones si no supiera que el viaje valdrá la pena.

Mi objetivo en este capítulo es demostrar que planificar su predicación tiene el valor suficiente como para invertir el tiempo y el esfuerzo necesarios. Con ello en mente, examinaremos primero un modelo bíblico para ver cómo se ajusta la planificación de su predicación a dicho modelo. Después veremos brevemente unas razones bíblicas que justifican la planificación. Finalmente, consideraremos algunas ventajas que puede tener para su ministerio la creación de un plan de predicación.

Un modelo bíblico de predicación

En 2 Timoteo 4:2 encontramos una descripción bíblica, poderosa y concisa sobre la predicación. Pablo escribe allí: "que prediques la palabra; que instes a tiempo y fuera de tiempo; redarguye, reprende, exhorta con toda paciencia y doctrina".

Cuando Pablo le escribe así a Timoteo, le da instrucciones básicas a su protegido sobre qué predicar y cómo hacerlo. Este versículo profundo sugiere varias características que deben estar presentes en nuestra predicación. Examinemos algunas de ellas.

Primero, debemos predicar bíblicamente. La orden inicial y más importante a Timoteo fue predicar "la palabra". La mayoría de veces que aparece en el Nuevo Testamento, la expresión *la palabra* hace referencia principalmente a la proclamación del mensaje del evangelio.[1] De hecho, el mensaje de la muerte y la resurrección de Cristo es el tema central de toda la predicación cristiana. Un sermón que no incluya de alguna forma el mensaje del evangelio no puede llamarse auténticamente un *sermón cristiano*. Sin embargo, el contexto inmediato de este versículo indica que "toda la Escritura es inspirada por Dios" (2 Ti. 3:16). Con este hecho en mente, las implicaciones del término *palabra* también se pueden ampliar para incluir toda la revelación bíblica. Gary Demarest escribió: "No hay duda en cuanto a qué es la palabra. Es la Palabra de Dios escrita, las Escrituras del Antiguo Testamento y, para nosotros, también el Nuevo. Debemos proclamar la Palabra de Dios al comienzo, al final y siempre".[2]

La orden de predicar bíblicamente quiere decir que el predicador no tiene la prerrogativa de crear su propio mensaje. La Palabra de Dios le obliga a predicar la Palabra de Dios. El *Directorio de Westminster* dice: "La idea esencial de predicar es que el predicador debe ser el micrófono de su texto, abriéndolo y aplicándolo como palabra de Dios para sus oyentes... de modo que el texto pueda hablar".[3]

Un plan completo de predicación debe especializarse en la exposición bíblica. La proclamación bíblica incluye la predicación de series sobre los libros de la Biblia, así como sermones expositivos sobre temas y doctrinas bíblicas importantes.

Segundo, debemos predicar constantemente. Se exhorta al predicador a estar listo "a tiempo y fuera de tiempo". La orden de estar listo solía usarse en sentido militar. Tenía el significado de permanecer en su puesto. Aquí quiere decir perseverar en la tarea que se tiene. Pablo dice que el predicador debe cumplir siempre con su deber.[4] Debe estar listo "a tiempo y fuera de tiempo". El predicador debe estar listo para predicar, independientemente de si es buen momento para hacerlo o no.

A veces el predicador sabrá, más allá de toda duda, que es momento de predicar. Todo en él le urge a hacerlo. Está inspirado cada semana cuando se prepara con su estudio. Las ideas parecen saltar de las páginas de su Biblia. Se le ocurren ilustraciones para sus sermones en todas partes y en todo lo que hace o ve. Su congregación está interesada y responde. Sus oyentes están tan entusiasmados que él podría pararse en el púlpito y decir "mantequilla de maní" y alguien respondería "¡Amén!". En ocasiones como éstas, al pastor le es fácil predicar.

Pero hay ocasiones en que la predicación está fuera de tiempo. Por distintas razones —algunas físicas, algunas espirituales, algunas inexplicables— la predicación se vuelve difícil. El predicador tiene problemas para entender el texto bíblico. Las ilustraciones son evasivas y la aplicación no se identifica fácilmente. La congregación no muestra interés el domingo por la mañana. Todo parece gritar que no es el momento de predicar. Pero aun así, la Biblia nos ordena, incluso cuando sea fuera de tiempo, mantenernos en el deber, seguir en nuestro puesto, predicar constantemente la Palabra de Dios.

Planificar la predicación le será de más utilidad cuando esté fuera de tiempo. Más de una vez me he sentado en mi escritorio un lunes por la mañana, cansado y desanimado, sin sentir el más mínimo deseo de predicar o preparar la predicación. Pero, diligentemente, consulto mi plan, leo el texto bíblico que había programado y comienzo a estudiarlo. Lo más usual es que comience a ansiar la predicación en tanto examino los detalles del pasaje que ya tenía planificado. El plan le proporcionará a usted un texto bíblico para estudiar y un tema para el sermón aún cuando no se sienta inspirado.

Tercero, debemos predicar con persuasión. En 2 Timoteo 4:2 el texto continúa con tres órdenes rápidas: "redarguye, reprende, exhorta". Los tres términos son de persuasión. *Redargüir* enfatiza el razonamiento para persuadir a los escépticos de la verdad de Dios. El término que se traduce *reprender* es la misma palabra usada en Mateo 17:18: "Jesús reprendió al demonio, el cual salió del muchacho". La represión supone un llamado a las fuerzas hostiles para que se conformen a la voluntad de Dios. *Exhortar* es la palabra griega *parakaleo* que significa "consolar o alentar". Es la forma verbal de la palabra *parakleto* o Consolador, el título que le dio Jesús al Espíritu Santo en Juan 14:16.

Estos tres mandamientos abarcan varios aspectos de la persuasión. Redargüir es persuadir con razones, reprender es persuadir con corrección y exhortar es persuadir dando ánimo. Otros pasajes bíblicos harán un llamado a enfoques diferentes de persuasión; el caso es que el predicador está llamado a persuadir. En general, la persuasión tiene lugar durante un período largo de tiempo. Planificar su predicación le proporcionará los medios para llevar a sus oyentes de manera sistemática del lugar donde están al lugar en el cual Dios quiere que estén en términos de sus valores, creencias, comportamientos y actitudes.

Cuarto, debemos predicar con paciencia. La frase final de este versículo nos pide predicar "con toda paciencia y doctrina". La palabra para "paciencia" es el término que generalmente se usa para referirse a la paciencia de Dios con nosotros. Aquí se aplica al predicador, y se iguala con el concepto de enseñar la doctrina. Demarest observa que la paciencia es la esencia de toda la enseñanza. Escribe: "La enseñanza verdadera saca lo mejor del otro".[5]

Cuando mi hijo estaba aprendiendo a hablar, nuestra familia hizo un viaje por una autopista interestatal. Las vías estaban llenas de autos, camiones y algún que otro bus. Nosotros estábamos jugando a adelantarnos con un bus rápido. Lo pasábamos y luego él nos volvía a pasar. Joshua veía cuando pasábamos el bus y gritaba: "¡Camión, papi, camión!". Como vi la oportunidad de enseñarle una nueva palabra a mi hijo, le decía: "Es un bus, Joshua. ¿Puedes decir *bus*?".

De nuevo nos pasó el bus y Joshua dijo: "¡Camión, papi, camión!".

Le repetí: "Bus, Joshua, bus". El patrón se repitió durante varios minutos. Luego volvimos a pasar al bus y Joshua exclamó: "¡Bus, papi, bus!".

Orgulloso y con entusiasmo le dije: "¡Sí, Joshua, eso es! Es un bus, aprendiste una palabra nueva".

Una vez más el bus nos pasó y Joshua gritó: "¡Camión, papi, camión!".

Desistí, por ese día, de enseñarle a mi hijo a decir "bus". Se me había acabado la paciencia.

Si se requiere paciencia para enseñarle a un niño a diferenciar entre un bus y un camión, ¿cuánta más paciencia se necesitará para enseñarle a hombres y mujeres pecadores cómo vivir delante del Dios santo? La predicación es una empresa que requiere enseñanza paciente. Algunos pastores se frustran porque sus congregaciones no adaptan inmediatamente sus vidas a la verdad bíblica. La planificación elimina un poco de esa frustración, porque el pastor que planifica ve su predicación en términos de un programa general, no como una serie de sermones individuales. La enseñanza que perdura usualmente requiere más de un sermón. Esa es una de las razones por las cuales su planificación es tan importante: le permite a usted cumplir el mandato bíblico de enseñar con paciencia la Palabra de Dios.

Ejemplos bíblicos de planificación

No hay ningún debate en cuanto a que la Biblia establece la prioridad de la predicación, pero algunas personas podrían preguntarse si el concepto de planificar los mensajes tiene fundamento bíblico. Después de todo, podría argumentar alguien, ¿no le iría mejor al predicador si tan solo siguiera la dirección del Señor, semana tras semana, en lugar de planificar sus predicaciones antes de tiempo? ¿No es peligroso que la planificación suplante la obra del Espíritu Santo en su guía del predicador? Aunque sí existe el peligro de que el predicador siga sus propios deseos y no la dirección de Dios, tal peligro está presente sin importar si el predicador planifica o deja de hacerlo. No hay nada espiritual en no planificar. De hecho, la Biblia abunda en ejemplos de quienes planificaron la obra que Dios les había encomendado.

En su libro *Planeamiento estratégico*, Aubrey Malphurs escribe que el pensamiento y la actuación estratégicos no son ajenos a la Biblia. Más bien, dice él, las referencias y los ejemplos de planificación están generosamente esparcidos a lo largo del Antiguo y del

Nuevo Testamento. Describe que Moisés sacó a Israel de Egipto y lo guió por el desierto de acuerdo con un plan. Josué actuó estratégicamente para conquistar Canaán. Nehemías también pensó y actuó de acuerdo con un plan que guió el proyecto de revitalización divina en Jerusalén.[6] Más aún, el libro de Proverbios presenta la sabiduría y el papel de Dios en la planificación con grandes palabras de consejo como las que siguen:

"El avisado mira bien sus pasos" (14:15b).

"Los pensamientos son frustrados donde no hay consejo, mas en la multitud de consejeros se afirman" (15:22).

"El corazón del hombre traza su rumbo, pero sus pasos los dirige el Señor" (16:9, NVI).

"Los pensamientos con el consejo se ordenan; y con dirección sabia se hace la guerra" (20:18).

Malphurs observa también que la Gran Comisión de Cristo, registrada en Mateo 28:18-20, y todas las empresas misioneras de la iglesia primitiva registradas en Hechos, muestran el uso de la planificación en la obra divina. Concluye así: "Entonces es obvio que Dios ha elegido obrar soberanamente, por medio de la planificación y la ejecución estratégicas, para alcanzar su obra divina en la Tierra. De acuerdo con esto, las iglesias deben tener cuidado con quienes les aconsejen ignorar cualquier forma de planificación y que simplemente 'se dejen llevar y dejen obrar a Dios'".[7]

Sin embargo, es notorio que ninguno de estos ejemplos bíblicos se refiere a la planificación anticipada de los temas en la predicación. El testimonio de los profetas del Antiguo Testamento parece indicar que eran movidos por el Espíritu Santo y comenzaban a hablar inmediatamente el mensaje que habían recibido. Jeremías así lo reflejó cuando escribió: "Y dije: No me acordaré más de él, ni hablaré más en su nombre; no obstante, había en mi corazón como un fuego ardiente metido en mis huesos; traté de sufrirlo, y no pude" (Jer. 20:9).

Igualmente, la predicación y la enseñanza apostólicas parecían más motivadas por las situaciones que presionaban a la iglesia cristiana y por la urgencia de llevar el mensaje del evangelio al mundo incrédulo, que por tener un plan preparado. Pablo no escribió cartas de instrucción a las iglesias de Galacia, Filipos, Corinto y otras ciudades porque tuviera algún plan estratégico, sino porque en tales iglesias se daban situaciones que requerían palabras de ánimo, represión o enseñanza. Pedro y Juan no predicaron a Cristo frente a la oposición en Jerusalén porque estuvieran siguiendo un plan, sino porque no podían hacer otra cosa diferente que hablar lo que habían visto y oído (Hch. 4:20). Sin embargo, fíjese que la predicación de los profetas y los apóstoles era diferente a la predicación contemporánea. Su preocupación tenía una función de revelación, mientras que la nuestra tiene un propósito explicativo.

Existen suficientes razones bíblicas para justificar la planificación de la predicación. La planificación es parte de la toma de decisiones estratégica para llevar a cabo la obra de Dios. Tras haber establecido el motivo bíblico para planificar la predicación, vamos a considerar algunas de las ventajas que tiene la planificación para el predicador.

Los beneficios de planificar su predicación

La planificación de la predicación tiene múltiples beneficios para el pastor, tanto espirituales como prácticos. La mayoría de los libros que tratan sobre la predicación planificada incluye una consideración de las ventajas de crear un plan. La siguiente lista de beneficios incluye las observaciones de otros autores, así como algunas ventajas que yo he descubierto personalmente en mi ministerio de predicación.

(1) La planificación de la predicación permite una mayor dirección del Espíritu Santo

Se cuenta una historia de dos predicadores que conversaban sobre sus experiencias en el púlpito. El primero comentaba sus esfuerzos durante toda la semana para preparar sus mensajes. El otro respondía que nunca los preparaba con anticipación, simplemente confiaba en que el Espíritu Santo le inspirara a hablar en el púlpito.

—¿Qué haces si cuando llegas al púlpito el Espíritu no te ha inspirado? —preguntó el primero.

—Bueno, doy vueltas hasta que lo hace —respondió el segundo.

La mayoría de nosotros ni soñaría con rechazar deliberadamente la preparación semanal por razones "espirituales". Sin embargo, algunos predicadores podrían objetar que la planificación cuidadosa de su predicación por anticipado le quita valor a la dirección del Espíritu Santo. Todo lo contrario, los predicadores que siempre planifican sus predicaciones encuentran que el proceso les ofrece oportunidades más amplias de buscar la guía de Dios sobre lo que hablan.

Alton McEachern escribe: "Planificar su predicación le puede dar al Espíritu Santo una mayor oportunidad de guiar su pensamiento para enriquecer así su predicación… El mismo Espíritu que inspira el sermón en el momento de predicar, puede guiarlo con anterioridad cuando usted planifica la preparación".[8] Si creemos en la soberanía de Dios, debemos creer que el Espíritu Santo sabe qué pasará en la congregación y qué necesitarán oír las personas que se reúnen el domingo. Puesto que Dios conoce tan bien las necesidades de la congregación tanto tres meses como tres días antes, el predicador puede crear un plan de predicación a largo plazo dirigido aún por el Espíritu Santo.

Martyn Lloyd-Jones observa, en su libro *La predicación y los predicadores*, que el Espíritu Santo no unge o guía arbitrariamente, sino que lo hace como respuesta a la preparación y la consagración. Escribe: "La forma correcta de mirar la unción del Espíritu es pensar en ella como aquello que viene sobre la preparación".[9] Lloyd-Jones señala las acciones de Elías en el monte Carmelo para evidenciar su aseveración. Elías se preparó para la caída del fuego cuando construyó el altar, cortó la madera, mató al toro, lo cortó en pedazos que puso sobre la madera en el altar. Entonces oró para que el fuego descendiera, y el fuego descendió, en ese orden. Lloyd-Jones afirma: "Todos tendemos a irnos a los extremos; algunos confían solo en su preparación y no miran nada más; otros… tienden a menospreciar la preparación y a confiar tan solo en la unción e inspiración del Espíritu. Pero no debe ser una cuestión de 'o esto o aquello'; siempre es 'esto y aquello'. Las dos cosas deben ir juntas".[10]

Podría preguntarse: "¿Qué pasa si el Espíritu me lleva a predicar otra cosa distinta a la que he planificado?". La respuesta es simple:

pues predique otra cosa diferente a lo que ha planificado. El plan es un siervo, no un amo. Si en realidad Dios lo lleva en otra dirección, usted lo sabrá y será obediente a su liderazgo. Sin embargo, la mayoría de las veces, si usted ha estructurado un plan por el cual ha orado y lo ha consagrado delante de Dios, se dará cuenta de que el Espíritu usará el mensaje que Él mismo lo llevó a planificar meses antes para ministrar a las necesidades y cambiar vidas.

(2) La planificación crea mayor diversidad en su predicación

Todo predicador tiene sus temas teológicos favoritos. A algunos nos encanta hablar de escatología, a otros sobre la vida cristiana victoriosa. Otros más predicaríamos gustosamente mensajes puramente evangelísticos semana tras semana. Dios nos ha hecho de manera tal que ciertos temas bíblicos nos interesen, emocionen y resuenen en nosotros. Sin embargo, no es bueno ni para usted ni para su congregación tocar continuamente la misma cuerda de su arpa homilética.

La Biblia cubre toda una gama de temas teológicos y espirituales, todos los cuales Dios puede usar en su vida y la de sus oyentes. Cuando planifique su predicación, usted tendrá una visión global del plan de predicación que no podría tener predicando semana tras semana. Naturalmente, planificará más sermones con temas más variados y que extraigan segmentos más amplios de la Palabra de Dios.

(3) Por medio de la planificación, tendrá la capacidad de enseñarle a su congregación sistemáticamente

La enseñanza requiere planificación. Cuando usted asiste a una clase en la universidad, espera que el profesor llegue el primer día provisto de un temario bien estructurado. Usted recibe el temario, y en sus páginas encuentra un plan detallado de las cosas que el profesor va a tratar ese semestre. El profesor planifica cuidadosamente para poder enseñar todos los aspectos de su materia.

En el caso del pastor, el plan de predicación se convierte en una especie de temario para el año eclesial. En Efesios 4:11 se relaciona el oficio del pastor con la función de enseñanza. Quienes ofrecen cuidado pastoral al pueblo de Dios tienen también la responsabilidad y el don de enseñar las Escrituras. Parte de enseñar al pueblo de Dios es planificar la inclusión de las verdades que la congregación necesita aprender de la Biblia.

Aunque el valor instructivo de la predicación planificada es una ventaja para la congregación y para el pastor, puede ser que algunos miembros de la congregación tarden un poco en aprender a disfrutarlo. Blackwood advierte: "A su debido tiempo muchas personas se entusiasmarán con un ministerio de enseñanza, pero al principio la respuesta puede ser desalentadora. Pueden pasar varias semanas o meses antes de que se acostumbren a la comida sustanciosa".[11] Sin embargo, cuando los miembros aprendan que en la iglesia se alimentarán con la Palabra de Dios, seguramente asistirán con mayor regularidad y traerán amigos con ellos.

(4) La planificación ayuda a desarrollar servicios de adoración cohesivos y con significado

Imagine que es domingo por la mañana y usted está a punto de dar un mensaje sobre Romanos 8:1-4. Al comienzo del servicio su ministerio musical le enseña a la congregación un coro de alabanza con las mismas palabras de los primeros versículos de su pasaje:

> Ahora, pues, ninguna condenación hay para los que están en Cristo Jesús,
> los que no andan conforme a la carne, sino conforme al Espíritu.
> Porque la ley del Espíritu de vida en Cristo Jesús
> me ha librado de la ley del pecado y de la muerte.

Usted observa que los himnos que están cantando incluyen "Cabeza ensangrentada" y en cuanto oye las palabras:

> Señor, lo que has llevado,
> yo solo merecí;
> la culpa que has pagado
> al juez yo la debí.
> Mas, mírame; confío

en tu cruz y pasión.
Otórgame, Bien mío,
la gracia del perdón,[12]

se da cuenta de que la letra del himno está relacionada con el versículo 3 de su texto, según el cual Dios envió "a su Hijo en semejanza de carne de pecado y, a causa del pecado, condenó al pecado en la carne". Después, el coro canta un himno con base en "Cómo en su sangre pudo haber", cuya última estrofa declara:

¡Jesús es mío! Vivo en Él
no temo ya condenación.
Él es mi todo; paz, salud
justicia, luz y redención.
Me guarda el trono eternal
por Él corona celestial.[13]

Para cuando usted se levanta a predicar, la congregación ya ha estado expuesta a muchas ideas del texto sobre el que versará su charla.

Tales servicios de adoración no suceden por accidente. Requieren coordinación entre el predicador y el ministro de la música. Planificar la predicación y después compartirla con quienes participan en el ministerio de la música y en otras áreas del servicio eclesial puede enriquecer la adoración en su iglesia. Especialmente, los que dirigen la música se beneficiarán si conocen de antemano lo que usted predicará. La obra de ellos necesita planificación. Lleva tiempo, por lo general al menos un mes, enseñarle un nuevo himno al coro y prepararlo adecuadamente. Los ministros de la música también necesitan tiempo para coordinar a los solistas y para seleccionar los himnos y las otras canciones que usarán en el servicio.

Obviamente, no todo servicio de adoración puede prepararse alrededor del tema de su sermón. A algunos pasajes de las Escrituras (como por ejemplo las muertes de Ananías y Safira o la muerte de Jezabel) no se les puede poner música fácilmente. Incluso así, si su ministro de la música y otros líderes de la adoración conocen el tema y el texto de su predicación, podrán trabajar con usted para desarrollar un servicio que complemente el sermón.

(5) Planificar ahorra tiempo

He hablado con muchos pastores cuya mayor queja en el ministerio es que no tienen tiempo suficiente para hacer todo lo que tienen que hacer. A un pastor le resulta fácil descubrir asuntos diferentes al estudio y la preparación de sus mensajes que le quitan todo su tiempo. Una de las cosas que les hace perder mucho tiempo semana tras semana es decidirse sobre qué tema predicar.

El lunes por la mañana el pastor se sienta ante su escritorio y piensa: "¿Sobre qué predicaré el próximo domingo?". Muerde el lápiz, se queda viendo la pantalla en blanco de la computadora, pasa las páginas de su Biblia, da un vistazo a su colección de sermones de otros predicadores, mira la última edición de *Time* o de *Selecciones* en busca de ideas. Luego sigue el almuerzo. Después, la tarde se va en visitas y reuniones. Llega el jueves por la mañana y todavía no tiene ni idea sobre qué predicará. J. Winston Pearce escribe: "¡Si utilizáramos bien el tiempo que perdemos decidiendo qué predicar, crearíamos obras maestras!".[14] He descubierto que solo hay una cosa peor que sentarse en su despacho un lunes por la mañana sin saber qué va a predicar el domingo siguiente: ¡estar sentado en su despacho el sábado sin saber qué predicar el domingo!

Cuando usted tiene un plan, se desvanecen todo el tiempo perdido y la frustración de decidir sobre qué va a predicar. En cambio, usted se sienta en su despacho el lunes sabiendo lo que va a predicar el próximo domingo, el que le sigue y el que va después. Cuando planifica, se quita de encima mucho trabajo; ahora sólo necesita hacer lo que ya tenía planificado.

(6) La planificación también protege su tiempo

Todo pastor tiene semanas que lo toman con la guardia baja, semanas en las que tiene tres funerales, una emergencia médica que requiere numerosas visitas al hospital o una crisis en la iglesia que exige toda su atención y su tiempo. Semanas como éstas son normales en el ejercicio pastoral. Tales eventos no son distracciones de su ministerio. En muchos sentidos, las interrupciones son el alma y el corazón del ministerio. Si alguna vez le desalentan las interrupciones, sólo lea los Evangelios y fíjese cuántas veces interrumpieron a Jesús. Él convirtió estas "interrupciones" en oportunidades ministeriales.

Pero independientemente de cómo vea los eventos inesperados, ya sea como interrupciones u oportunidades, lo cierto es que quitan tiempo para la preparación de los sermones. Tener un plan le permite trabajar por anticipado en sus predicaciones y distribuir el tiempo de preparación entre varias semanas, de modo que una semana ocupada no perjudicará la preparación de su sermón dominical.

(7) La planificación le permite tratar los temas en el tiempo apropiado

Otra acusación constante contra la planificación de la predicación es que dificulta la respuesta a las necesidades inmediatas de la congregación. Pero no es necesario que el predicador deje de mencionar los asuntos pertinentes por planificar la predicación. De hecho, programar sus sermones le ayudará a entregar oportunamente la palabra de Dios como respuesta a la vida de su congregación y comunidad.

Tal cosa es cierta por varias razones. Primero, en cuanto usted ponga su plan bajo la dirección del Espíritu Santo, Él lo guiará hacia los asuntos que su congregación más necesita oír, a menudo con resultados sorprendentes. Cuando he predicado series expositivas sobre libros de la Biblia, me he encontrado varias veces con algún sermón que, planificado desde hace varios meses, hablaba puntualmente y con pertinencia a una necesidad surgida en mi congregación durante la semana en que se predicó el mensaje. Cuando esto sucede, el mensaje ministra con mucho poder a la congregación, pues ellos saben que usted no eligió el mensaje tan solo por una necesidad apremiante. Cuando la gente se da cuenta de que el Espíritu Santo guió a su pastor de antemano para ofrecer el mensaje necesario en esa semana, entra en juego un elemento sobrenatural adicional.

Usted puede ajustar con facilidad su programa cuando la muerte, algún desastre u otras crisis le exigen predicar sobre un tema diferente al planificado. Cuando el predicador sabio esté frente a alguna emergencia, simplemente dejará su plan a un lado durante una semana y regresará después. Sin embargo, es infinitamente más fácil ajustar un plan existente que proceder sin ninguna clase de plan.

(8) La planificación le ayuda a ampliar su biblioteca

He oído la historia de un teólogo británico que pasó un año dando conferencias en seminarios y universidades de Estados Unidos. Cuando el año se acababa, alguien preguntó al profesor: "¿Qué le impresiona más del clero estadounidense?".

Él respondió: "Dos cosas: el brillo de sus automóviles y el vacío de sus bibliotecas".

Desarrollar una biblioteca de trabajo es una necesidad del predicador. Los libros en sus anaqueles serán sus herramientas para producir sus sermones. La biblioteca no es un ensamblaje aleatorio de volúmenes donados por amigos bien intencionados o miembros de la iglesia. No es una colección de gangas en la librería de enfrente. Tampoco es una mezcla de libros sobre las últimas tendencias teológicas o de métodos para el crecimiento de la iglesia. No, la biblioteca del pastor es una colección de libros cuidadosamente seleccionados para las necesidades del pastor en su labor de preparación de los sermones.

Una de las mejores maneras de ampliar su biblioteca de trabajo es desarrollar un programa de predicación a largo plazo y bien planificado. Al comienzo de su carrera ministerial, le será casi imposible reunir una colección de obras de referencia, recursos del lenguaje, comentarios y tratados teológicos que le permitieran comenzar un sermón sobre cualquier libro de la Biblia. Si escoge usted los textos bíblicos y los temas de los sermones semana a semana, se encontrará en repetidas ocasiones con que en su biblioteca hacen falta volúmenes importantes para preparar su predicación adecuadamente.

Sin embargo, al tener un plan de predicación, podrá programar la compra de libros que le ayudarán a desarrollar los sermones sobre los temas o libros bíblicos incluidos en su plan. Por ejemplo, si usted sabe con meses de anticipación que predicará una serie sobre el Sermón del Monte, podrá hacerse con los mejores libros sobre el tema.

Planificar no solo le permitirá comprar sus libros por anticipado; también le dará la oportunidad de leer los libros antes de tiempo. Encontrará que leer el material relacionado con sus temas de predicación, por la noche o en su tiempo libre, cuando esté lejos de las presiones de preparar un sermón, enriquecerá tremendamente su predicación. Leer por anticipado avivará su imaginación y añadirá profundidad a los sermones que usted predique.

(9) Planificar reduce el estrés

Quien selecciona sus temas semanalmente y no tiene un sistema para organizar su labor en el púlpito se convierte en un manojo de nervios y estrés. No puede disfrutar del tiempo con su esposa e hijos porque siente constantemente la presión del sermón en el que debe estar trabajando. Su tiempo libre está plagado de pensamientos sobre esa investigación inacabada que le espera en su estudio. Siente un grandísimo descanso al final de los servicios dominicales, pero antes de irse a dormir por la noche ya está experimentando el estrés de tener que escoger tres temas y textos nuevos para la próxima semana.

De manera opuesta, el predicador que planifica puede disfrutar su tiempo lejos del estudio, porque sabe que su preparación del sermón está bajo control. Está confiado en la dirección que tomará la preparación de los sermones semana a semana. Es más amable y está más disponible para su familia. En resumen, elaborar el sermón es un deleite, no una pesadez, por haber planificado su preparación.

(10) Planificar aumenta su creatividad

Además de disminuir el estrés que puede acompañar la predicación, planificar también lo hace más creativo en su enfoque del sermón. Predicar es un trabajo de creatividad. En la mayoría de los casos, a la creatividad no le importan las fechas límite y las soluciones a corto plazo. El predicador debe tener tiempo para investigar y desarrollar un sermón consistente bíblicamente, agradable retóricamente y útil espiritualmente. Una de las ventajas de planificar es que le deja más tiempo para preparar el sermón, y esto mejora el proceso creativo. Los mejores sermones se hierven a fuego lento, no de manera rápida en un horno microondas.

Su mente nunca duerme. Pearce escribe de ella: "Es una trabajadora dispuesta, pero insiste en trabajar de acuerdo a las reglas. Dele una tarea apropiada, la materia bruta necesaria, preguntas por resolver, una buena cantidad de tiempo, y le proporcionará cosas extrañas y maravillosas del pasado. Puede seleccionar, combinar, deducir, predecir, analizar… pero se le debe dar tiempo".[15] Con la información para alimentarse, una meta definida y mucho tiempo, sus poderes creativos obrarán de modos que lo sorprenderán. Puede que despierte una noche con la ilustración perfecta o que vaya conduciendo por la autopista cuando le venga a la cabeza la explicación de un concepto que lo ha eludido durante el tiempo que estaba en su oficina. Las ideas irrumpen cuando les permite incubarse en su mente durante un tiempo. Planificar es una manera de darles tiempo de gestación y desarrollo a las ideas de los sermones.

Por tanto, planificar su predicación es más que una tarea administrativa o una ocupación del tiempo. Más bien, es consistente bíblicamente y provechoso para el ministerio del pastor. Planificar traerá beneficios a su ministerio de predicación, su vida pastoral, su vida familiar e incluso a su bienestar emocional y mental. Estoy seguro de que cuando comience a hacerlo descubrirá otras ventajas personales. Después de haber examinado los beneficios de la predicación planificada en su ministerio, pasaremos al primer paso de creación del plan: determinar su estrategia de predicación.

CAPÍTULO 2

Determinar su estrategia de predicación

Hace poco pasé una tarde con un pastor que llevaba dos años sirviendo en su primera congregación. Condujimos por su comunidad eclesial y discutimos las oportunidades y los retos a que se enfrentaba como líder espiritual de la congregación. Mientras hacíamos las visitas, le pregunté por su programa de predicación.

—Estoy haciendo una serie sobre el libro de Romanos en las mañanas de los domingos —dijo él.

—¡Genial! —le respondí—. ¿Cómo está saliendo?

—Bueno, llevamos unos cuatro meses y vamos por el quinto capítulo. La congregación ya no está tan entusiasmada como al principio —admitió—. Y yo tampoco.

Como estábamos a mediados de octubre, le pregunté si ya habría terminado para Navidad.

—No había pensado en eso. Creo que congelaré la serie mientras tanto. Puedo regresar al tema después del Año Nuevo.

—¿Crees que la habrás terminado para la Pascua? —pregunté.

Hizo una pausa por un momento.

—Hombre, en realidad tampoco lo había pensado. Dudo que haya acabado para entonces.

—¿Cuántos sermones tendrá la serie?

—No tengo ni idea —respondió—. No he pensado mucho en eso.

Cuanto más hablábamos, más me daba cuenta de que este pastor tenía poca idea de hacia dónde iba su ministerio de predicación. Sabía que él era un predicador capaz, se tomaba en serio su ministerio, pero parecía faltarle ánimo y propósito para la estrategia general de su predicación. Está bien, seguía un plan general de predicar sobre un libro de la Biblia en sus servicios dominicales. Al menos ello permitía que su labor en el púlpito tuviera algún sentido de dirección. Pero no tenía metas específicas hacia las cuales iba a encaminar su predicación. Como él mismo admitió, su ministerio de predicación general estaba perdiendo el foco, desde su punto de vista y desde el de su congregación. Podía comprender su situación, porque yo había estado en los mismos aprietos.

Creo que muchos pastores están en una situación semejante a la de mi amigo. Están comprometidos con la predicación, estudian mucho para hacerlo, pero no tienen una estrategia clara relacionada con los objetivos de su predicación. Resultado: se sienten inseguros en cuanto a qué están intentando alcanzar por medio de su ministerio general en el púlpito.

Planificar la predicación requiere un sentido de estrategia. Esta se puede definir como un conjunto de objetivos cuidadosamente seleccionados, que usted desea lograr para su labor en el púlpito. Definir claramente su estrategia de predicación le dará una perspectiva panorámica de las metas y prioridades de su plan.

La estrategia de predicación debe mostrar dos grandes cualidades. Primero, debe ser coherente con los objetivos bíblicos generales de la predicación. Segundo, debe adaptarse a su congregación particular. El predicador debe entender los objetivos bíblicos de la predicación y determinar cuáles de sus aspectos son más pertinentes para su congregación; solo así podrá tener una estrategia efectiva. En este capítulo examinaremos algunos objetivos bíblicos de la predicación. Después consideraremos dos grandes pasos para desarrollar una buena estrategia: entender a su congregación y escribir los objetivos pretendidos.

Objetivos bíblicos de la predicación

Desde el punto de vista bíblico, la intención final de la predicación es la fe. El predicador proclama la Palabra de Dios con el propósito de llamar al oyente a confiar en Él. En Romanos 10:14 Pablo escribe: "¿Cómo, pues, invocarán a aquel en el cual no han creído? ¿Y cómo creerán en aquel de quien no han oído? ¿Y cómo oirán sin haber quien les predique?". Pablo concluye sus pensamientos diciendo: "Así que la fe es por el oír, y el oír, por la palabra de Dios" (Ro. 10:17). La meta de la predicación —tanto en los sermones individuales como en el plan del pastor a largo plazo— no es tan solo impartir conocimientos, provocar pensamientos, generar cambios o exaltar las emociones. Más bien, la predicación bíblica lucha por obtener la respuesta de fe en el oyente. Dios quiere que las personas le oigan, confíen en Él y lo invoquen como respuesta a la predicación.[1]

En *Expository Preaching Without Notes* [La predicación expositiva sin notas], Charles Koller afirma que la respuesta de fe del creyente es el objetivo bíblico de los sermones: "En toda predicación bíblica, Dios busca principalmente llevar al hombre a la comunión con Él por medio de su mensajero".[2] Entonces, en su nivel más básico, para generar fe con la predicación se requieren mensajes que llamen a los perdidos a la salvación. Tal cosa es cierta porque la fe salvadora en Cristo inicia la relación del creyente con Dios: "Porque por gracia sois salvos por medio de la fe; y esto no de vosotros, pues es don de Dios" (Ef. 2:8). La predicación que no esté abrumadora y profundamente informada con el mensaje de la muerte, sepultura y resurrección de Jesucristo no se puede llamar precisamente cristiana. El evangelio es el centro de la proclamación del Nuevo Testamento.

Sin embargo, predicar teniendo como meta la fe no se reduce solamente a los aspectos evangelísticos de la predicación. La confianza en Dios se requiere en todas las facetas del discipulado cristiano y de la vida piadosa. Pablo dio este testimonio: "y lo que ahora vivo en la carne, lo vivo en la fe del Hijo de Dios, el cual me amó y se entregó a sí mismo por mí" (Gá. 2:20). El autor Wayne McDill dice: "La medida del cristiano no es la medida de su virtud, ministerio, vida moral, mayordomía o cualquier otro criterio usualmente citado. Aunque todos estos elementos del carácter son importantes, la verdadera medida del cristiano es su fe".[3]

Si el llamado a la fe es la meta, ¿cómo ha de proceder el predicador hacia esa meta? ¿En qué resultados debe centrarse el predicador si quiere predicar para acrecentar la fe? Efesios 4:11-12 tiene la respuesta: "Y él mismo constituyó a unos, apóstoles; a otros, profetas; a otros, evangelistas; a otros, pastores y maestros, a fin de perfeccionar a los santos para la obra del ministerio, para la edificación del cuerpo de Cristo". Los objetivos que debemos buscar en nuestra predicación son perfeccionar y edificar a los creyentes.

Antes de examinar los resultados de la predicación que Pablo pretende en Efesios, veamos la frase *pastores y maestros*. Los términos se unen aquí para sugerir la existencia de dos roles considerados complementarios.[4] Marcus Barth, en sus notas sobre Efesios, observó que en el lenguaje griego la conjunción *y* en *pastores y maestros* suele significar "que es" o "en particular". Con ello en mente, *pastores y maestros* se puede considerar un grupo común. Podemos entender la frase así: "pastores que enseñan", quienes llevan a cabo la enseñanza regular y el ministerio de la predicación en las congregaciones.[5]

Los pastores que enseñan deben buscar dos grandes resultados de su predicación. Primero, *Dios desea perfeccionar a los creyentes en el ministerio mediante la predicación*. La frase "a fin de perfeccionar a los santos para la obra del ministerio", en Efesios 4:12, contiene tres términos plenos de significado: *perfeccionar, santos* y *ministerio*. "Perfeccionar" significa hacer apto o apropiado. Aquí la palabra griega es *katartismos*, usada a menudo como un término médico para describir el arreglo de un hueso. Denota el acto de poner a alguien o algo en el estado apropiado.[6] Los "santos" son los creyentes, aquellos hombres y mujeres que componen la iglesia. La "obra del ministerio" incluye cada aspecto del servicio y la participación en el ministerio. Los pastores predican y enseñan con la perspectiva de poner a los cristianos en el estado apropiado de servicio a Dios.

La predicación que busca la fe da como resultado una iglesia perfeccionada para el ministerio. Ello forma parte de la intención general de Dios al darle la Biblia a su pueblo. "Toda la Escritura es inspirada por Dios, y útil para enseñar, para redargüir, para corregir, para instruir en justicia, a fin de que el hombre de Dios sea perfecto, enteramente preparado para toda buena obra" (2 Ti. 3:16-17). Aquí se presentan cuatro formas de perfeccionamiento. *Enseñar* es el perfeccionamiento que viene por el conocimiento. El oyente se prepara para el servicio a medida que va entendiendo la verdad de Dios. *Redargüir* es el perfeccionamiento mediante la confrontación. Con ello el predicador llama a someter las actitudes y verdades hostiles a la santidad de Dios. *Corregir* implica perfeccionar por medio de la guía. Tal predicación es un codazo a los oyentes, con el fin de alejarlos del mal camino en sus comportamientos, valores y creencias.

Instruir en justicia perfecciona al oyente mediante el entrenamiento. Tal instrucción le muestra al oyente cómo vivir de acuerdo con la norma justa de Dios. En cuanto usted enseña, redarguye, corrige e instruye con las Escrituras, está aportando a su congregación los recursos para alcanzar "toda buena obra" a la cual Dios los llama. Los perfecciona para el ministerio.

Segundo, *Dios también desea edificar a los creyentes hasta la madurez por medio de la predicación*. Efesios 4:12 concluye con las palabras "para la edificación del cuerpo de Cristo". Si el perfeccionamiento ayuda a los creyentes a *hacer* algo, la edificación ayuda a los creyentes a *llegar a ser* algo. Los cristianos, por medio de la edificación, se convierten en creyentes maduros que reflejan el carácter de Cristo. En su sentido literal, "edificar" hace referencia a la construcción de una casa. Se usa figuradamente en el Nuevo Testamento para describir el acto de edificar o fortalecer. Dentro del contexto de este pasaje, "edificarse" tiene la connotación de crecer en madurez a semejanza de Cristo. Pablo indica que el producto de la edificación es el crecimiento del creyente "a un varón perfecto, a la medida de la estatura de la plenitud de Cristo" (Ef. 4:13).

Como resultado de la madurez que viene de la edificación, los creyentes se vuelven más unidos en su fe y conocimiento de Cristo, aprenden a discernir la enseñanza falsa y comienzan a hablar la verdad en amor (Ef. 4:13-15). Los pastores edifican el cuerpo de Cristo mediante el ministerio de la predicación. Los creyentes crecen en madurez y llegan a ser más semejantes a Cristo por la fe en la Palabra de Dios enseñada.

La meta bíblica de la predicación es llamar al oyente a confiar en Dios. A su vez, este llamado a la fe está dirigido hacia dos resultados particulares: perfeccionar a los creyentes para el ministerio y edificarlos en madurez. Tal patrón puede aportar un marco general para las consideraciones que el pastor haga sobre los objetivos de su predicación a la congregación. Su tarea es llamar a los oyentes a confiar en Dios, con la perspectiva de perfeccionarlos completamente para servirle a Él y crecer en semejanza de Cristo.

Dentro del objetivo mayor de llamar al creyente a confiar en Dios, hay aspectos específicos de la vida cristiana que se pueden fomentar por medio de la predicación. Por ejemplo, el predicador puede llegar con sermones que lleven al creyente a la *consagración*; es decir, la devoción y el compromiso profundos con Cristo. La predicación puede también expresarse como *adoctrinamiento*: enseñarles a los creyentes las verdades básicas sobre Dios y su obra. El *consuelo* y el *fortalecimiento* son aspectos adicionales de la predicación con base en la fe pues los creyentes necesitan confirmarse y fortalecerse en su fe. Llevar *convicción* al oyente es otra expresión de la predicación para la fe. Alguien ha dicho que una creencia es algo que sostenemos, mientras que una convicción es algo que nos sostiene. Muchos cristianos tienen creencias en áreas como la vida en santidad, el evangelismo y el discipulado que necesitan madurar hasta convertirse en convicciones fuertes. Llamar a la *acción* a los oyentes también es una expresión de la predicación para fe. El predicador llamará a un cambio en el comportamiento y el estilo de vida del creyente, puesto que la fe sin obediencia está muerta (Stg. 2:26).[7]

El pastor debe formular una estrategia para predicar teniendo en mente los objetivos bíblicos de la predicación. A través de todo el proceso de planificación de su estrategia, pregúntese si sus metas y objetivos concuerdan con los objetivos de fe de las Escrituras. ¿Se enfoca la estrategia en hacer un llamado a los oyentes a confiar en Dios? ¿La estrategia tiene como objetivo perfeccionar y edificar a los creyentes? ¿Le permite la predicación fortalecer un surtido amplio de aspectos de la fe?

Entender a su congregación

Además de considerar los objetivos bíblicos de la predicación, el pastor debe tener en cuenta a su audiencia. Cualquier predicación incluye tres elementos claves: el mensaje bíblico a predicar, el predicador y la congregación. El predicador debe preguntarse cuál de estos elementos es el más importante.

El elemento *menos* importante es el predicador. Aunque él y su personalidad juegan una parte vital en la predicación, ésta tiene poco que ver con el predicador. Pablo le escribió a la iglesia de Corinto: "Porque no nos predicamos a nosotros mismos, sino a Jesucristo como Señor, y a nosotros como vuestros siervos por amor de Jesús" (2 Co. 4:5). La preocupación del pastor no es centrarse en sí mismo, ni siquiera llamar la atención mediante el acto de la predicación. En su lugar, la predicación se enfoca en comunicar el mensaje de Dios en su Palabra a las personas de la congregación.

Desde el punto de vista teológico, el mensaje de la Biblia es el elemento más importante de la predicación. La Biblia, como Palabra de Dios autoritativa, es esencial para la predicación. La Biblia es la fuente del contenido del mensaje del predicador. Por medio del sermón, el predicador busca exponer la verdad teológica vital de las palabras en las Escrituras. La predicación bíblica exige un mensaje que refleje la idea principal de un pasaje de las Escrituras relacionando las verdades de ese pasaje con el oyente.

Sin embargo, desde la perspectiva de la comunicación, la audiencia es el elemento más importante de la predicación. David Berlo, teórico de la comunicación, dice que la única justificación para la existencia del orador o de la comunicación es el oyente, el blanco a quien todo va dirigido.[8] De hecho, la misma Biblia se escribió teniendo en mente a los receptores: su objetivo es llevarles el mensaje de Dios.

Puesto que el oyente tiene una posición tan prominente en el proceso de predicación, ésta, en su forma más efectiva, incluirá una cuidadosa consideración de la audiencia. Cuando usted desarrolla su estrategia, analizar a su audiencia y evaluar sus necesidades son tareas fundamentales. El predicador debe conocer a la audiencia y su situación para determinar las porciones de la Biblia que dicha audiencia necesita oír, y los mejores medios para predicar la verdad bíblica.

Adaptarse a la audiencia es la principal razón para buscar entenderla. Un predicador sabio estudiará a su congregación, aprenderá quiénes la componen y entonces adaptará su comunicación a ellos. Ajustará su plan basándose su discernimiento de la congregación, su carácter y sus necesidades.

El apóstol Pablo adaptó su sermón a la audiencia de filósofos atenienses en el Areópago (Hch. 17:22-31). Comenzó hablándoles sobre algo conocido para ellos, el altar del Dios no conocido. Luego les mostró que sabía cosas sobre su literatura y forma de pensar: citó poesía griega y les habló en términos filosóficos. Al final, llevó su atención al Cristo resucitado y llamó a la fe en Él. Este enfoque contrastó con su predicación a los corintios, de quienes escribió: "Así que, hermanos, cuando fui a vosotros para anunciaros el testimonio de Dios, no fui con excelencia de palabras o de sabiduría. Pues me propuse no saber entre vosotros cosa alguna sino a Jesucristo, y a éste crucificado" (1 Co. 2:1-2). En ambos casos, Pablo adaptó la forma en que predicaba a Cristo con base en las necesidades y el carácter de su audiencia.

Adaptarse a la audiencia no implica debilitar el mensaje bíblico para ajustarse a ella. Hacerlo no sería una adaptación, sino comprometer la verdad de la Palabra de Dios. Adaptarse tampoco quiere decir condescender con la audiencia ni hablarles con suavidad. Una vez oí a un predicador comenzar su explicación de un concepto bíblico diciéndole a su congregación: "Déjenme expresarlo en términos que *ustedes* entiendan". Este tono subestima a su audiencia y crea una distancia innecesaria entre usted y ellos.

En cambio, adaptarse a la audiencia significa adecuar su predicación de manera tal que los mensajes bíblicos se conecten mejor con su congregación particular. Ramesh Richard, erudito en homilética, escribe: "El predicador debe promover la integración de la verdad bíblica con la vida. La única forma de integrar la verdad con la vida es si se hace una exégesis de la cultura".[9] Adaptarse a la audiencia requiere un ejercicio de exégesis de la cultura de sus oyentes. Por medio de esta adaptación, usted usará lo que conoce sobre la congregación para llegar al nivel de conocimiento de su audiencia y relacionar las verdades bíblicas con sus vidas e intereses. Sin embargo, para poder adaptarse a su audiencia, debe analizarla y determinar sus necesidades.

Analizar la audiencia

El término *audiencia* es una abstracción. Es una abreviatura que usamos para referirnos a la colección de individuos reunidos para oír un sermón u otro evento hablado.[10] La congregación sentada ante usted durante la mañana de un domingo no es una personalidad gigante. En su lugar, es un conglomerado de personalidades variadas, reunidas con el propósito de adorar a Dios, y el sermón es parte de dicho propósito.

Puesto que la audiencia es una colección de muchas personas diferentes, es imposible caracterizar con precisión a cada uno de los miembros de una audiencia. Sin embargo, analizar la audiencia le permitirá hacerse una idea general de cómo es. Un predicador puede entender mejor a su congregación si analiza la audiencia de acuerdo con varios criterios que incluyen tamaño, demografía, intereses, actitud, nivel de conocimiento y condición espiritual. Es posible hacer este análisis mediante diferentes preguntas.

(1) ¿Cuántas personas hay en su audiencia?

Puede que usted predique para una audiencia grande, como la multitud que va a su iglesia los domingos por la mañana, o a un pequeño grupo de creyentes, como en una reunión de oración durante la semana. Los diferentes tamaños de las audiencias requieren cambios en el enfoque de su comunicación. El contenido de un sermón que se comunica extremadamente bien en una audiencia grande suele tener el efecto contrario —o ningún efecto— cuando se presenta a una audiencia menor. Por ejemplo, los sermones de celebración, con sus adornos oratorios, son efectivos y poderosos cuando se predica a una multitud grande, pero pueden parecer exagerados y fuera de lugar ante una audiencia más pequeña. Igualmente, los comentarios jocosos funcionan mejor cuando hay suficientes oyentes para que la risa se vuelva contagiosa, pero suelen fallar cuando usted habla para un grupo pequeño o más disperso.

Por otro lado, en cuanto su audiencia crece, también decrece la habilidad del predicador para entenderla y obtener una retroalimentación específica.[11] Cuando usted le habla a una audiencia pequeña, puede hacer y responder preguntas, analizar la retroalimentación en muchos de sus oyentes, comprobar su nivel de atención con mayor precisión y adaptar su predicación a la retroalimentación recibida. Predicar a pequeñas audiencias le permite a menudo alcanzar mayores niveles de profundidad en el asunto tratado. Además, con grupos pequeños podrá también responder a más preguntas de sus oyentes, sus preocupaciones y sus objeciones.

Cuando piense en su congregación, piense en el tamaño de la audiencia en cada uno de sus servicios semanales. Usualmente, el grupo más grande es el del domingo por la mañana, seguido por el del domingo por la noche, y luego por el de entre semana. Algunas congregaciones pueden mostrar un patrón de asistencia diferente. Considere qué temas y textos beneficiarían más cuando el grupo de oyentes es grande, y cuáles son los sermones que deben predicarse en un ambiente más pequeño e íntimo. También, preste atención a cómo el tamaño de la audiencia puede afectar a su presentación del tema.

(2) ¿Cuál es la demografía de mi audiencia?

El término *demografía* se refiere a las características generales de un grupo dado de personas. La información demográfica aporta un resumen de quién es su audiencia. Las variables incluyen la edad, el género, la educación, la raza y la cultura de sus oyentes.

Edad. El predicador estará en mejor posición de planificar sus mensajes si puede determinar la edad media de las personas en su audiencia y la distribución de los distintos grupos de edades. Hay temas que serán de mayor interés para algunos grupos de edades que para otros. Por ejemplo, si usted descubre que en el servicio de domingo por la mañana hay gran cantidad de oyentes con edades entre los veinticinco y los cuarenta y cinco años, ése podría ser el mejor momento para programar una serie sobre la familia y la crianza de los hijos. Esta clase de sermones podría desperdiciarse casi completamente si se predica durante servicios en los cuales la mayoría de la congregación sobrepasa los sesenta y cinco años. Preste atención a cuáles servicios tienen mayoría de niños y adolescentes, cuáles están compuestos por jóvenes adultos, cuáles tienen la mayor cantidad de personas en edad madura, y a cuáles asisten principalmente adultos mayores. La distribución de la edad en cada servicio le servirá de guía para hacer su plan de predicación.

Género. El predicador debe determinar la proporción de mujeres y hombres en cada uno de los servicios semanales. Hay temas en los cuales los hombres y las mujeres podrían requerir enfoques ligeramente diferentes por parte del predicador. Los hombres y las mujeres cada vez se acercan más en sus opiniones sobre diversos temas.[12] Sin embargo, los géneros difieren a menudo en la forma de comunicarse. Los hombres tienden a preferir la determinación persuasiva en los mensajes que reciben. Las mujeres usualmente desean una actitud de negociación e información por parte del orador.[13] Descubra el porcentaje de hombres y mujeres en sus audiencias y tenga en cuenta esas cifras cuando formule su plan.

Educación. Conocer el nivel de educación de su audiencia le ayudará también a planificar su predicación. Los oyentes con un nivel alto de educación suelen estar más abiertos a las nuevas ideas. También son más dados a llevarle la contraria mentalmente al orador. Las personas con un nivel más bajo de educación son menos dadas a objetar el mensaje, pero suelen aferrarse más a las viejas ideas.[14] Prestar atención al nivel de educación de su audiencia también le ayudará a saber qué grado de explicación se necesita cuando discuta los conceptos bíblicos y cuánto material puede cubrir en un mensaje. Conocer el nivel de educación de las personas le servirá también para determinar qué clase de ilustraciones y aplicaciones podrían resultar más efectivas.

Raza y cultura. La diversidad étnica, racial y cultural de Estados Unidos está haciendo que las congregaciones locales sean también más variadas étnica y racialmente. Las diferencias culturales y étnicas entre su audiencia también provocarán la existencia de diferentes percepciones sobre la naturaleza de la predicación, y de preferencias distintas en la comunicación.[15] Especialmente si usted predica en una congregación mixta en lo étnico y racial, deberá determinar la distribución de los distintos grupos étnicos que componen su audiencia.

Considerar la cultura congregacional también es importante. Cada congregación tiene su propia cultura, con expectativas únicas sobre cómo debería ser la predicación. Las culturas congregacionales diferentes pueden mostrar preferencias distintas sobre cosas como la duración del sermón, sobre si éste debe ser más cerebral e instructivo o más emocional y conmovedor, y sobre la manera en que debe exponerse. Tener conciencia de la cultura particular de su congregación le ayudará a saber cómo crear una estrategia de predicación que sea más efectiva para comunicar la Palabra de Dios.

El predicador hábil se tomará tiempo para conocer la demografía de su iglesia y de la comunidad en que su iglesia está inmersa. Puede obtener tal información de manera informal tan solo con observar a su gente. Pasar tiempo con los miembros de su congregación es valiosísimo para entenderlos y predicarles. Sin embargo, hay ocasiones en las cuales la observación casual de su congregación puede ser engañosa. Usted podría desarrollar una idea poco realista de quién es su congregación basándose en sus observaciones limitadas, o porque usted percibe a las personas más por cómo desearía que fueran y no por cómo son en realidad. Efectuar un estudio demográfico periódico o hacer una encuesta para toda la iglesia puede ayudarle a obtener una descripción más aproximada de la demografía en su congregación. Las cámaras de comercio, los consultores de crecimiento eclesial y otras organizaciones le pueden aportar una descripción demográfica de su comunidad.

(3) ¿Hasta qué punto está interesada mi audiencia?

H. L. Hollingsworth, psicólogo, identificó cinco tipos de audiencias: casual, pasiva, selecta, concertada y organizada. Cada uno de estos tipos se diferencia por el grado de interés que los oyentes tienen en el orador y su tema de predicación.[16]

La *audiencia casual* muestra la menor cantidad de atención unificada. Un ejemplo de esta audiencia son los turistas que pasean por un museo y, de vez en cuando, escuchan una explicación sobre alguna exposición. Para el predicador, un grupo de adolescentes reunidos para oír una lección bíblica durante un evento para jóvenes, con mucha certeza será una audiencia casual. Si usted está predicando en las calles o andenes de una ciudad, su audiencia también será casual. Cuando se está hablando para una audiencia casual, la primera tarea es ganarse su atención.

La *audiencia pasiva* está compuesta de oyentes atentos porque las circunstancias dictan que así debe ser. Los ejemplos más comunes son las reuniones en funerales y bodas. Sin embargo, cualquier audiencia ante la cual usted predique tiene un elemento pasivo. Especialmente durante el servicio de los domingos por la mañana, pues algunas personas asistirán porque se sintieron obligadas o porque su cónyuge o sus padres los hicieron asistir. Están asistiendo pero no están atentos ni interesados. Cuando el orador se dirige a una audiencia pasiva, debe establecer el interés de la audiencia por el tema expuesto.

La *audiencia selecta* está compuesta de oyentes reunidos por una razón conocida que es importante para ellos. Tales oyentes tienen mucho interés en recibir el mensaje que el orador va a comunicar. Cuando un pastor mira a su congregación y nota que la gran mayoría de personas tiene la Biblia abierta sobre una rodilla, una libreta en la otra y un bolígrafo en la mano, puede asumir que está predicando para una audiencia selecta. Aquí el reto del predicador consiste en provocar una impresión en sus oyentes.

La *audiencia concertada* tiene un propósito activo y un interés en realizar alguna tarea. Usualmente, esta audiencia siente un alto grado de entusiasmo por el orador, por el asunto que trata y por sus propósitos. Más aún, esperan lograr algo como resultado del mensaje que están oyendo. Como el nivel de interés de la audiencia concertada es alto, la principal tarea del orador es persuadir a esta audiencia del tema que está tratando y dirigir esa atención. Una junta de diáconos o una reunión del consejo de la iglesia estarían entre las audiencias concertadas a las cuales podría dirigirse un predicador.

El tipo final es la *audiencia organizada*. Es un grupo de oyentes sobre los cuales el orador posee un considerable grado de influencia e incluso control. En el mundo secular, las unidades militares y los equipos atléticos representan mejor esta audiencia. En la vida eclesial, los empleados de la iglesia o el círculo interno de liderazgo serían una audiencia organizada, si se supone que están orientados a seguir su liderazgo. La mayor tarea cuando se habla para una audiencia organizada es dirigirlos a la acción.

Para el pastor típico, el nivel de interés entre la mayoría de los grupos a los cuales les predica podría estar, probablemente, entre las audiencias pasivas y las selectas. Como regla general, cuanto más profundamente se introduce el predicador en los servicios de predicación semanales, más profundo será el nivel de interés del oyente. El grupo de los domingos por la mañana es, posiblemente, una audiencia más pasiva que selecta, y el grupo de la noche suele ser una audiencia más selecta que pasiva. Los oyentes que asisten a un servicio de entre semana se pueden clasificar exclusivamente como una audiencia selecta.

Entender el nivel de interés en sus oyentes le ayudará a determinar el estilo y el tema apropiados para la predicación. Cuando analice su congregación, considere las diferentes audiencias en los principales servicios semanales. Piense en los niveles de interés en la enseñanza bíblica, la verdad teológica y los asuntos espirituales. Cada tipo de audiencia requerirá un enfoque ligeramente distinto por su parte.

(4) ¿Cuál es la actitud de mi audiencia?

La actitud de la audiencia hace referencia a los sentimientos, creencias y opiniones de sus oyentes hacia usted y sobre el tema de su predicación. Éstas podrían describirse como favorables, indiferentes u opuestas.[17]

Una audiencia *favorable* es aquella que está de acuerdo con usted. Como resultado, la opinión que de usted y su mensaje tiene esta audiencia es altamente positiva. Éste es "el rincón del amén" en su iglesia. Otra vez, puede asumir que encontrará una audiencia más favorable a medida que pasa del sermón del domingo por la mañana al de la noche y a la reunión entre semana. Cuando predique para una audiencia favorable, la meta debe ser reforzar la actitud positiva, profundizar el compromiso de ellos con la verdad que ya aceptaron, y animarlos a actuar conforme a dicho compromiso.

La audiencia puede también ser *indiferente*. Hay oyentes que no se han decidido sobre algún asunto, porque suelen necesitar más información. En todas las audiencias —especialmente en la congregación de los domingos por la mañana— encontrará a personas neutrales. Aquí pueden incluirse los incrédulos que necesitan oír el mensaje básico del evangelio. No están informados sobre las cosas esenciales de la fe cristiana. Las audiencias indiferentes pueden también estar compuestas por creyentes con necesidad de recibir instrucción bíblica y de ánimos para poder comenzar a vivir una vida de fe y obediencia a Dios.

La audiencia *opuesta* contiene una alta proporción de oyentes cuyas actitudes son contrarias al predicador o a su mensaje. Sea consciente de que, con cualquier mensaje, algunas personas de la audiencia estarán en fuerte desacuerdo con su sermón. El desacuerdo puede darse porque rechazan la verdad bíblica, porque tienen un estilo de vida o unas ideas contrarias a las enseñanzas del pasaje bíblico predicado, o por desdén hacia usted. Arthur Koch sugiere dos cosas para tratar con audiencias opuestas a su mensaje o a su punto de vista: (1) establezca un terreno común con la audiencia; (2) disminuya cualquier malentendido que un oponente pueda tener sobre su posición.[18]

(5) ¿Qué sabe mi audiencia sobre el mensaje?

Averiguar el conocimiento que tiene su audiencia sobre varios aspectos de la verdad bíblica tendrá un impacto tremendo sobre su estrategia de predicación. Si sobreestima la comprensión que ellos tengan de un tema, podría usar terminología difícil o asumir un conocimiento básico que en realidad no poseen. Si subestima su nivel de conocimiento, podría aburrirlos con una explicación de conceptos que ya entienden.

La mayoría de los pastores, basándose en su experiencia y conocimiento de su congregación, puede hacer suposiciones con una precisión razonable sobre el nivel de conocimiento que tiene la audiencia de alguna verdad bíblica en general y de las facetas específicas de la verdad bíblica a tener en cuenta en el plan de predicación. En ocasiones, también podría resultar útil distribuir un cuestionario para determinar el conocimiento de sus oyentes sobre la Biblia o sobre algún aspecto de las Escrituras que piense incluir en el plan.

(6) ¿Cuál es la condición espiritual de mi audiencia?

Jerry Vines y Jim Shaddix han observado en *Power in the Pulpit* [Poder en el púlpito] que en el mundo solo viven dos clases de personas: los perdidos y los salvos. Escriben: "Aunque en la Biblia hay muchos pasajes sobre asuntos cuya aplicación es igual para creyentes e incrédulos, la mayoría de los textos está dirigida o al pueblo de Dios, o bien a la humanidad no regenerada. El predicador debe tener muy clara la audiencia principal de su texto particular".[19]

El predicador, cuando formule su estrategia de predicación, debe considerar qué oportunidades de predicación se deben orientar más hacia la exposición del evangelio a los incrédulos y cuáles se deben dirigir a los cristianos. Recuerde que la proporción entre cristianos y no cristianos en la audiencia no solo cambia durante los diferentes servicios de la semana, sino también durante las diferentes temporadas y eventos del año. Los servicios de adoración cercanos a las fiestas y durante los eventos especiales de la vida eclesial tendrán a menudo un porcentaje mayor de personas perdidas.

Determinar las necesidades de la congregación

Entender a sus oyentes incluye también determinar cuáles son las necesidades de la congregación. Las personas de su congregación tienen heridas, problemas, dudas, desobediencia y otras necesidades espirituales a las cuales la Palabra de Dios puede aportar una respuesta y una solución. Charles Koller escribe: "Los jóvenes, los robustos, los ambiciosos, todos tienen necesidades; también los viejos, los frágiles y los apesadumbrados. Todos por igual necesitan la dirección de Dios, la Fuente de toda ayuda. La prueba suprema de toda predicación es: ¿Qué le pasa al hombre sentado en el banco de la iglesia?".[20]

Hemos visto que la meta principal de la predicación es hacer un llamado al oyente a tener fe en Dios, con los resultados pretendidos de perfeccionar a los creyentes para el servicio y edificar el cuerpo de Cristo. Todas las intenciones de las Escrituras —ya sean enseñanzas, reprobaciones, correcciones o guías— aportan la respuesta de Dios a las necesidades humanas. Podemos pensar en las necesidades de la congregacion situándolas en dos categorías: institucionales y personales.

Las *necesidades institucionales* están relacionadas con la vida de la iglesia en cuanto a grupo organizado. En un nivel, esta clase de necesidades puede incluir necesidades financieras y presupuestarias, la necesidad de nuevas dependencias o de crecimiento numérico. En otro nivel, las necesidades institucionales también abarcan las necesidades espirituales corporativas como la falta de participación en las misiones y el evangelismo, la poca comprensión sobre los requisitos de los líderes eclesiales, los problemas de unidad o de ignorancia de la congregación con respecto a las doctrinas bíblicas básicas. Las necesidades institucionales son problemas y áreas de carencia, dificultad o carestías en la vida corporativa de la iglesia.

Las *necesidades personales* son las preocupaciones y problemas de los miembros de la audiencia en sus vidas personales y familiares. Los autores Harold Bryson y James Taylor expresan que en una iglesia de quinientas personas, puede asumirse que al menos unos cien se han visto afligidos recientemente hasta sentir un agudo sentimiento de pérdida. Tal vez un tercio de las personas casadas en la congregación tiene problemas de ajuste de la personalidad, que podrían debilitar o destruir su vida familiar. Podemos suponer que al menos la mitad de esos quinientos tienen problemas emocionales en el colegio, el trabajo, el hogar o la comunidad. Quizás otros cien sufren sentimientos de culpa que ponen en peligro su paz mental y su tranquilidad. Otros luchan con pecados que van desde el abuso de drogas o del alcohol hasta la inmoralidad sexual. Bryson y Taylor concluyen: "Ver esta descripción de las personas aumenta el sentido de la preparación y la presentación de sermones que satisfagan las necesidades humanas".[21]

Piense si los oyentes de su congregación experimentan necesidades sentimentales como la soledad, la inmoralidad, el estrés, la discordia, el miedo, la preocupación o la duda. Preste atención también a las necesidades no sentimentales como el orgullo, el pecado y la dureza de corazón. Las necesidades no sentimentales del oyente suelen ser las más grandes, y no deben confundirse con lo que el oyente "necesita hacer". En su lugar, la necesidad es el lado negativo de la experiencia humana que requiere un remedio por parte de la Palabra de Dios.

Cuando piense en su congregación, considere las áreas específicas de necesidad espiritual en sus vidas, tanto las individuales como las corporativas. Tales necesidades podrían tomar la forma de suposiciones del oyente que van en contra de los principios básicos de las Escrituras. Las necesidades también podrían surgir como síntomas experimentados por una persona que indican una incapacidad para vivir en armonía con la revelación de Dios. Al final, las necesidades crean consecuencias sufridas por las personas como resultado de acciones y pensamientos no bíblicos. Al identificar las necesidades de la audiencia, usted estará mejor preparado para planificar sermones dirigidos a esas necesidades.

Escribir los objetivos de la predicación

Basándose en su audiencia, sus necesidades y los objetivos bíblicos de la predicación, usted puede escribir los objetivos específicos que espere lograr por medio del plan de predicación. Estos objetivos son comparables de muchas maneras a los objetivos de aprendizaje que establecería un profesor en un curso. Los teóricos de la educación aconsejan a los profesores establecer metas de aprendizaje para sus cursos con base en una pregunta guía: "¿Qué espera que sus estudiantes hagan o produzcan como resultado del curso?".[22] En esencia, sus objetivos de predicación buscarán responder una pregunta similar: "¿Qué espero que haga Dios en las vidas de las personas de mi congregación a través de mi predicación?".

Los objetivos listados deben ser apropiados para su audiencia y reflejar las necesidades identificadas por usted. Los objetivos también deben ser coherentes con los objetivos bíblicos centrales de la predicación, y aportar remedios bíblicos específicos a las necesidades de su audiencia particular. Por medio de los objetivos de su predicación, usted tratará las necesidades personales e institucionales de su congregación. Los objetivos buscarán mover a la audiencia hacia las normas bíblicas en tres áreas: su conocimiento, sus actitudes y su comportamiento.

Los *objetivos cognitivos* expresan lo que espera lograr con su predicación para aumentar el conocimiento, la comprensión o el entendimiento de sus oyentes. Por ejemplo, su determinación de las necesidades de la congregación podría revelar que hay muchas personas confundidas o desinformadas sobre la naturaleza del Espíritu Santo. Un objetivo cognitivo para satisfacer esta necesidad podría expresarse de la siguiente manera: "El próximo año, los oyentes aprenderán sobre la doctrina del Espíritu Santo como está expresada en pasajes clave del Nuevo Testamento". Si descubrió que pocas personas en su congregación entienden claramente el regreso de Cristo, podría escribir un objetivo cognitivo que declarara: "El próximo año, los oyentes aprenderán sobre la venida de Cristo por medio de una serie de sermones sobre escatología".

Los *objetivos de actitud* son cambios que usted quiere introducir en las opiniones, creencias y valores de su congregación. Tal vez usted haya identificado la desunión o falta de comunión como una de las mayores necesidades de su congregación. Un objetivo de actitud dirigido a esta necesidad sería: "El año que viene, los oyentes se unirán más por medio de una serie de mensajes sobre el libro de Filipenses".

Una necesidad de actitud como el prejuicio podría remediarse con un objetivo de este tipo: "El próximo año, los oyentes adoptarán actitudes bíblicas de amor hacia todas las personas por medio de sermones sobre pasajes bíblicos clave que traten este tema".

Los *objetivos del comportamiento* identifican acciones nuevas que, según la intención del predicador, deberían hacer sus oyentes en respuesta a la predicación. Con estos objetivos, usted busca un cambio en el estilo de vida, los hábitos y la obediencia a las normas bíblicas por parte de sus oyentes. Un objetivo del comportamiento podría declararse de la siguiente manera: "El año que viene, los oyentes se convertirán en ganadores de almas más comprometidos por medio de sermones evangelísticos". Otro objetivo del comportamiento se podría declarar así: "El próximo año, los oyentes se verán retados a adoptar los patrones bíblicos de generosidad".

Uso de la Hoja estratégica de predicación

La *Hoja estratégica de predicación* al final del capítulo le ayudará a organizar su propia estrategia. Note que deben completarse los tres puntos de la hoja.

Paso 1: Análisis de la audiencia. En un párrafo, haga una descripción de su congregación en términos de tamaño, demografía, interés, actitud, nivel de conocimiento y condición espiritual. Asegúrese de tener en cuenta cualquier diferencia entre las audiencias que asisten a los distintos servicios semanales.

Paso 2: Necesidades de la congregación. Haga una lista de las necesidades o problemas de la congregación que usted busca abordar con su plan de predicación. Incluya las necesidades institucionales y las personales. Recuerde no confundir las "necesidades" con "lo que hay que hacer". Las necesidades son debilidades, problemas, cosas mal entendidas, errores y otros aspectos de la condición humana que requieren una palabra de Dios.

Paso 3: Objetivos de la predicación. Con base en su evaluación de la congregación y en su sentido de la guía del Señor, haga una lista de los objetivos que espera alcanzar por medio del ministerio de la predicación el año siguiente. El objetivo predominante de toda predicación debe ser llamar al oyente a confiar en Dios. Para lograr este cometido, usted querrá dejar por escrito algunas áreas específicas en las cuales desearía edificar la fe de su congregación. Las siguientes pautas podrían ayudarle a escribir dichos objetivos.

Use frases completas. Los objetivos diseñados a medias no le serán útiles para organizar su plan. Escribir sus objetivos con frases completas le asegurará que las ideas en su mente están completamente desarrolladas y son claras.

Fije los objetivos centrándose en su audiencia. Un objetivo se debe declarar con base en lo que usted quiere que la audiencia conozca, piense o haga. Resista la tentación de escribir objetivos centrados en lo que hará el predicador. Por ejemplo: "El año que viene, predicaré al menos cuatro mensajes sobre la cruz" es un objetivo centrado en el predicador. "El próximo año, los oyentes comprenderán más a fondo la obra expiatoria de Cristo por medio de sermones sobre la cruz" es un objetivo centrado en la audiencia.

Haga una lista con varios objetivos. Evalúe el equilibrio de sus objetivos en cuanto a las metas de conocimiento, actitud y comportamiento. Intente también equilibrar los objetivos dirigidos hacia las necesidades personales y las institucionales.

Evalúe los objetivos a la luz de la norma bíblica. Asegúrese de que sus objetivos estén alineados con la meta bíblica de la predicación. Pregúntese: "¿Estos objetivos son un llamado a la fe?". Asegúrese de que los resultados buscados se ajusten a los resultados bíblicos de la predicación. Pregúntese: "¿Estos objetivos llevarán a los oyentes a ser más edificados y perfeccionados?".

Una vez haya formulado su estrategia de predicación, estará listo para comenzar la mecánica de elaborar el calendario. Este calendario guiará su labor en el púlpito durante el siguiente año. Usted planificará su predicación a la luz de su audiencia, las necesidades de ésta y los objetivos que usted planteó. Los detalles específicos de su plan también abarcarán conceptos y necesidades no incluidos en su estrategia de predicación. De hecho, muchas de las necesidades más profundas en la vida de su congregación son cosas que usted no puede analizar o determinar. Aun así, articular la estrategia le servirá de guía para decidir qué predicar.

Hoja estratégica de predicación

Iglesia: Predicador: Año:

Análisis de la audiencia
Haga una descripción de su congregación en términos de tamaño, demografía, interés, actitud, nivel de conocimiento y condición espiritual. Destaque cualquier diferencia entre las audiencias que asisten a los distintos cultos semanales.

Necesidades de la congregación
Haga una lista de las necesidades o problemas de la congregación que usted pretende abordar con su plan de predicación. Incluya las necesidades institucionales y las personales.

Objetivos de la predicación
Describa los objetivos que espera alcanzar por medio del ministerio de la predicación el próximo año. Incluya los objetivos de conocimiento, actitud y comportamiento.

CAPÍTULO 3

La mecánica de la planificación

Una vez oí a un líder corporativo enunciar el siguiente principio sobre el mundo de los negocios: "Su sistema está diseñado perfectamente para producir los resultados que usted obtiene". Luego procedió a explicarse diciendo que si alguien fabrica autos y cada tercer auto de la línea de ensamblaje sale sin parachoques, entonces el sistema está diseñado perfectamente para producir ese resultado. Si una compañía pierde todos los meses dos mil dólares es porque el sistema está perfectamente diseñado para alcanzar esa meta. A la inversa, dijo, los éxitos casi siempre pueden atribuirse a un sistema que planifica esos resultados.

El mismo principio es aplicable a su ministerio de predicación. Su labor en el púlpito producirá los resultados para los cuales usted la ha diseñado. Por ejemplo, un predicador que se niega a planificar su predicación podría caer en lo que Wayne McDill llama "pánico del sábado noche". Escribe McDill: "Los síntomas incluyen un nudo en el estómago, dolor en la espalda por la posición inclinada en el escritorio, tendencia a la oración ferviente y a susurrar que nunca volverá a esperar hasta este punto para preparar el sermón del domingo por la mañana".[1] Más de un predicador ha experimentado este síndrome aterrador, consecuencia de no estar preparado para predicar.

No planificar la predicación puede producir muchos otros resultados no deseados. Un predicador que no planifica podría notar que sus mensajes son mediocres porque no ha dedicado el tiempo apropiado para desarrollar el contenido de sus sermones. Podría sentirse frustrado en el trabajo o en casa porque no sabe decidir qué predicar el próximo domingo. Incluso podría pasar por la horrorosa experiencia de entrar en la iglesia, tan solo para descubrir que la mesa de la comunión está preparada para la Cena del Señor, un evento que él no tenía en sus planes.

Hablando más seriamente, no planificar puede también dar como resultado sermones limitados a solo un puñado de temas teológicos y bíblicos. Después de un período de tiempo, la predicación sobre temas limitados perjudicará el crecimiento espiritual de la iglesia y del pastor. Bryan Chapell advierte: "Un ministerio dirigido tan solo a las preocupaciones personales del predicador puede volverse muy limitado en la perspectiva de necesidades de la congregación. El pastor puede terminar repitiendo las mismas cosas o concentrarse inconscientemente en sus dificultades personales, rechazando con ello otras verdades importantes y necesarias para tener una congregación madura y completamente informada".[2]

En este capítulo abordaremos las cosas básicas al crear un plan de predicación exitoso. Este plan producirá resultados deseables en su predicación. Un buen plan debe lograr los siguientes objetivos en su ministerio.

- Debe guiarlo en la preparación semanal de sus sermones, y proporcionarle los textos bíblicos y el tema general de cada sermón que usted predique.
- Debe organizar su programa de predicación de tal forma que anticipe y maximice los días festivos, las ordenanzas de la iglesia y otras observancias de la congregación.
- Debe permitirle predicar series amplias sobre libros de la Biblia o secciones de ellos, así como series temáticas sobre asuntos personales, sociales, éticos y doctrinales.
- Debe proporcionarle la libertad suficiente para modificar el plan cuando sea necesario.
- Debe servirle de estrategia general en su ministerio de predicación.

Los capítulos que siguen le ofrecerán una perspectiva más profunda de los diferentes tipos de sermones y de los temas que podría incluir en su plan de predicación. En muchos sentidos, el material de este capítulo será la plantilla o cuadrícula para entender todo lo que se discutirá en el resto del libro.

Al tratar la mecánica de la planificación, dividiremos el proceso en varias partes. La planificación eficaz y cuidadosa de su labor en el púlpito requerirá los siguientes seis pasos básicos:

1. Programar un retiro para la planificación.
2. Reunir los materiales necesarios para crear su plan.
3. Revisar sus predicaciones de los años anteriores.
4. Determinar las grandes series para los siguientes años de predicación.
5. Crear un calendario de predicación.
6. Revisar y modificar su plan de vez en cuando durante el transcurso del año.

Ahora, examinaremos cada uno de estos elementos a fin de elaborar un plan de predicación.

Programar un retiro para la planificación

Planificar una predicación efectiva requerirá cierto tipo de retiro por su parte. Winston Pearce describió el retiro para la planificación de la siguiente manera: "Si un ministro puede encontrar de alguna forma un lugar relativamente aislado —lo suficientemente lejos de su iglesia como para que sus feligreses no sientan que está a su alcance para compartir con él alguna celebración o dificultad— entonces ha encontrado un buen lugar para deshacer el equipaje de la vida y de los pensamientos, y así poder planificar".[3]

El término *retiro* puede definirse de varias maneras. En la jerga militar se refiere a la señal para retroceder durante la batalla. Por extensión de la definición primaria, un retiro también puede significar un período de retroceso y aislamiento con el propósito de dedicarse a la contemplación espiritual. Este tipo de soledad se reconoce desde hace tiempo como una disciplina que ahonda y refresca la vida espiritual del creyente. El cristiano tiene la oportunidad de reorientar su vida, evaluar sus objetivos y establecer metas para el futuro, por medio de períodos sabáticos y de momentos de soledad. Algunos autores sobre la espiritualidad cristiana, como Dallas Willard y Richard Foster, dicen que la soledad es una disciplina

La mecánica de la planificación

espiritual como la oración y el ayuno. Estos autores recomiendan los retiros personales para reflexionar y crecer.[4]

Igual que los retiros espirituales personales son tan fructíferos en su crecimiento cristiano, un retiro profesional anual para programar su ministerio en el púlpito puede ayudarle a madurar y desarrollarse como predicador y pastor. El retiro para la planificación no es como un retiro espiritual personal, porque el primero tiene una agenda más tangible: producir un calendario de predicación completo para el próximo año. Sin embargo, cuando el predicador esté creando este plan, debe orar pidiendo discernimiento para formular su estrategia de predicación y evaluar las necesidades de la congregación. Más aún, debe buscar la dirección del Espíritu Santo para saber cuáles son los temas y los libros bíblicos a tener en cuenta para su plan. El retiro para la planificación debe también incluir una considerable cantidad de lectura bíblica y reflexión teológica. De manera que, aunque el retiro no tiene una intención puramente devocional, produce beneficios espirituales para el predicador.

Cuando piense en programar su retiro para la planificación, debe considerar cuánto tiempo quiere que su plan abarque. En la mayoría de los casos, el plan más largo realizable es de un año. Conozco algunos predicadores que planifican los cinco años siguientes. Estos pastores tienen grandes habilidades organizacionales y mucha disciplina para seguir el calendario determinado. Aunque es ventajoso tener una idea general de los temas y porciones de las Escrituras que se usarán para los dos o tres años siguientes, para la mayoría de predicadores la planificación detallada que abarca más de un año resultará poco práctica. Muchas contingencias pueden cambiar el plan y causar una revisión exhaustiva. Un plan dejará de ser útil una vez se altera hasta que queda irreconocible. Sin embargo, con algún buen grado de precisión, usted puede predecir qué pasará en su iglesia y en su comunidad y en qué quiere enfocar su predicación durante un año.

El plan más corto para calificarse como plan es de trece semanas, o trimestral. Aunque usted podría planificar mes a a mes, este tipo de programa no tiene el alcance suficiente para llamarse genuinamente una planificación avanzada. El plan trimestral no le da las ventajas completas de la planificación. Aun así, este tipo de plan puede ser recomendable si usted ejerce como pastor y realiza estudios al mismo tiempo, o si ocupa una posición a corto plazo, como una sustitución provisional. Si usted planifica por trimestres, querrá programar un tiempo para planificar al principio de cada tercer mes de cada período. Esta práctica evitará que sobrepase el tiempo impuesto en su plan.

Yo le recomendaría planificar un año. Lo sugiero por varias razones. Primero, programar un año de labor en el púlpito le asegura rigor y exhaustividad en términos de los temas tratados. En el curso de un año de predicación, cada miembro de la iglesia debe oír desde el púlpito ciertas doctrinas y determinados temas. Otra razón es que un plan para un año le permite planificar series extensas sobre libros de la Biblia. Aunque en trece semanas podría predicar sobre un libro más pequeño o parte de un libro más grande, la mayoría de los libros bíblicos requieren varios meses de cobertura. Además, un plan de un año le permite atender los días de fiesta y las temporadas especiales del Año Cristiano. Por éstas y otras razones, para la mayoría de los pastores es aconsejable un plan de un año. Pearce escribe: "El período de doce meses le da tiempo suficiente para observar el contenido de su predicación objetivamente; sin embargo, es lo suficientemente corto para permitir cambios si el predicador siente que no satisface con eficacia las necesidades de la congregación o no le da la mayor gloria a su Dios".[5]

Para planificar cuidadosa y concienzudamente los sermones de todo un año, usted debe programar un retiro de cuatro a seis días dedicados a la revisión, la oración, la contemplación, la tormenta de ideas y la preparación básica de los sermones. Tomarse ese tiempo puede parecer poco práctico o imposible, pero la planificación extendida arroja más adelante el beneficio del tiempo ahorrado, así que vale la pena el esfuerzo. Incluso si se limita a planificar un trimestre del año a la vez, necesitaría programar un "mini retiro" de al menos medio día en el cual pueda concentrarse en la programación de su predicación durante los próximos tres meses. Un plan de seis meses requerirá uno o dos días de intensa planificación y programación.

No sería sabio intentar esta planificación simultáneamente con sus labores semanales de pastor. Si usted está inmerso en todas las actividades que lo tienen ocupado durante la semana, no tendrá tiempo para planificar algo significativo. Más aún, no necesita la presión de planificar todo un año de predicación mientras prepara también los sermones del próximo domingo. Con toda probabilidad, si usted intenta planificar esto en la oficina, durante una semana normal de trabajo, la "tiranía de lo urgente" lo obligará a desatender la planificación para atender a las preocupaciones más apremiantes. Es probable que su planificación sea frustrante y no fructifique si no programa un retiro real y lejos de su oficina. Probablemente su pensamiento sea más creativo al apartarse de la iglesia en dicho retiro, pues estará lejos de las presiones de administración, del cuidado de los miembros y de la preparación de los sermones. También puede descubrir que ve más claramente las necesidades de la congregación cuando está lejos de la iglesia.

Podría programar su retiro en cualquier momento del año, pero las épocas más comunes son los meses de verano o las semanas inmediatamente después de Navidad. Blackwood dice que los veranos son el mejor momento para la planificación. Escribe: "El mejor tiempo para planificar es durante las vacaciones de verano, cuando el ministro está lo suficientemente lejos de la iglesia para poder verla como un todo. Puede revisar su predicación del año anterior y pensar qué hacer los doce meses siguientes".[6] Cuando planifique su retiro, seleccione un tiempo en el que no hay tantas actividades programadas en el calendario de la iglesia. Podría planificar su predicación en conjunto con sus vacaciones familiares, o tomarse un tiempo especial alejado de su lugar de ministerio para hacer el retiro. Si su intención es combinar su retiro de planificación con las vacaciones familiares, dos semanas es una cantidad apropiada de tiempo. Puede planificar su predicación durante las horas de la mañana, luego estar disponible para disfrutar con su familia en las tardes y las noches. De otra manera, una semana de oración intensa, de estudio y planificación servirá para cumplir el trabajo.

Determinar el mejor tiempo para planificar depende de cuándo comience y termine su ciclo anual de predicación. Su calendario de predicación podría tener uno de varios posibles momentos de inicio. El calendario civil comienza el primero de enero. En la mayoría de las congregaciones, el programa de la iglesia comienza en septiembre cuando las vacaciones terminan y los niños regresan al colegio. El Año Cristiano clásico va de Adviento en Adviento, cuya temporada comienza en el domingo más cercano al treinta de noviembre. Cualquiera de estos tres calendarios podría servir como su "año de predicación".

Si opta por usar en su plan el Año Cristiano, lo más natural es que éste lo lleve a programar su retiro de planificación durante los meses del verano. Elaborará su plan en verano para un programa que comenzará en noviembre. Esta práctica tiene la ventaja de que el predicador puede planificar el año siguiente sin haber terminado el último año planificado. Cuando planifica en verano, usted tiene en la mira el año que comienza con el domingo de Adviento. Su programa de septiembre a noviembre ya está modelado y preparado. Tal cosa le evitará prisas al final del verano debido a los puntos ciegos de su calendario ubicados en los primeros domingos del otoño.

Cuando se retire a hacer la planificación, permita que su congregación sepa qué está haciendo. Tal vez no querrá decir a los miembros de su iglesia que está planificando cada sermón del año siguiente. Ese conocimiento puede generar una crítica innecesaria por parte de personas convencidas —erróneamente— de que la planificación anticipada está en contra de la dirección del Espíritu Santo. Simplemente, pídale a su iglesia que ore por usted mientras usted dedica una semana a estudiar la Biblia, a orar pidiendo la dirección de Dios en su ministerio de predicación y a planificar los próximos sermones.

Reunir sus materiales de planificación

Cuando llegue el momento de hacer su retiro, necesitará varios recursos que le ayudarán a planificar. Antes de irse, asegúrese de tener a mano las siguientes cosas.

1. Su Biblia

Lleve un ejemplar de la versión de las Escrituras que usted usa normalmente al predicar. Una Biblia de estudio puede ser de gran ayuda, porque divide el texto en párrafos que pueden usarse como porciones de predicación. Las notas de estudio y los bosquejos de los libros también pueden ser beneficiosos para determinar cómo predicar series sobre libros de la Biblia.

2. Su calendario personal

Asuntos tales como los cumpleaños de sus hijos, las vacaciones familiares y su aniversario de bodas afectarán a algunos aspectos de su plan de predicación. Necesitará tener delante su programa personal de eventos cuando elabore su calendario de predicación.

3. El calendario de su iglesia

Ésta es una lista de los eventos anuales en la vida de su congregación. Incluye las fechas de servicios de comunión y bautismos, las reuniones de avivamiento, las conferencias de misiones, los estudios bíblicos para toda la iglesia, servicios especiales como Navidad y Pascua, y otros programas eclesiales que afecten a su plan de predicación. Para sacarle el máximo provecho, será útil reunirse uno o dos meses antes del retiro con el cuerpo ministerial o el consejo de la iglesia. Hacer esto, le proporcionará un calendario de los eventos venideros en su congregación.

4. El calendario de su denominación

Cuando planifique, querrá conocer los eventos denominacionales, como el día mundial del hambre, los días de las misiones, los días de evangelismo y otros días importantes. Aunque probablemente no guarde todos esos días denominacionales, muchos de ellos pueden beneficiar la vida espiritual de su congregación. Asegúrese de llevar los calendarios de su asociación local de iglesias y los calendarios regionales y nacionales de su denominación.

5. Un calendario comunitario y cívico

El calendario cívico detallará los días festivos religiosos, nacionales o estatales. El calendario comunitario le dirá cuándo comienza y termina el colegio, las fechas de las ferias rurales, los partidos de fútbol de los colegios y otros eventos locales semejantes. Saber cuándo ocurrirán estas cosas puede serle de gran ayuda para programar los eventos y programas de su iglesia.

6. Las herramientas básicas de estudio bíblico

El propósito del retiro es planificar sus sermones, no prepararlos. No obstante, tendrá la oportunidad de hacer un trabajo preliminar valioso sobre los sermones que predicará el año siguiente, y necesitará algunos libros que le ayuden. Cuando usted está planificando su predicación, los libros más útiles son los de referencia, como un diccionario bíblico, una concordancia exhaustiva, una Biblia temática, un libro de teología sistemática y comentarios de cualquier libro sobre el que piense predicar el año siguiente.

7. Una lista de los textos bíblicos y temas de sermones del año anterior

Parte del proceso de planificación incluirá una mirada retrospectiva a su predicación o la de su antecesor en el año anterior. Necesitará compilar una lista tan completa como sea posible sobre el tema y el texto bíblico de cada sermón predicado en su iglesia durante ese año. Después de haber completado un ciclo anual de predicación planificada, la lista será fácil de generar. Si es la primera vez que planifica un año de predicación o si comenzó su labor de pastor en un nuevo lugar, la colección de boletines del último año le dará una descripción de los temas tratados en el pasado por usted o por el anterior pastor.

8. Una Hoja estratégica de predicación

Siguiendo los procedimientos descritos en el capítulo anterior, determine cuál será su estrategia de predicación para el próximo año. Puede completar esta *Hoja estratégica de predicación* antes de irse al retiro, o hacerlo una vez esté allá. En cualquier caso, querrá tener una estrategia bien articulada frente a usted cuando esté planificando su predicación. Le ayudará a recordar quién es su audiencia y cuáles son sus necesidades, y le servirá para determinar los asuntos y temas para su predicación.

Una vez haya reunido éstos y otros materiales, estará listo para irse una semana, y durante ella planificar su programa de predicación para el próximo año. Un predicador que vaya a un retiro de planificación haría bien en seleccionar un lugar propicio para la oración prolongada, el estudio y la planificación. Su trabajo en este retiro consistirá en revisar la predicación del año anterior, planificar series bíblicas y temáticas, y crear su calendario de predicación.

Una mirada retrospectiva

Jano era un dios de la mitología romana con el don de tener dos caras, y cuando se acercaba un nuevo año siempre miraba hacia los dos lados. Cuando usted esté a punto de comenzar su retiro de planificación, necesitará hacer el papel de Jano: mirar al pasado para decidir qué dirección tomar en el futuro. La retrospección puede ser útil si tiene el motivo correcto para mirar hacia atrás, y si se fija en las cosas correctas. Una de las claves para tener éxito al planificar es la autoevaluación sin concesiones. Revise su predicación del año anterior teniendo eso en mente.

Hágase las siguientes preguntas teniendo delante una copia de su plan de predicación del año anterior.

- ¿Cuáles son algunos de los temas generales sobre los cuales predicó el año anterior?
- ¿Cómo corresponden tales temas a los grandes temas teológicos de la Biblia?
- ¿Le prestó la atención que merece a la predicación sobre libros bíblicos el año pasado?
- ¿Qué clase de material salió de los libros bíblicos sobre los cuales predicó?
- ¿Su predicación equilibró el uso del Antiguo y Nuevo Testamento?
- ¿El patrón de sermones del año pasado aportó variedad sin confusión y unidad sin repetición?
- Entre los mensajes predicados el año pasado, ¿alguno produjo una respuesta lo suficientemente fuerte de la congregación como para ameritar una predicación más amplia en ese asunto o uno semejante en el futuro?

- ¿Qué ideas teológicas de las Escrituras se quedaron sin mencionar el año pasado?
- ¿Qué aspectos del plan del año pasado se quedaron cortos a la hora de exponer a su congregación la totalidad del consejo de la Palabra de Dios?

Hacerse estas preguntas cuando esté revisando la predicación del año anterior le ayudará a identificar los "huecos" en los temas y asuntos tratados. Además, mirar hacia atrás le ayudará a crear un plan nuevo que tenga continuidad con el pasado. Revisar sus sermones anteriores le hace consciente de cualquier asunto por el que muestre favoritismo y al que tenga tendencia a volver, de modo que puede guardarse de predicar extensivamente sobre ciertos temas a expensas de otros.

Después de haber revisado su calendario de predicación del año anterior y de haber analizado su audiencia, necesita articular sus metas y prioridades para la predicación del año siguiente.

La planificación de series de sermones

Una ventaja grande de planificar su predicación de antemano es que le permite preparar cuidadosamente las series extendidas de sermones. Hay dos clases de series disponibles para el predicador: las de libros y las temáticas.

Series sobre libros. Una serie sobre un libro bíblico es una sucesión de mensajes basados en un libro bíblico. Cuando se programa un año de predicación, es posible planificar al menos dos series sobre libros bíblicos: una del Antiguo Testamento y una del Nuevo. Planificar una serie sobre un libro comienza con la consideración de las necesidades de su audiencia. Determine en oración qué libro de la Biblia hablará mejor a estas necesidades. Después de seleccionar un libro bíblico, lea el libro varias veces para captar los temas y los énfasis del autor. Escoja un tema general que refleje el tema principal del libro. Lo ideal es relacionar el tema con una necesidad identificada en su congregación. Divida el texto del libro en pasajes que puedan servir como unidades de texto para los sermones y luego asigne un título de trabajo a cada unidad de predicación. En algunos casos podría escoger una serie sobre una sección de un libro bíblico o porciones seleccionadas de éste, en lugar de predicar sobre el libro entero.

Series temáticas. La serie temática es una sucesión de sermones sobre un tema o asunto central. Este tipo de series podrían ser más cortas que las series sobre libros, porque el número de sermones en la serie dependerá de la elección del predicador. Las series sobre temas pueden cubrir asuntos doctrinales o preocupaciones éticas, morales y sociales; también pueden ir dirigidas a las necesidades y los problemas emocionales y espirituales.

Para desarrollar una serie temática, elige primero un tema dirigido a una necesidad de su congregación. Después identifique los pasajes bíblicos que tratan aspectos distintos del tema. Lea los pasajes a fondo y desarrolle títulos provisionales para los sermones sobre cada pasaje. Ponga un título a la serie que abarque todos los mensajes de la serie. Las series temáticas pueden tener títulos como "Las grandes preguntas de la Biblia", "Actitudes que pueden cambiar su vida", "Siete claves para el éxito", "Aprender a amar" y "Secretos para obtener respuesta a la oración".

Completar el calendario de predicación

Después de haber bosquejado las series de sermones sobre las cuales predicará, estará listo para comenzar a llenar su calendario de predicación. Este calendario será su plan de predicación para el próximo año. Los siguientes pasos comprenden la creación de un plan de predicación.

1. Haga un diagrama de cada mes del año.
2. Coordine con los otros calendarios que afectarán a su predicación.
3. Programe las fiestas religiosas y otros días especiales.
4. Programe las ordenanzas de la iglesia.
5. Programe las series sobre libros y las series temáticas.
6. Programe otros sermones individuales.

Haga un diagrama de cada mes del año. Este diagrama podría tener el nombre del mes impreso en la parte superior, y debajo una cuadrícula con cuatro columnas: una de ellas para las fechas y los eventos del calendario, otra para los servicios del domingo por la mañana, una para los servicios del domingo por la noche y otra para los servicios entre semana. El diagrama debería tener una fila diferente para cada semana del mes. Incluso las semanas incompletas al principio y al final del mes deberían estar representadas por una fila completa en el diagrama. Puede usar la *Hoja del calendario de predicación* al final del capítulo, fotocopiándola, o usándola como modelo para diseñar su propio diagrama. Con la cantidad creciente de programas informáticos disponibles que incluyen calendarios, usted quizá prefiera usar la computadora en lugar de crear el calendario en papel.

Cada servicio de predicación tendrá tres campos de entrada: título del sermón, texto bíblico para el sermón y notas. Los títulos de los sermones serán todos títulos provisionales, no necesariamente los nombres finales que le dé a cada mensaje. Los espacios para las notas le permitirán registrar cualquier detalle adicional que le ayude en la preparación de sus sermones o que ayude a otros líderes de la iglesia a planificar el servicio de adoración.

Coordine los otros calendarios. Cuando planifique su retiro debe llevar cinco calendarios con usted: el calendario cívico, el de la iglesia, el denominacional, el Año Cristiano y su calendario personal. Una vez haya preparado los diagramas de cada mes, puede compilar todas las fechas pertinentes en orden cronológico en la columna *Eventos del calendario.*

En su plan de predicación no necesita incluir todo evento posible del calendario. En su lugar, haga solo una lista de los elementos que influirán en los temas sobre los cuales vaya a predicar o que afecten a su tiempo de preparación. Algunas partes del calendario se incluyen porque son importantes en su papel de liderazgo en el pastorado. Otros puntos serán personales, como las fechas de vacaciones que afecten su programación. Y aún otros puntos serán útiles para notar que usted puede usar ilustraciones o aplicaciones contextuales en los mensajes que predique cerca de estas fechas. Después de que haya llenado la columna de *Eventos del calendario* para cada mes del año, estará listo para comenzar a programar los sermones reales de cada servicio.

A continuación hay una lista de preguntas a considerar cuando esté llenando la columna *Eventos del calendario*.

- ¿Ha incluido fechas personales como las vacaciones, viajes a conferencias o compromisos de predicadores invitados que afecten a su programa?
- ¿Ha tenido en cuenta los eventos nacionales, comunitarios o eclesiales que requieren mensajes especiales?
- ¿Ha incluido en la lista las reuniones y citas que afectarán a su tiempo de preparación?
- ¿Ha tenido en cuenta eventos especiales en la vida de su congregación, como reuniones para avivamientos, conferencias sobre misiones, conferencias bíblicas y programas musicales?
- ¿Ha incluido los servicios de comunión y bautismo?
- ¿Ha incluido las fiestas más importantes?

Programe los sermones de fiestas religiosas y otros días especiales. La mejor práctica es planificar primero los sermones de los servicios especiales y fiestas religiosas, porque usualmente estas fechas son fijas y no se pueden cambiar con facilidad. Un predicador sabio dedicará una cantidad de sermones considerable a la Navidad y la Pascua, porque tales ocasiones cristianas celebran la encarnación y la resurrección de Cristo. Los sermones dirigidos a celebraciones civiles como Acción de Gracias, el Día de la Madre, el Día del Padre y el de la Independencia, dan al predicador la oportunidad de brindar una perspectiva bíblica a las ceremonias seculares. Su iglesia también podría ofrecer servicios especiales en fechas como el regreso a clases, el día de los fundadores u otras observancias que justifiquen un sermón apropiado de parte del pastor.

Programe sermones para las ordenanzas. El bautismo y la comunión, como otras fechas especiales, suelen ser fechas establecidas en el calendario de la iglesia y deben incluirse al comienzo de su plan. Como estas ceremonias comunican las verdades centrales de la fe cristiana, es aconsejable predicar sobre asuntos y textos bíblicos relacionados con las doctrinas simbolizadas por ellas. En los capítulos posteriores consideraremos cómo maximizar los días de fiestas, las ordenanzas y otros días especiales.

Programe series de sermones sobre temas y libros bíblicos. La parte más larga de su plan seguramente estará dedicada a las series, ya sean sobre libros bíblicos o temáticos. Usted querrá asignar estas series de manera pareja entre los tres servicios de adoración semanal de su iglesia. En general, las series más largas funcionarán mejor en el servicio del domingo por la noche y entre semana. Los domingos por la mañana tienden a interrumpirse con frecuencia debido a los días festivos y los servicios especiales.

Llene los vacíos de su plan con sermones individuales. Es posible que haya servicios en el calendario para los cuales no haya planificado sermones, una vez haya programado las series. Examine su estrategia general para determinar los temas doctrinales, las consideraciones éticas y morales y los asuntos espirituales que deban tratarse para llenar esos espacios. Aunque seguramente querrá llenar tantos agujeros como sea posible, es mejor dejar una mañana y una noche dominical en blanco cada tres meses. Inevitablemente surgirán circunstancias que le obligarán a alterar su plan. Al dejar un servicio en blanco cada doce semanas, más o menos, usted puede desplazar su programa cuando sea necesario.

Revisar y modificar el plan

Ahora que ha completado el calendario de predicación, revise cada mes. Use la *Hoja estratégica de predicación* como guía para evaluar si el plan cumple sus metas del año siguiente en lo relativo a la predicación. A continuación hay algunas preguntas que debe hacerse al revisar el calendario.

- ¿Está completo el plan en cuanto a detallar el tema y un texto bíblico para cada evento de predicación del próximo año?
- Los textos bíblicos y temas de los sermones, ¿cubren las enseñanzas bíblicas esenciales que la congregación necesita oír durante el año?
- ¿Ha maximizado los días festivos y las ordenanzas mediante sermones pertinentes a esos días especiales?

La mecánica de la planificación

Hoja del calendario de predicación

Mes: Año: Predicador: Iglesia:

Eventos del calendario	Domingo por la mañana	Domingo por la noche	Entre semana
Semana:	Fecha: Título del sermón: Texto bíblico para el sermón: Notas:	Fecha: Título del sermón: Texto bíblico para el sermón: Notas:	Fecha: Título del sermón: Texto bíblico para el sermón: Notas:
Semana:	Fecha: Título del sermón: Texto bíblico para el sermón: Notas:	Fecha: Título del sermón: Texto bíblico para el sermón: Notas:	Fecha: Título del sermón: Texto bíblico para el sermón: Notas:
Semana:	Fecha: Título del sermón: Texto bíblico para el sermón: Notas:	Fecha: Título del sermón: Texto bíblico para el sermón: Notas:	Fecha: Título del sermón: Texto bíblico para el sermón: Notas:
Semana:	Fecha: Título del sermón: Texto bíblico para el sermón: Notas:	Fecha: Título del sermón: Texto bíblico para el sermón: Notas:	Fecha: Título del sermón: Texto bíblico para el sermón: Notas:

- ¿Ha programado algo de flexibilidad en el calendario?
- ¿Su predicación está equilibrada en términos del tema y de las porciones de la Biblia sobre las que usted predicará?
- ¿Ha incluido enfoques creativos para su predicación que difieran de los patrones normales de los sermones?
- Cuando toma su plan como un todo, ¿se ajusta a los objetivos establecidos en su estrategia de predicación?

Además de esta revisión inicial, usted querrá evaluar su plan de predicación varias veces a lo largo del año. Haga un seguimiento de su progreso con el plan una vez al mes. Considere si está sujetándose al plan, o si hay partes del programa que no se pueden trabajar. Revise las series sobre libros de la Biblia para ver si las unidades de predicación representan la mejor manera de dividir el libro. Vuelva a pensar en los objetivos de predicación que se había trazado originalmente, a la luz del clima cambiante en su comunidad y congregación. Si es necesario hacer cambios, no sea reacio a hacerlos. La necesidad de modificar no quiere decir que su plan inicial no fuera bueno. Recuerde, el plan es un siervo, no un amo. Es una guía que se puede cambiar a medida que se va desarrollando el año de predicación.

En este capítulo, hemos establecido la mecánica para elaborar un plan para el año de predicación. Los capítulos siguientes tratarán los tipos de sermones que usted puede usar en su plan, entre ellos, las series de sermones sobre libros, los sermones sobre temas éticos, doctrinales, o personales, y los sermones sobre ordenanzas y días especiales.

CAPÍTULO 4

Planificación de series expositivas

Alexander Maclaren fue pastor de la Capilla de la Unión en Manchester, Inglaterra, desde 1858 hasta 1903. Maclaren disfrutó de un tremendo éxito en esos 45 años de ministerio. La asistencia a la Capilla de la Unión creció y atrajo a personas de todos los estratos sociales. La iglesia fundó otras misiones, y muchas de ellas llegaron a ser iglesias completas que produjeron otras congregaciones. Las ediciones impresas de los sermones de Maclaren circulaban por todo el mundo. Adquirió un gran reconocimiento como líder eclesial y predicador ejemplar.[1]

Maclaren poseía dones naturales que lo hacían un predicador efectivo. Tenía una figura impresionante: era alto, delgado y lleno de energía; tenía una voz que se oía bien y unos ojos penetrantes que revelaban vivacidad, sabiduría y pasión. Además, era experto en organizar sus mensajes de forma lógica. Un contemporáneo suyo observó que si un predicador leía uno de los sermones de Maclaren, debía usar el bosquejo de Maclaren o buscar otro texto bíblico sobre el que predicar.[2] Sus poderes de expresión y comunicación eran tan formidables que es difícil para los lectores modernos darse cuenta de que él pronunció sus sermones de forma improvisada, sin siquiera haber preparado un manuscrito y sin tener que editar las versiones impresas de sus mensajes.

Sin embargo, como el mismo Maclaren admitía, la clave de su efectividad en la predicación no era ni su don natural ni su elocuencia. En su lugar, le daba el crédito de su predicación a su apoyo en la Biblia. Dijo él: "El predicador que se ha adentrado en la Biblia tendrá una claridad de visión que iluminará muchas cosas oscuras, y una firmeza que llenará a sus oyentes de confianza en él. Tendrá el secreto de la frescura perpetua, porque no puede agotar la Biblia".[3]

Maclaren se entregó durante todo su ministerio a la predicación expositiva. Semana tras semana, guiaba sistemáticamente a su congregación a través de las páginas de las Escrituras. Era un estudiante perenne de los lenguajes bíblicos y, durante las noches en su casa, Maclaren pasaba horas en su mecedora con una pipa en una mano y su copia hebrea o griega de las Escrituras en la otra. Cuando predicaba, dividía un libro de la Biblia en párrafos y luego predicaba la idea principal de cada párrafo.

Una de las maneras más sencillas y beneficiosas de planificar su predicación es seguir el ejemplo de Maclaren de predicar series sobre los libros de la Biblia. De hecho, esta forma de predicar no solo fue prominente en el ministerio de Maclaren, sino también en los de otros predicadores notables como Crisóstomo, Martín Lutero, Juan Calvino y Martin Lloyd-Jones, entre otros. En este capítulo exploraremos cómo hacer que las series sobre los libros de la Biblia sean un componente principal en su plan de predicación. Consideraremos las cualidades que hacen del predicador un expositor bíblico. Presentaremos las ventajas de las series de sermones sobre libros de la Biblia. Examinaremos los pasos básicos de la preparación de estas series. Finalmente, estudiaremos varios enfoques que puede usar para las series sobre libros de la Biblia.

¿Qué hace del predicador un expositor?

En *Expository Preaching* [Predicación expositiva], Harold Bryson observa que muchos pastores se consideran pastores expositivos. También nota que muchas personas que van a la iglesia expresan un deseo de oír predicaciones expositivas. Sin embargo, Bryson señala que tanto predicadores como laicos tienen ideas vagas en cuanto a lo que constituye una predicación expositiva. Escribe: "No hay una definición que sea la norma para la predicación expositiva. Se han construido muchas definiciones, pero sigue reinando la confusión".[4]

Las observaciones de Bryson suscitan una pregunta: ¿Qué hace del predicador un expositor? La predicación sobre libros de la Biblia suele llamarse predicación expositiva. Como resultado de dicha categorización, algunos predicadores y laicos insisten en que un pastor es expositor sólo si predica exclusivamente sobre los libros

Planificación de series expositivas 71

de la Biblia. Quien predica de esta manera tendrá, casi inevitablemente, un enfoque expositivo en su predicación. Sin embargo, también podría argumentarse que el pastor podría ser un predicador expositivo sin hacer constantemente series sobre libros de la Biblia. Yo sugeriría que, para considerarse un expositor, el pastor debe tener dos grandes compromisos en su ministerio de predicación.

Primero, *un predicador expositivo tendrá un compromiso con los sermones expositivos*. Un sermón expositivo puede definirse como un sermón en el cual el tema y la estructura del mensaje reflejan el tema y la estructura del pasaje bíblico. En este tipo de sermón, el predicador dice la misma cosa que el texto bíblico. El compromiso con el sermón expositivo requiere que el predicador exponga el significado del pasaje bíblico en el sermón pronunciado.

Un sermón debe ser expositivo para ser completamente bíblico. Basándose en la premisa de que la exposición bíblica tiene lugar cuando la sustancia del sermón se extrae de la Biblia, Donald Miller declara: "Toda predicación verdadera es predicación expositiva, y la predicación que no es expositiva, no es predicación".[5] Leander Keck dice que la predicación es bíblica cuando la Biblia gobierna el contenido del sermón y cuando la función del sermón es análoga al texto bíblico. Él escribe: "La predicación es bíblica cuando imparte un mensaje cuya forma y estilo están dados por la Biblia".[6] William Thompson dice que la predicación bíblica ocurre "cuando se capacita a los oyentes para ver que la Palabra de Dios se dirige a su mundo como también al mundo bíblico, y cuando se les capacita para responder a esa Palabra".[7] Haddon Robinson define la predicación expositiva, en su obra fundamental *La predicación bíblica*, como "la comunicación de un concepto bíblico, derivado del estudio literario, gramático e histórico de un pasaje en su contexto, aplicado primero por el Espíritu Santo a la personalidad y experiencia del predicador y luego, por medio de él, a sus oyentes".[8] Todas estas definiciones enfatizan la importancia de permitir que el significado del texto bíblico dé la forma al sermón expositivo.

La naturaleza del sermón expositivo tiene un enfoque más claro cuando se considera el significado de exposición. *Exposición* quiere decir poner algo a la vista del público, descubrirlo, destaparlo y desplegarlo. La idea tiene su base en el significado de la palabra *exponer*, proveniente del verbo latín compuesto *exponere*. La palabra raíz, *ponere*, quiere decir "ubicar" y el prefijo *ex* significa "fuera". Con tal conocimiento en mente, un sermón expositivo es aquel que extrae el significado del pasaje, desplegando una porción de las Escrituras a sus oyentes permitiéndoles apreciar su sustancia.

Mostrar a los oyentes la sustancia del texto bíblico requiere enseñarles el significado y convencerles a aplicarlo en su propia vida. Podemos ver un ejemplo de esto en Nehemías 8:8, cuando el sacerdote Esdras y quienes colaboraban con él proclamaron a los hijos de Israel la Palabra de Dios: "Y leían en el libro de la ley de Dios claramente, y ponían el sentido, de modo que entendiesen la lectura".

En este versículo hay tres elementos de la predicación expositiva que son evidentes. Primero, *"leían en el libro de la ley de Dios claramente"*. El término hebreo traducido como "claramente" conlleva la noción de aclarar algo. Podría incluso incorporar la idea de traducir un lenguaje foráneo para el oyente. Segundo, *"ponían el sentido"*. Poner el sentido es explicar las ideas y principios del texto. Requiere dejar claro el significado. Tercero, *les ayudaban a entender la lectura*. Esto es, ayudaban a los oyentes a darse cuenta del significado del pasaje. Ayudar a los oyentes a entender puede incluir la aplicación y la explicación.

El Nuevo Testamento contiene en Lucas 24:27 una descripción de la exposición bíblica. Allí la Biblia narra la aparición de Jesús a los dos discípulos en el camino a Emaús: "Y comenzando desde Moisés, y siguiendo por todos los profetas, les declaraba en todas las Escrituras lo que de él decían". Aquí la palabra griega traducida como "declaraba" es *diermeneuo*. Quiere decir desplegar el mensaje de algo o explicarlo. Cuando les hablaba a los discípulos afligidos, Jesús les abría el significado de los pasajes del Antiguo Testamento relativos al Mesías.

Un predicador expositivo abre la Biblia, despliega su significado, le da sentido y saca la aplicación del texto; tal como Esdras lo hizo con Israel y tal como Jesús lo hizo en el camino a Emaús. Merrill F. Unger reflexionó sobre este enfoque de exponer la Biblia en *Principles of Expository Preaching* [Principios de la predicación expositiva]: "No importa la cantidad de texto explicado, si éste se trata de tal manera que su significado real y esencial —como existía en la mente del escritor bíblico particular y como existe a la luz del contexto general de las Escrituras— se hace claro y aplicable a las necesidades actuales de los oyentes, podría entonces decirse apropiadamente que es una predicación expositiva".[9]

Además de entregarse al sermón expositivo, *el predicador expositor tendrá un compromiso con las series expositivas*. Como lo he descrito, un sermón expositivo es un único evento, un mensaje individual que expone el significado de un pasaje de las Escrituras. Tal mensaje puede ocurrir dentro de una serie de sermones sobre un libro o por sí solo, fuera de una serie. Por otro lado, una serie expositiva es un plan por medio del cual el predicador hace unos sermones sistemáticos sobre un libro bíblico o una parte del libro bíblico. Como tal, el sermón expositivo es el elemento esencial para encauzar un ministerio de predicación bíblica, y la predicación expositiva es el mejor plan para un programa de predicación bíblica.

Cuando Pablo se despedía de los efesios, les dijo: "Por tanto, hoy les declaro que soy inocente de la sangre de todos, porque sin vacilar les he proclamado todo el propósito de Dios" (Hch. 20:26-27). La predicación de series expositivas sobre libros bíblicos es uno de los mejores enfoques que un pastor puede usar para enseñar a su congregación el consejo total de la Palabra de Dios. En las series expositivas, es el mismo texto bíblico el que determina qué asuntos se tratarán en el púlpito y cómo deben tratarse. Vines y Shaddiz afirman: "La mejor predicación que usted puede hacer es la predicación sobre libros bíblicos —capítulo por capítulo y párrafo por párrafo— de manera sistemática. Tal enfoque le asegurará la interpretación más aguda y el mejor uso del contexto".[10]

Muchos expertos en homilética han enfatizado la importancia de usar la predicación sobre libros bíblicos en el ministerio del predicador expositivo. Por ejemplo, William Taylor escribió: "Por predicación expositiva quiero decir aquel método de discurso en el púlpito que consta de la interpretación consecutiva y la aplicación práctica de un libro del canon sagrado".[11] De igual forma, F. B. Meyer hizo de las series expositivas una característica distintiva de su definición de predicación expositiva: "La predicación expositiva es el tratamiento consecutivo de algún libro o de una porción extensa de las Escrituras en la cual el predicador ha concentrado su cabeza y su corazón, su fuerza y su cerebro; es un texto sobre el cual él ha pensado, orado y llorado, hasta que el texto ha revelado su secreto íntimo y su espíritu ha pasado al del predicador".[12]

R. W. Dale, que predicó en Birmingham, Inglaterra, durante el siglo XIX, es un ejemplo de predicador comprometido con las series expositivas. Él dijo esto sobre los primeros días de su ministerio: "Mi costumbre era hacer sermones expositivos en los cuales explicaba e ilustraba cuidadosamente, frase a frase, versículo a versículo, un grupo de capítulos o un libro completo de las Sagradas Escrituras".[13] Aunque más adelante adoptó la práctica de tomar como base para la predicación dominical una porción de su lectura semanal de las Escrituras, Dale seguía avanzando consecutivamente a través de los libros de la Biblia.

Si usted pretende ser un expositor bíblico, hay dos cosas que su plan debe incluir: (1) planificar la predicación de sermones expositivos; (2) planificar la predicación de una o más series expositivas durante el año. Para ser un predicador expositivo no es necesario que predique exclusivamente a través de los libros bíblicos. Los sermones individuales que exponen diferentes porciones de la revelación bíblica cada semana, pero que no llevan a la congregación en un viaje sistemático a través de un libro de la Biblia, pueden ser beneficiosos para llegar a las necesidades espirituales de su iglesia. Incluso así, un plan de predicación que incluya series expositivas es un medio excelente para desarrollar un ministerio completamente bíblico en el púlpito.

Ventajas de las series sobre libros bíblicos

Algún pastor podría objetar a tomar las series expositivas como la base de su plan. He oído protestar a predicadores porque la predicación sobre libros bíblicos puede llegar a ser monótona, o porque sería difícil que su congregación se acostumbrase a esta clase de predicación. Algunos pastores que predican series sobre los libros bíblicos cometen el error de cargar sus mensajes con detalles irrelevantes sobre el trasfondo del pasaje o tecnicismos del lenguaje bíblico. Esto convierte el sermón en un comentario seco sobre el texto, en lugar de en una explicación y aplicación dinámica y viva de las Escrituras. Tal predicación es monótona y resulta difícil acostumbrarse a ella. De hecho, ningún pastor debería obligar a su congregación a acostumbrarse a semejante forma de predicar tan aburrida.

La predicación de series sobre los libros de la Biblia también tiene el potencial para que predicadores negligentes abusen de ella y la exploten. Un enfoque perezoso de este tipo de predicación podría dar como resultado sermones carentes de una estructura discernible y desprovistos de instrucción bíblica significativa. Estos sermones no tienen forma y son difusos, la llamada exposición es poco más que una relectura de un pasaje con algunas paráfrasis y explicaciones superficiales. Los mensajes carecen de ilustraciones o atractivos persuasivos, y los oyentes obtienen poco del mensaje que no hubieran podido obtener al leer el pasaje bíblico por sí solos.

Otra objeción es que las series expositivas tienden a volverse pesadas por causa de su duración. Más de un predicador se ha encontrado atascado en una serie que parece no tener fin. A menudo, tal proyecto se deja a un lado y se abandona a mitad de curso, dejando una sensación de derrota en el predicador y la congregación.

Muchas de estas objeciones son válidas pero todas ellas son evitables. Nacen de un enfoque pobre sobre las series expositivas, no del método como tal. Predicar series sobre los libros bíblicos ofrece grandes ventajas que hacen su práctica deseable y beneficiosa.

Primero, *predicar series sobre libros bíblicos honra la naturaleza de las Escrituras*. La Biblia no fue escrita al azar o a pedazos, un versículo aquí y un pasaje allá. En su lugar, el material fluye con continuidad y cohesión. Dentro de un libro de la Biblia, una idea se construye sobre otra. Los autores de la Biblia desarrollan y amplían los temas que introducen.

Algunos temas teológicos son recurrentes a lo largo de todo el libro o se desarrollan y amplían sucesivamente en varios pasajes. Por ejemplo, en el libro de Santiago, la idea de la sabiduría se introduce en el primer capítulo (Stg. 1:5); luego se trata el concepto con mucho más detalle en Santiago 3:13-18. Los primeros capítulos de Romanos presentan un discurso cuidadosamente argumentado sobre el pecado del hombre y la justicia del juicio de Dios, para culminar con la necesidad de justificar al pecador por la fe.

Dentro de los libros narrativos de la Biblia, cada segmento narrativo individual forma parte de una historia mayor. La historia mayor ejerce influencia sobre la forma en que se interpreta y predica el relato. Por ejemplo, todo el libro de Job debe considerarse en su conjunto cuando se esté predicando algún segmento del libro; de otra manera, la intención teológica de la historia podría ser mal interpretada. Los primeros once capítulos de Génesis contienen varias historias individuales, incluyendo los relatos de la creación, la tentación y la caída, la muerte de Abel, el diluvio y la torre de Babel. Sin embargo, por encima de todas estas historias se impone la narrativa teológica más grande de la justicia, fidelidad y gracia de Dios.

Cuando un pastor hace predicaciones consecutivas a través de un libro o una sección de un libro, tanto él como su congregación obtienen más conocimientos sobre cómo encaja cada pasaje individual en la totalidad del libro. El predicador puede ofrecer el mensaje del libro entero en cada sermón que predica. Y puesto que está predicando con una conciencia aumentada del contexto de cada pasaje, es menos propenso a abusar de textos aislados.

Segundo, *predicar series sobre libros bíblicos le da el énfasis más alto a la Palabra de Dios.* Aunque otros métodos para planificar permiten la predicación bíblica, predicar a través de los libros es un enfoque que pone el máximo de atención en la Biblia como fuente de su mensaje. Cuando usted predica una serie sobre un libro bíblico, su congregación es consciente de que las Escrituras son la guía de cada sermón individual y de la dirección general de su ministerio de predicación.

W. A. Criswell hizo de la predicación expositiva sobre libros de la Biblia la marca personal de su pastorado en la Primera Iglesia Bautista de Dallas, Texas. Sin embargo, cuando era un predicador joven, pasó varios años predicando sobre diferentes temas, semana tras semana. Él dio el testimonio siguiente sobre cómo cambió su predicación el hecho de predicar series sobre libros de la Biblia: "De repente me encontré proclamando la Palabra, libro por libro, texto

Planificación de series expositivas 77

por texto, desde Génesis hasta Apocalipsis. Sentí un nuevo poder. En lugar de caminar estresado y ansioso para encontrar algún tema de predicación, caminaba con entusiasmo, sintiendo una emoción interna por el poder y majestad de la Palabra de Dios, con afán de adentrarme en el siguiente texto, la siguiente historia, el siguiente libro; con afán de profundizar más en la verdad de cada línea que presentaba el Espíritu de Dios, y trabajando en las páginas de la Biblia que podrían salvar a las personas de sus pecados, fortalecerlas y consolarlas en su viaje".[14]

Predicar series sobre los libros de la Biblia ubica a la Biblia en el puesto del director en la totalidad del programa de predicación. Como resultado, tal predicación tiene gran fuerza y autoridad. El predicador no toma las decisiones sobre qué predicará cada semana. En su lugar, él tan solo predica el siguiente párrafo del libro. Los oyentes se dan cuenta de que es la misma Palabra de Dios la que dirige la labor del pastor en el púlpito, llevando el ministerio de predicación donde lo dictan las Escrituras, semana tras semana.

Tercero, *predicar series sobre libros bíblicos crea un conocimiento amplio de la Biblia como un todo.* Tanto usted como su congregación llegarán a conocer más íntimamente la Biblia por medio de una dieta constante de predicación expositiva sobre los libros. Cuando predica sección por sección a través de los libros de la Biblia, usted aprende de ella y la enseña a su congregación. Ya sea usted un pastor novato o haya estudiado la Biblia durante muchos años, la serie expositiva les ofrecerá a usted y a sus oyentes la oportunidad de crecer en el conocimiento de la Palabra de Dios.

Comencé como pastor a la edad de veintitrés años. Era licenciado en comunicación y estaba a mitad de camino de mi formación en el seminario. Entonces, como ahora, la idea de predicar semana tras semana para mi congregación era una tarea bendita. Sin embargo, en aquel entonces, habría enfatizado más la palabra *tarea* que la palabra *bendita*. Había estudiado seriamente la Biblia desde que era adolescente. Aprendía más y más sobre interpretación, teología y lenguajes bíblicos gracias a mis lecturas y a mis profesores del seminario. Con todo, me sentía completamente limitado en mi conocimiento de la Biblia. Me preguntaba: *¿Qué les voy a decir a estas personas cada semana?*

Afortunadamente, mi profesor de predicación nos había animado a comenzar nuestras funciones recurriendo a las series sobre libros de la Biblia. Nos decía: "Tomen el libro de Efesios y comiencen a predicar sobre él semana tras semana. Es corto, práctico. Sus congregaciones lo apreciarán y ustedes aprenderán mucho".

Así, a los pocos meses de comenzar mi labor, empecé a predicar sobre Efesios. Cada semana iniciaba la preparación de mi sermón con una meta: aprender lo máximo posible sobre el pasaje particular que iba a predicar esa semana. Cuando prediqué el primer sermón sobre Efesios, había obtenido una buena cantidad de conocimiento acerca del texto. Me emocionaba predicar las cosas que había aprendido en mi estudio y mi tiempo de preparación.

Para deleite mío, muchas personas de la congregación también se alegraron de oír las cosas que Dios me estaba enseñando. El entusiasmo se manifestaba de varias maneras. Me di cuenta de que cada vez más personas llevaban sus Biblias a la iglesia. Algunos miembros leían los pasajes anticipadamente, e hicieron de Efesios parte de su lectura devocional. Otros hacían preguntas sobre temas recurrentes e ideas expuestas en la serie. Lo más importante: cuando continué haciendo de estas series sobre libros bíblicos una parte principal de mi programa de predicación, vi a muchas personas que crecían en madurez espiritual, servicio y compromiso con el Señor.

Cuarto, *predicar series sobre libros bíblicos hace que el predicador trabaje duro.* Esto podría parecer una desventaja, pero en realidad es un beneficio. Predicar series sobre los libros de la Biblia no es fácil. Le impone al predicador la necesidad de orar y estudiar con diligencia. Tal método de predicación le obligará a estudiar más duro y a lidiar con los asuntos teológicos y bíblicos que usted nunca consideraría si fuera saltando de un pasaje a otro cada semana.

Por ejemplo, al predicar sobre los primeros once capítulos del libro de Génesis, el predicador tendrá que hablar de asuntos como la naturaleza de Dios, la cosmología y el origen del pecado. Si no fuera a predicar sistemáticamente a través del libro, el predicador podría verse tentado a dejar pasar alguno de estos temas difíciles.

Sin embargo, la misma naturaleza de las series sobre libros bíblicos forzará al predicador a profundizar más en el pasaje bíblico, a investigar las respuestas a las preguntas difíciles y a desarrollar medios efectivos para comunicar a su congregación los aspectos complicados de la verdad bíblica. Aunque la predicación sobre libros bíblicos requiere una gran cantidad de esfuerzo por parte del predicador, el conocimiento bíblico y la perspectiva espiritual que usted y su iglesia adquirirán harán que valga la pena.

Quinto, *predicar series sobre libros bíblicos le ayuda a asegurar el equilibrio en su ministerio de predicación*. Cuando usted predica a través de un libro de la Biblia, puede sorprenderle por la variedad y amplitud de material cubierto por el autor bíblico. La predicación sobre libros bíblicos le permite tratar pasajes que podrían evitarse intencionalmente, y le da la oportunidad de hablar sobre muchos pasajes que de otra formar podría ignorar.

F. B. Meyer, un fuerte proponente de la predicación consecutiva a través de los libros de la Biblia, escribió sobre la necesidad de tener una predicación variada: "La Biblia es como una huerta limpia y espaciosa en la cual crecen toda clase de árboles, y yo estoy muy de acuerdo con un amigo mío en cuanto a que el predicador no tiene derecho a imponer su fruta favorita a la congregación. Aunque él prefiere manzanas, pueden haber muchos en la congregación que prefieren ciruelas, peras o cerezas; con toda certeza, él no tiene justificación para dejar estas frutas en los árboles, desperdiciándolas mientras solo reparte manzanas, manzanas y más manzanas".[15] Predicar sobre los libros de la Biblia le amplía la paleta homilética y lo mantiene lejos de volverse monotemático respecto al tema a tratar.

Incluso en un libro relativamente corto como 1 Tesalonicenses, es posible encontrar temas tan variados como características de la conversión verdadera (1:1-10), guías para un ministerio auténtico (2:1-16), aliento por medio de la fraternidad cristiana (2:17—3:13), santificación y vida agradables a Dios (4:1-12), el regreso de Cristo (4:13-18), la preparación para el regreso del Señor (5:1-11) y ética general cristiana (5:12-22). Hay que aceptar que los escritos de los profetas en el Antiguo Testamento tienden a ser más limitados y restringidos en los temas tratados. Los profetas suelen tratar exclusiva y repetidamente los temas de pecado, juicio y esperanza a través del arrepentimiento. Aun así, un predicador que ha dedicado una parte importante de su plan de predicación a las series sobre libros, es más propenso a tratar asuntos que de otra manera no habría considerado.

Sexto, *predicar series sobre libros bíblicos elimina la ansiedad en cuanto a qué predicar*. Esta ventaja la tiene la predicación planificada en general. Sin embargo, predicar sobre libros bíblicos disfruta de esta ventaja porque está entre las formas más simples y directas de programar su calendario.

La decisión más grande en la predicación de series sobre libros bíblicos es determinar cuál de los sesenta y seis libros se va a seleccionar. Una vez se ha tomado la decisión, las otras decisiones ya tienen su respuesta. Después de haber seleccionado el libro, el predicador simplemente lo divide en unidades de predicación y programa un tiempo en el calendario para predicar cada unidad. Ya no es necesario perder tiempo y energía en la búsqueda de pasajes bíblicos para los sermones.

Más aún, la predicación sobre libros bíblicos le quita al predicador la ansiedad en cuanto a qué predicará a lo largo de su ministerio. El tratamiento consecutivo de los libros de la Biblia le proporciona material suficiente para toda una vida de predicación.

Séptimo, *predicar series sobre libros bíblicos satisface las necesidades básicas de la congregación*. Por medio de la exposición sistemática de los libros bíblicos usted podrá abordar los problemas apremiantes que enfrentan la sociedad, la iglesia y los individuos. Aunque la forma de expresar las necesidades humanas ha cambiado con los siglos, estas necesidades no han cambiado en su esencia. Una predicación expositiva permitirá tratar puntualmente las necesidades de las personas y los problemas de la iglesia y la sociedad, sin usar la Biblia como un garrote o recibir acusaciones de predicar las ideas propias y no la Palabra de Dios. El predicador tan solo está diciéndole a la congregación lo que dice Dios.

Esta predicación fortalece a los oyentes, y proporciona al pastor el crecimiento en madurez de la congregación. La exposición prolongada a la Palabra de Dios por medio de los sermones expositivos lleva a pensamientos y comportamientos cada vez más bíblicos en las personas de la iglesia. Más aún, como las series expositivas satisfacen las necesidades espirituales de los oyentes, la asistencia a la iglesia también puede incrementarse. Sus oyentes llevarán las Biblias a la iglesia cada domingo, a la espera de oír un mensaje de Dios que marque una diferencia en sus vidas.

Preparación para las series expositivas

Preparar una serie de sermones sobre un libro de la Biblia requiere seis pasos básicos: (1) seleccione el libro de la Biblia para la serie; (2) reúna los comentarios sobre ese libro; (3) lea el libro repetidamente para familiarizarse con su contenido; (4) divida el libro en unidades de predicación; (5) decida cuánto durará la serie y (6) programe la serie en el calendario de predicación. Por supuesto, predicar una serie expositiva requiere hacer una exégesis de cada pasaje y desarrollar sermones completos. Sin embargo, estos pasos son parte del proceso de preparación del sermón, no del proceso de planificación. A continuación hay una sugerencia sobre cómo completar cada paso de la planificación de una serie expositiva.

(1) Seleccione el libro

Hay muchos aspectos en los que usted evitará errores si escoge predicar por medio de algún libro bíblico. Cada libro de la Biblia es rico en material que ministrará la gracia de Dios a su congregación. Cuando haga la selección del libro, considere el trabajo que realizó al analizar a la audiencia y desarrollar sus objetivos de predicación. Podría escoger un libro basándose en las necesidades de la congregación, en un plan mayor de predicación a través de toda la Biblia, o de acuerdo con algún otro criterio.

Asegúrese de incluir tipos variados de libros bíblicos en las series expositivas que planifique durante el año. Especialmente, recuerde predicar no solo sobre el Nuevo Testamento pasando por encima el Antiguo. En la práctica, algunos predicadores se han hecho seguidores de Marción, el hereje del siglo II, que enseñaba que la iglesia debía rechazar el Antiguo Testamento.[16] Podría considerar ponerse como meta predicar sobre un libro del Antiguo Testamento y uno del Nuevo cada año. De esta manera, equilibrará su ministerio de predicación y expondrá a su congregación a un material bíblico más amplio.

(2) Asegúrese de tener comentarios útiles y otros recursos
Predicar sobre libros bíblicos le aporta al predicador un medio económico para formar su propia biblioteca. La mayoría de predicadores novatos —e incluso algunos más experimentados— no tiene recursos adecuados en su biblioteca para preparar un sermón a partir de un libro cualquiera de la Biblia en un domingo cualquiera. Sin embargo, al predicar sobre libros de la Biblia, usted puede llenar su biblioteca de manera creciente, completa y poco costosa.

Todo predicador debe comprar herramientas de estudio básicas al comienzo de su ministerio. Su biblioteca debe contener obras como diccionarios bíblicos, atlas, Biblias de estudio, Biblias temáticas, diccionarios, concordancias, libros de estudio de palabras y otras obras de referencia semejantes. Estas obras generales le ayudarán a predicar a partir de cualquier libro de la Biblia.

Sin embargo, además de obras de referencia, necesitará comprar libros específicamente enfocados en el libro bíblico sobre el cual va a predicar. Los comentarios le ayudarán cuando planifique las series y cuando prepare cada uno de los mensajes de ella. Adquiera comentarios sobre el libro escogido para la serie expositiva poco tiempo después de su elección.

Hay tres niveles de comentarios para los propósitos del predicador. El primer nivel consiste en los comentarios *peso pesado*. Son las obras analíticas, críticas o exegéticas centradas en cada palabra, frase y cláusula de su texto. Los comentarios *peso pesado* dan detalles técnicos sobre el lenguaje del texto bíblico. El siguiente nivel de comentarios son los *peso medio*. Son comentarios que miran el texto versículo por versículo pero incluyen menos detalles. En cambio, tales comentarios digieren y popularizan las ideas teológicas del texto. Finalmente, están los comentarios *peso ligero*; son tratamientos homiléticos o devocionales del texto. Pueden incluir aplicaciones e ilustraciones del significado del texto. Una buena regla es comprar uno o dos comentarios de cada nivel.

(3) Lea el libro repetidamente

Antes de predicar la serie expositiva, habitúese completamente al contenido del libro que va a usar. Debe leer el libro tantas veces como sea posible, mucho antes de que comience la serie. La planificación le ayudará a hacerlo. Por ejemplo, si sabe con una anterioridad de seis meses que va a predicar sobre Isaías 40—66, puede incluir lecturas diarias como parte de su estudio bíblico personal. Sera bueno leer el libro con tres grandes propósitos en mente.

Primero, haga una *lectura devocional* para la aplicación personal. No estará listo para predicarle a su congregación sobre un libro bíblico hasta que el Espíritu Santo haya hecho su mensaje una realidad viva en el corazón de usted. Aunque la lectura devocional nunca puede sustituir el estudio detallado del texto, el encuentro personal con el libro antes de comenzar la investigación hará más inspirador su estudio. Permita que Dios le hable en su tiempo personal de estudio antes de intentar aplicar el mensaje del libro a su congregación.

Después, haga una *lectura panorámica* para discernir el flujo del contenido. Con el bolígrafo en mano, intente diagramar la secuencia del libro mientras va leyendo. Preste atención en especial a las grandes secciones del libro y al contenido en cada sección del texto. Anote los temas repetidos que encuentre en el libro. Tal vez un comentario o una Biblia de estudio contenga una descripción del contenido del libro, lo cual podría ayudarle a hacerse una idea de cómo progresa el libro y cómo se relacionan las diferentes secciones.

Finalmente, haga una *lectura homilética* con su audiencia en mente. Comience a pensar en las formas en que predicará el contenido ante su congregación. Considere las necesidades de su congregación que correspondan a las necesidades tratadas en el libro. Anote cualquier ilustración o aplicación que se le ocurra. Este trasfondo le ayudará una vez comience a preparar los mensajes de la serie.

(4) Divida el libro en unidades de predicación

Después de empaparse del contenido del libro, debe determinar cuáles serán los textos de predicación para su serie. Hay algunas sugerencias útiles para dividir el texto en unidades.

Comience con los párrafos. Las divisiones en párrafos dadas por muchas traducciones de la Biblia pueden ser buenos indicadores de cómo dividir el pasaje. Sobre todo en pasajes didácticos, como las epístolas, encontrará que los párrafos son la unidad de predicación más natural a considerar. Gordon Fee y Douglas Stuart escriben: "Nunca podremos enfatizar lo suficiente la importancia de aprender a pensar en los párrafos como la clave absolutamente necesaria para entender el argumento presente en varias epístolas, no solo como unidades naturales de pensamiento".[17] Los escritos de los profetas y la literatura sapiencial en el Antiguo Testamento, también aparecen divididos en párrafos en muchas traducciones. Un párrafo usualmente presenta el tratamiento del autor de una idea principal. El párrafo tiene una gran correlación con el objetivo del predicador de tener una idea principal que domine el sermón. Por ejemplo, usar como guía la división en párrafos de Gálatas producirá una serie con las siguientes veinte unidades de predicación:

1. 1:1-5
2. 1:6-10
3. 1:11-17
4. 1:18-24
5. 2:1-10
6. 2:11-21
7. 3:1-9
8. 3:10-14
9. 3:15-18
10. 3:19-25
11. 3:26—4:7
12. 4:8-20
13. 4:21-31
14. 5:1-6
15. 5:7-15
16. 5:16-26
17. 6:1-5
18. 6:6-10
19. 6:11-15
20. 6:16-18

Siga el curso de la narrativa. Cuando predique sobre pasajes históricos del Antiguo Testamento, algunas porciones de los libros proféticos, los Evangelios y los Hechos, puede dividirlas identificando los segmentos de los relatos que narran los autores de la Biblia. Para trazar el curso de un segmento de la narrativa, simplemente pregúntese: ¿Dónde comienza y dónde termina la historia? Aunque cada segmento del relato de un libro bíblico forma parte de una narrativa mayor, una porción de la historia basta para un texto de predicación. Los Evangelios pueden romperse fácilmente en pequeñas selecciones que se pueden usar como unidades de predicación. Hay otros libros que podrían requerir segmentos más largos para incluir todo un arco narrativo. Por ejemplo, cuando Maxie Dunnam predicó sobre el libro de Éxodo, lo dividió en los siguientes segmentos narrativos:[18]

Un pueblo que rehúsa morir (1:1-22)
La providencia de Dios en los años de formación de Moisés (2:1-25)
El llamado de Moisés (3:1—4:17)
La prueba de fe (4:18—5:21)
El triunfo de la fe (5:22—7:13)
Las plagas: revelaciones del poder de Dios (7:14—10:29)
La Pascua (11:1—13:16)
El paso del mar Rojo (13:17—14:31)
El evangelio de Mara (15:1-27)
Fresco cada mañana (16:1-36)
Las lecciones de Refidim (17:1-16)
Una reunión familiar (18:1-27)
Con el Señor en la montaña (19:1-25)
El pacto de la ley en el Sinaí: Los diez mandamientos (20:1-26)
El pacto de la ley en el Sinaí: Civil, penal y pacto (21:1—24:18)
El campamento con Dios: El tabernáculo y el sacerdote (25:1—31:18)
La rebelión (32:1—33:6)
La renovación del pacto (33:7—40:38)

Consulte otras fuentes de ayuda. La introducción a un libro de la Biblia que aparece en un comentario o una Biblia de estudio puede ser útil para determinar las grandes divisiones del libro. Por ejemplo, el libro de Proverbios puede ser muy difícil de dividir en unidades de predicación, porque los proverbios parecen saltar de tema en tema. Sin embargo, la *Biblia de estudio Ryrie* ofrece un bosquejo de Proverbios que puede resultar muy útil para un pastor con la intención de predicar sobre el libro. Ryrie propone las siguientes divisiones para Proverbios 1:8—7:27:[19]

Evite las malas compañías (1:8-19)
Preste atención al consejo de sabiduría (1:20-33)
Evite el adulterio (2:1-22)
Confíe en Dios y hónrele (3:1-12)
Considere el valor de la sabiduría (3:13-20)
Sea bueno y generoso con los demás (3:21-35)
Adquiera sabiduría (4:1-9)
Evite las malas compañías (4:10-19)
Cuídese (4:20-27)
Abandone la lujuria (5:1-23)
Evite salir de fiador (6:1-5)
Aléjese de la pereza (6:6-19)
Evite el adulterio (6:20-35)
Evite la prostitución (7:1-27)

(5) Decida la duración de la serie

Una vez haya dividido el texto en unidades de predicación, será hora de decidir cuántos sermones tendrá la serie. Una serie expositiva podría ser relativamente corta, de solo cuatro a ocho semanas, o podría extenderse durante años. La historia demuestra que los predicadores efectivos han usado series de distintas duraciones.

Por ejemplo, el predicador monástico Bernardo de Claraval predicó una serie de sermones sobre el Cantar de los Cantares que duró 18 años. De hecho, la serie habría durado más si Bernardo no hubiera muerto en 1153. Predicó 86 sermones sobre los dos primeros capítulos solamente.[20] Predicadores más recientes también se han embarcado en series largas. James Montgomery Boice, que fue pastor de la Décima Iglesia Presbiteriana en Filadelfia, predicó 239 sermones sobre Romanos, una tarea que tardó más de 25 años en completar.[21] John MacArthur, otro predicador que se caracteriza por las series largas sobre libros bíblicos, dice que las personas no se aburrirán si el predicador pasa muchas semanas con el mismo libro. Afirma él: "Creo que la gente se aburrirá si usted es aburrido. No tiene nada que ver con cuánto tiempo pasa con un libro. Mientras usted diga cosas que capten el interés y desafíen sus vidas, no les importará en qué libro esté ni durante cuánto tiempo".[22] Sin embargo, la predicación expositiva de un libro bíblico no tiene por qué llevar tanto tiempo. Warren Wiersbe predicó trece sermones sobre Romanos,[23] y Kent Hughes predicó treinta y tres.[24]

Aunque Dios ha bendecido series expositivas que han durado muchos años, las series pueden volverse difíciles de manejar y de incorporar a su plan de predicación. Es mejor limitar los sermones de su serie a un número manejable, por comodidad en la planificación. Harold Bryson recomienda predicar series cuya extensión temporal esté entre los 6 y los 24 sermones. Añade que un pastor necesitaría seis meses para predicar una serie de 24 sermones.[25] Mantener la cantidad de sermones de una serie expositiva en 24 o menos es una buena regla para la mayoría de los predicadores.

Sin embargo, con este número de sermones, sería imposible predicar sobre algunos libros de la Biblia. Podría preguntarse qué hacer cuando esté tratando con libros que requieran más tiempo. La mejor respuesta es dividir el libro en unidades más manejables. Por ejemplo, un predicador podría dividir el libro de Mateo en las siguientes siete grandes unidades:

Presentación de Jesús (capítulos 1—4)
El Sermón del Monte (capítulos 5—7)
Un hombre de milagros (capítulos 8—9)
Tras el reino de Cristo (capítulos 10—18)
Sobre la batalla final (capítulos 19—23)
¿Qué dice Jesús sobre el futuro? (capítulos 24—25)
La Pasión y la resurrección (capítulos 26—28)

Cada una de estas unidades sería una "mini-serie" aparte que podría predicarse en menos de veinticuatro semanas. El pastor podría decidir si predica todo el libro sin interrupciones entre cada sección o si intercala otros mensajes entre los segmentos de la serie. Conozco un pastor que pasó más de diez años predicando sobre Génesis, sección por sección, con pausas entre secciones para predicar series temáticas y otras series sobre libros bíblicos. Este enfoque le permitió predicar todo Génesis sin despreciar otras porciones de la Biblia en su plan anual. Otros pastores han usado un enfoque biográfico en la exposición bíblica. Por ejemplo, podría predicarse una serie sobre la vida de José en Génesis, la vida de David en 1 y 2 Samuel o el ministerio de Pablo en Hechos.

(6) Programe la serie en su calendario de predicación

Después de haber determinado la duración de la serie, usted está listo para programar los textos bíblicos de los sermones de la serie en su calendario de predicación. Como se indicó en el capítulo sobre la mecánica de la planificación, debe ubicar las series en el calendario después de haber programado los sermones de días especiales, ordenanzas y otros eventos fijos. Observe las siguientes recomendaciones cuando programe las series sobre libros bíblicos.

(1) Ponga un título temático a la serie. Llamar a una serie sobre el profeta recalcitrante que fue devorado por un pez "Sermones sobre Jonás" no sirve de mucho para incentivar la imaginación de su congregación. Por otro lado, si usted titula la serie "Dios nunca se rinde", habrá provocado el interés de los oyentes y les habrá dado un indicio sobre uno de los principales temas del libro. Los predicadores han usado títulos temáticos como "La vida es algo más" para Eclesiastés, "Fe real en el mundo real" para Santiago, y "Cómo tener una alegría exuberante y contagiosa" para Filipenses.

(2) Considere incluir al principio un sermón de orientación. Igual que el primer día de clase en una nueva escuela comienza con una orientación, las series sobre libros de la Biblia podrían fortalecerse con un "sermón de orientación". Este mensaje le da al oyente una idea general del libro y le permite tener un anticipo de las cosas que contendrá la serie. El mensaje de orientación puede tener su base en

un texto del libro que establezca de manera sucinta el tema central del libro, o en una visión general del contenido del libro como un todo.

Dado que muchos libros bíblicos comienzan con una introducción formal (entre ellos, la mayoría de las epístolas, muchos libros proféticos y algunos libros históricos), estos textos se pueden usar como introducción general para toda la serie.

(3) *Para cada sermón, introduzca en el calendario el título del libro y de la serie, el número del sermón, el título provisional del sermón y el texto bíblico para la predicación.* Cuando rellene el calendario, incluya tanta información como sea posible para cada sermón. De esta manera, con solo mirar, podrá saber fácilmente qué serie está predicando y en qué parte de la serie está. La entrada para el sermón de una serie expositiva debe aparecer en el calendario de la siguiente forma:

Serie: Fe real en el mundo real—Santiago
Sermón 2: La fuente real de la tentación
Santiago 1:14-18

(4) *Cuídese de no planificar muchas series sobre libros bíblicos a la vez.* Predicar dos o más series simultáneas sobre libros de la Biblia es una tarea difícil. Harold Bryson aconseja: "Solo un predicador excepcional puede incluir dos o tres libros en series de sermones y ser capaz de prepararse lo suficiente y aplicarlas con efectividad a las personas".[26] Sin embargo, muchos predicadores preparan tres series a la vez o predican una serie los domingos por la mañana, otra durante los domingos por la noche y otra entre semana, y han descubierto que dicha práctica es beneficiosa para ellos y para sus congregaciones.

(5) *Piense en formas creativas de programar las series.* Una serie expositiva puede programarse de modo que maximice el interés y la atención de su audiencia. Algunos pastores han seguido la misma serie los domingos por la mañana, por la noche y entre semana, y han descubierto que algunos miembros que normalmente solo asistían los domingos por la mañana comenzaron a asistir a otros servicios semanales porque no querían perderse la serie. Hace poco fui pastor en una iglesia con poca asistencia las noches de los domin-

gos y a media semana. Cuando programé una serie que se amplió a estos dos servicios nocturnos, vi que la asistencia se incrementó de manera impresionante. Predicar dos sermones de la serie por semana también me permitió terminar el libro más rápidamente.

Otra forma de estimular el apetito de su congregación por las series expositivas es hacer una conferencia de una semana durante la cual predique sobre un libro bíblico. Este enfoque le permite a la congregación experimentar las alegrías de estudiar un libro bíblico en un período breve de tiempo, bajo la enseñanza de su pastor.

Opciones para predicar las series expositivas

Un predicador puede adoptar varios enfoques para predicar las series expositivas. El método más común es predicar *unidad por unidad* todo el libro o una parte de él. Ya describí ese enfoque en este capítulo. Sin embargo, hay otras opciones disponibles.

Una segunda opción es predicar *un pasaje principal de cada capítulo* del libro. Esta opción le permitirá avanzar rápidamente a través de un libro bíblico. No suele aconsejarse la predicación de un solo sermón basado en un capítulo entero del libro. La división de la Biblia en capítulos puede ser arbitraria, con varios temas teológicos en uno solo capítulo. Intentar incluir en un sermón los diferentes temas de un capítulo entero puede ser difícil y llevar a malas interpretaciones del texto. Sin embargo, la predicación de un pasaje representativo de cada capítulo honra la integridad del texto y le da a la congregación una visión general del contenido del libro. Por ejemplo, un predicador podría predicar sobre Miqueas en tan solo siete semanas si predica los siguientes textos de cada capítulo:

Cuando llega el juicio de Dios (1:2-8)
El problema de los profetas parlanchines (2:6-11)
Advertencias contra los líderes malvados (3:8-12)
Caminaremos en el nombre del Señor nuestro Dios (4:1-5)
El Mesías venidero (5:2-5)
¿Qué pide el Señor? (6:6-8)
Una cesta con frutos estivales (7:1-7)

En cada sermón el predicador se centrará en el texto seleccionado de las Escrituras y relacionará los versículos contextuales con la interpretación que él haga. De hacerlo así, expondrá todo el libro a la congregación sin predicar sobre cada párrafo.

De igual manera, una tercera opción es predicar *un pasaje principal de cada libro de la Biblia*. Alguien podría argumentar que una serie de este tipo no es expositiva porque el predicador no procede consecutivamente a través de un libro bíblico. Sin embargo, predica consecutivamente a través de todo el canon de las Escrituras. Este tipo de series le permitiría al predicador embarcarse en un viaje por cada libro del Antiguo y del Nuevo Testamento en tan solo un año.

Una cuarta opción es tener un *enfoque selectivo al predicar sobre un libro*. El predicador puede seleccionar un tema principal en el libro y predicar sobre los pasajes relacionados con ese tema. Por ejemplo, una serie selectiva sobre los Salmos podría rastrear el tema de Cristo en este libro. Se podría predicar una serie de sermones a partir de los Salmos 2, 8, 16, 22, 34, 35, 40, 41, 45, 68, 69, 109, 110 y 118. Un predicador podría hacer una serie selectiva si predica sobre los eventos importantes de un libro extenso, o si predica mensajes sobre cada personaje principal del libro. Por ejemplo, el libro de Josué puede abordarse si se predica sobre cuatro personajes principales: Josué, Rahab, Acán y Caleb. El enfoque selectivo no permite la predicación sobre cada parte del libro. Sin embargo, sí permite que, en un período breve de tiempo, el predicador exponga a la congregación los temas principales del libro.

En resumen, la serie expositiva se ha validado históricamente como medio de asegurar la predicación bíblica completa y consistente. Ofrece ventajas para el pastor y la congregación que, prácticamente, ningún otro método puede otorgar. La disciplina requerida para predicar sobre los libros de la Biblia fortalecerá su conocimiento de las Escrituras. Más aún, la serie expositiva satisfará las necesidades espirituales de su congregación y le aportará un método simple y factible de planificar su predicación. Según mi experiencia y observación, el compromiso de predicar sobre libros bíblicos con regularidad es uno de los pasos más importantes que puede dar el pastor para mejorar su ministerio de predicación.

CAPÍTULO 5

Planificación para las ordenanzas

En la pared externa del local donde mi padre tiene su peluquería hay un viejo poste de barbería. El cilindro con franjas rojas, blancas y azules gira lentamente gracias a un pequeño motor eléctrico. Cada vez que mi hijo de cinco años visita la tienda para cortarse el pelo, mi padre lo levanta enfrente del local y lo sostiene en alto para que el niño pueda alcanzar la conexión eléctrica y desconectarla, y luego lo vuelve a bajar. Mi padre conoce a personas que rehusarían cortarse el pelo si la tienda no tuviera este poste insignia. Pero pocos tienen idea de su importancia o simbolismo.

La insignia con franjas data del tiempo en que los barberos hacían más que cortes de pelo. En la Edad Media e incluso más adelante, los barberos fueron cirujanos, sacaban dientes y usaban la práctica extraña de extraer sangre usando sanguijuelas. Para esto último el barbero usaba un bastón que el paciente debía asir para que se marcasen las venas del brazo, un recipiente para poner las sanguijuelas y recoger la sangre extraída, y muchas vendas. Cuando acababa el proceso, el barbero tomaba las vendas y las ponía a secar en un poste a las afueras del local.

Las tiras manchadas de sangre se movían con el viento y se enrollaban en el poste formando espirales rojas y blancas. Así, el poste con espirales comenzó a reconocerse como un emblema de la profesión de barbero. En la mayoría de barberías de Estados Unidos se añadió una espiral azul, principalmente por razones de patriotismo.

El poste con franjas es el símbolo de los barberos, tal como las serpientes entrelazadas del caduceo simbolizan la profesión médica. Sin embargo, una persona puede conseguir un buen corte de pelo o un buen tratamiento médico sin saber siquiera qué representan tales símbolos.

Planificación para las ordenanzas

Jesucristo le dio a la iglesia dos símbolos de su muerte y su resurrección, dos símbolos que identifican a los creyentes como seguidores de Cristo: el bautismo y la Cena del Señor. Sin embargo, a diferencia del poste del barbero, estas ordenanzas no son tan solo señales externas para la iglesia. No son cosas que los cristianos hacen ocasionalmente para mantener el sentimiento o la tradición y nada más. En lugar de eso, el bautismo y la Cena del Señor están llenos de contenido teológico. Es importante que nuestras congregaciones entiendan sus significados para poder participar completamente y con inteligencia de los dos. Por esa razón, la predicación sobre las ordenanzas debe ser una parte importante de su plan de predicación.

Muchos pastores han asumido erróneamente que todas las personas de la congregación conocen el significado de estas ordenanzas cuando las toman. Puede no ser así. Tal vez algunos cristianos de la congregación no lo tengan tan claro. Quienes vienen de un trasfondo sacramental pueden tener confusión doctrinal y malinterpretaciones teológicas sobre la naturaleza del bautismo, la Cena del Señor y cómo afectan éstos a los participantes. Algunos adultos podrían preguntarse cómo se deben preparar para recibir la Cena del Señor. Los padres que asisten con sus hijos podrían tener preguntas sobre si sus hijos e hijas deberían participar de la Cena del Señor o si se tienen que bautizar primero. Además, algunas personas poco habituadas a la Biblia o a la iglesia estarán presentes para la Cena del Señor o los servicios de bautismo. Tales servicios les pueden parecer extraños e incluso misteriosos. Cada vez que se celebran estas ordenanzas —e incluso algunos domingos que no se celebren— el pastor debe hablar sobre las preguntas, reservas, confusiones y otros asuntos que puedan acompañar al bautismo y la Cena del Señor, y hacerlo por medio de un sermón bíblico dirigido a tales cuestiones.

Winston Pearce ha observado que si no se planifican predicaciones sobre el bautismo y la Cena del Señor, no habrá una enseñanza sólida sobre las verdades que estas ordenanzas simbolizan. En vez de eso, el predicador podría repetir unas cuantas verdades una y otra vez, ignorando otros aspectos de las ordenanzas. Escribe Pearce: "Las doctrinas contenidas en las ordenanzas son tan grandes y variadas que no se pueden tratar adecuadamente en uno o en doce sermones. El ministro puede instruir a su congregación adecuadamente solo si recurre a un programa de predicación cuidadosamente planificado para todo el año".[1]

Este capítulo se centrará en la incorporación de sermones sobre el bautismo y la Cena del Señor en su plan anual de predicación. Como este libro trata principalmente el tema de la predicación y no otros aspectos de la adoración, este capítulo no hablará sobre cómo bautizar o conducir la Cena del Señor. Más bien, se centrará en las implicaciones que tienen las ordenanzas para la predicación. Examinará el trasfondo histórico de las ordenanzas y su importancia teológica. Analizará cómo puede afectar a la predicación la frecuencia de la observancia. Considerará también algunos temas de predicación relativos al bautismo y la Cena del Señor. El capítulo concluirá con unas sugerencias generales para predicar sobre las ordenanzas.

Origen de las ordenanzas

El bautismo y la Cena del Señor son observancias antiguas. Se han celebrado en varios lugares, que incluyen las reuniones familiares sencillas de los primeros cristianos, las asambleas secretas en las catacumbas y los servicios elaborados en los grandes edificios modernos de las iglesias. Aunque las ordenanzas han sido objeto de muchas interpretaciones, debates teológicos y no pocas controversias, las iglesias cristianas las han observado continuamente. El testimonio de las Escrituras y de la historia de la iglesia indica que la predicación ha figurado con prominencia en la celebración del bautismo y de la Cena del Señor.[2]

Bautismo

Cuando se hizo bautizar, Jesús puso los fundamentos del bautismo cristiano. El Evangelio de Marcos comienza con una presentación de Juan, el precursor de Cristo: "Bautizaba Juan en el desierto, y predicaba el bautismo de arrepentimiento para perdón de pecados" (Mr. 1:4). El bautismo de Juan significaba una nueva forma de vida para quienes recibían su mensaje y se arrepentían, les aseguraba el perdón de los pecados y anticipaba el bautismo

Planificación para las ordenanzas   95

con el Espíritu y con fuego que el Mesías venidero habría de traer. Juan identificó a Jesús como su Mesías cuando proclamó: "He aquí el Cordero de Dios, que quita el pecado del mundo. Este es aquel de quien yo dije: Después de mí viene un varón, el cual es antes de mí; porque era primero que yo. Y yo no le conocía; mas para que fuese manifestado a Israel, por esto vine yo bautizando con agua" (Jn. 1:29-31). Después de estos eventos, Juan bautizó a Jesús en el río Jordán (Mt. 3:13-17; Mr. 1:9-12; Lc. 3:21-23)

Jesús también vinculó el bautismo a la predicación del evangelio. En el momento inmediatamente anterior a su ascensión, Jesús les ordenó a sus seguidores que bautizaran como parte de su misión en el evangelismo y el discipulado. Les dijo: "Por tanto, id, y haced discípulos a todas las naciones, bautizándolos en el nombre del Padre, y del Hijo, y del Espíritu Santo" (Mt. 28:19).

La historia de la iglesia primitiva, como se registra en Hechos, indica que los creyentes obedecieron el mandamiento de Cristo por medio de la predicación misionera que llamaba al arrepentimiento y al bautismo. El énfasis del bautismo en la predicación de la iglesia primitiva se puede ver en los ministerios de Pedro, Felipe y Pablo. Después del mensaje de Pedro en Pentecostés, él instruyó a aquellos a quienes les caló el mensaje en el corazón: "Arrepiéntase y bautícese cada uno de ustedes en el nombre de Jesucristo para perdón de sus pecados... y recibirán el don del Espíritu Santo" (Hch. 2:38, NVI).

La proclamación que hizo Felipe del mensaje de Cristo en Samaria también estuvo acompañada por el bautismo, al igual que su ministerio con el eunuco etíope. La Biblia lo registra de este modo: "Pero cuando [los samaritanos] creyeron a Felipe, que anunciaba el evangelio del reino de Dios y el nombre de Jesucristo, se bautizaban hombres y mujeres" (Hch. 8:12). Después de que Felipe le predicó sobre Jesús al eunuco, éste le respondió: "¿qué impide que yo sea bautizado?" (8:36).

La predicación misionera de Pablo culminaba en el bautismo de los creyentes. Hechos 16:14-15 indica que cuando el Señor abrió el corazón de Lidia a las enseñanzas de Pablo, tanto ella como su casa fueron bautizadas. Hughes Oliphant Old, historiador de la iglesia, comenta lo siguiente: "No importa dónde se predique el sermón misionero, ni cuán secular sea su forma literaria, ya sea una polémica filosófica en Atenas o una defensa en las cortes, éste siempre implica un llamado al arrepentimiento y al bautismo. La predicación misionera forma parte del sacramento del bautismo".[3]

La Cena del Señor

La Cena del Señor, como el bautismo, tuvo su origen en el ejemplo e instrucción de Jesús. Los Evangelios sinópticos contienen relatos de las palabras de Jesús cuando instituyó la Cena del Señor (Mt. 26:26-30; Mr. 14:22-26; Lc. 22:17-20). El Evangelio de Juan no relata la institución de la Cena del Señor con el mismo detalle, pero describe otros eventos que ocurrieron durante la última comida que compartieron Jesús y sus discípulos, antes de la crucifixión (Jn. 13). Los hechos bíblicos relativos a la Cena del Señor se pueden resumir como sigue:

- El lugar era un aposento alto, probablemente la casa de Juan Marcos.
- La hora fue al atardecer o de noche.
- La Cena estaba relacionada con la Pascua; se mencionan el viejo pacto y el nuevo.
- Las personas que acompañaban a Jesús eran sus discípulos.
- Los elementos usados fueron el pan y el vino.
- Jesús le dio gracias al Padre con un espíritu de adoración.
- Jesús partió el pan y lo distribuyó, luego tomó la copa y la pasó entre sus discípulos.
- Jesús les ordenó a sus discípulos que participaran del pan y el vino, les dio sus razones para ello y les indicó que este acto debía repetirse hasta que Él regresara.
- Después de la cena cantaron un himno.[4]

En 1 Corintios 11:23-26, Pablo hace un recuento de las características específicas de la Cena del Señor; de ello se deduce que la iglesia primitiva celebraba la Cena del Señor con regularidad. El Nuevo Testamento también contiene referencias secundarias a las comidas que compartían los primeros cristianos, como en Hechos

Planificación para las ordenanzas   97

2:42-47 y 20:7-11. Además, Pablo se refiere a la Cena en 1 Corintios con una terminología como "la comunión de la sangre de Cristo" (10:16), "la copa de bendición" y "el pan que partimos" (v. 16), "la copa del Señor", "la mesa del Señor" (v. 21) y la "cena del Señor" (11:20).

La iglesia primitiva combinó la celebración de la Cena del Señor con la predicación de la Palabra de Dios. Alrededor del 150 d.C., el apologista Justino Mártir escribió sobre la observancia de la Cena del Señor en Roma y narró que los creyentes se reunían el domingo, oían las lecturas de "las memorias de los apóstoles o los escritos de los profetas" y luego escuchaban un sermón, antes de compartir la Cena del Señor. Escribió: "Cuando el lector ha terminado, el que preside amonesta e invita mediante un discurso a practicar estos ejemplos de virtud. Luego todos nos ponemos de pie y oramos... Cuando hemos terminado la oración, se presenta el pan y el vino con agua; de igual manera, el que preside eleva oraciones y acciones de gracias de acuerdo con su capacidad, y la gente asiente diciendo: 'Amén'. Los elementos, que han sido 'bendecidos', se distribuyen y cada uno los recibe; los diáconos los llevan a quienes están ausentes".[5]

Importancia teológica de las ordenanzas

Las ordenanzas del bautismo y la Cena del Señor, como elementos de la adoración cristiana, tienen importancia teológica en varios sentidos. Primero, *son actos de obediencia*. La razón principal por la cual el agua, el pan y la copa tienen tanta importancia en la adoración cristiana es porque los creyentes no los escogieron como actos de adoración. En lugar de eso, fue el mismo Cristo quien escogió tales símbolos como ordenanzas para su iglesia. Cuando una iglesia celebra el bautismo y la Cena del Señor lo hace en sumisión al señorío de Jesucristo.

Segundo, *las ordenanzas son actos de identificación*. Pablo escribe: "Porque somos sepultados juntamente con él para muerte por el bautismo, a fin de que como Cristo resucitó de los muertos por la gloria del Padre, así también nosotros andemos en vida nueva" (Ro. 6:4). En Colosenses 2:12, de nuevo les escribe a los creyentes: "sepultados con él en el bautismo, en el cual fuisteis también resucitados con él, mediante la fe en el poder de Dios que le levantó de los muertos". Los mandamientos de Jesús a sus discípulos para tomar y comer, también señalan la identificación con su muerte por medio de la Cena del Señor. Tanto en el bautismo como en la Cena del Señor, los creyentes muestran su identificación con la vida, muerte y resurrección de Jesucristo.

Tercero, *son hechos de la comunidad*. El bautismo simboliza la unión de un nuevo creyente con la iglesia. "Porque por un solo Espíritu fuimos todos bautizados en un cuerpo" (1 Co. 12:13). Mientras el bautismo les recuerda a los creyentes su inmersión en el cuerpo de Cristo, la participación en la Cena del Señor puede renovar la devoción consciente del creyente como parte de la iglesia. Por medio de la Cena del Señor, todo el cuerpo de los cristianos participan de la sangre y el cuerpo de Cristo. "Siendo uno solo el pan, nosotros, con ser muchos, somos un cuerpo; pues todos participamos de aquel mismo pan" (1 Co. 10:17). Cuando la iglesia es testigo del bautismo de nuevos creyentes o cuando allí se parte el pan en conjunto para la Cena del Señor, se reafirma en ella su comunidad como el cuerpo de Jesucristo.

Cuarto, *las ordenanzas son actos de proclamación*. Las iglesias cristianas proclaman el mensaje del evangelio tanto a través del simbolismo de las ordenanzas como a través de la proclamación verbal de su significado. William Willimon y Robert Wilson comentan que muchos de los grandes reformadores protestantes unieron la palabra predicada con la palabra promulgada de las ordenanzas. Escriben: "La Palabra no se debe predicar simplemente; también se tiene que practicar. La Palabra nos llega como más que meras palabras: como símbolos visibles, tangibles, representables".[6] El bautismo y la Cena del Señor transmiten la verdad del evangelio.

Cuando predicamos las ordenanzas, nuestra tarea es tomar estos actos de adoración y proclamar las verdades bíblicas que las llenan de significado. Según Scott Gibson: "El enfoque bíblico y teológico responsable de los ministros es enlazar el sermón con la ceremonia".[7] El predicador, por medio de los sermones sobre las ordenanzas, puede mostrar cómo se relacionan con la obediencia a Cristo, la identificación con Cristo, la iglesia como cuerpo de Cristo y la proclamación del evangelio de Cristo. Como resultado, el predicador podrá emplear las ordenanzas para obtener su máximo efecto, siendo éstas un medio para testificar sobre la gracia de Dios.

¿Con qué frecuencia? ¿Con qué prominencia?

Hay discrepancias en cuanto a la frecuencia con la cual se observan las ordenanzas en las iglesias. Algunas denominaciones participan semanalmente de la Cena del Señor, otras lo hacen mensual, trimestral, semestral o incluso anualmente. Algunas iglesias celebran bautismos una o dos veces al año, sin importar la cantidad de candidatos al bautismo que tengan. Otras bautizan más a menudo. Como miembro de toda la vida de iglesias bautistas del sur de Estados Unidos, vengo de una tradición en la cual muchas congregaciones participan de la comunión una vez por trimestre y bautizan siempre que pueden. Aunque existen argumentos a favor de la mayor y la menor frecuencia en la observancia de las ordenanzas, la Biblia no da guías específicas en cuanto a la frecuencia con que se debe bautizar o celebrar la Cena del Señor. Las iglesias individuales o las denominaciones toman estas decisiones de acuerdo con sus propias tradiciones y énfasis doctrinales.

La frecuencia con que se bautice o se celebre la Cena del Señor en su iglesia afectará su manera de predicar sobre estas ordenanzas. Ya sea que en su iglesia las celebren a menudo o con poca frecuencia, usted debe considerar las ordenanzas en su plan de predicación. Si una ordenanza es parte de su servicio de adoración, debe tener prominencia en tal servicio. Más aún, en el curso de un año, la proclamación que gira en torno a las verdades expresadas en las ordenanzas debe tener una posición prominente en su calendario de predicación.

Un pastor de una comunidad en donde se toma la Cena del Señor cada semana no querrá predicar específicamente cada domingo sobre esta ordenanza. No obstante, los pastores de tales congregaciones deben tener cuidado de incluir alguna cosa en el mensaje que esté relacionada con la Cena del Señor, implícita o explícitamente. Por ejemplo, el *Companion to the Book of Services* [Libro instructivo de servicios] de la Iglesia Metodista Unida reconoce que los pastores no tienen por qué predicar sobre la Cena del Señor cada vez que la celebran. En su lugar, sugiere que "cualquier faceta del evangelio se puede predicar de tal manera que lleve a la celebración apropiada de la Santa Comunión".[8]

De igual manera, los miembros de una iglesia en la cual se bautiza semanalmente se cansarían de oír un mensaje tras otro sobre el bautismo. Aun así, el pastor querrá asegurarse de que la ordenanza se incorpore con coherencia en el resto del servicio de adoración, que no sea algo aparte al comienzo o al final de la reunión. El pastor debe planificar la predicación de mensajes que traten exclusivamente del bautismo y de las doctrinas que le atañen en varios sermones durante el año.

En las iglesias donde se observa el bautismo y la Cena del Señor con poca frecuencia, puede resultar difícil incorporarlos con prominencia en el servicio. Aunque hay quienes podrían argumentar que la poca frecuencia en la observancia de las ordenanzas puede redundar en hacer más especial el momento, la ironía es que en algunas congregaciones donde se celebra poco la Cena del Señor o el bautismo se tiende a tratar las ordenanzas como adiciones del servicio de adoración. La iglesia podría tener un servicio completo en el cual se adjuntaran al final la Cena del Señor o el bautismo, como un epílogo. Scott Gibson se lamenta porque muchos predicadores no se esfuerzan por relacionar el sermón con la Cena del Señor. Escribe así: "Algunos han caído en la rutina y han desistido de ayudar a los oyentes a encontrarle sentido a lo que está pasando".[9]

Si se celebra la Cena del Señor o el bautismo en una iglesia donde éstos se dan con poca frecuencia, el pastor debe asegurarse de que la ordenanza ocupe un lugar prominente en el servicio de adoración. Debe demostrar que la poca frecuencia de su celebración no se debe a su falta de importancia sino a su valor, tal como la rareza de una piedra preciosa la hace más valiosa. Si la Cena del Señor se celebra en las iglesias donde es menos frecuente, el pastor haría bien en predicar un mensaje sobre el tema teológico simbolizado. Más importante aún, el pastor debe procurar que la observancia de una ordenanza no se convierta en una ceremonia mecánica desprovista de su significado.

Predicar sobre la Cena del Señor

La Cena del Señor le permite al pastor ofrecer una variedad de temas en su predicación. Los pastores han usado tales ocasiones como oportunidades para predicar sobre aspectos de la fe cristiana relacionados con la libertad por medio del perdón, la reflexión sobre el gran sacrificio de Cristo o la renovación del gozo del creyente en la salvación.[10] El propósito de la Cena del Señor no debe ser tan solo la conmemoración de la cena en el aposento alto. Antes bien, la predicación sobre la Cena del Señor se debe centrar en cada faceta de la obra salvadora de Cristo; ello incluye su nacimiento, vida, pasión, muerte, resurrección, ascensión y reino presente. Willimon y Wilson escriben: "La Cena del Señor no es un servicio memorial fúnebre por un amigo muerto, ¡es una celebración alegre de victoria, por el Señor resucitado y reinante!".[11] En esta sección presentaré dos métodos para predicar sobre la Cena del Señor.

El primero es predicar sobre los pasajes bíblicos que describen la última cena que Jesús compartió con sus discípulos. Con este método, el pastor presenta un sermón extraído de alguno de los siguientes textos:

- Mateo 26:17-30,
- Marcos 14:22-26,
- Lucas 22:14-23, o
- 1 Corintios 11:17-34.

Exponer alguno de estos pasajes enfatizaría la institución de la Cena del Señor por parte de Jesucristo, la importancia teológica de la Cena, el significado de los elementos y las implicaciones en la vida del creyente.

Uno de mis mensajes favoritos para predicar sobre la Cena del Señor usa 1 Corintios 11. En este sermón examino la ordenanza desde varios aspectos. Primero, hablo sobre *mirar al pasado, a la primera Cena*. Con esta división del mensaje me centro en los eventos que tuvieron lugar en el aposento alto cuando Cristo predijo su muerte en la cruz (11:23-25). Este punto relaciona la Cena del Señor con la expiación sustitutiva de Cristo. Luego hablo sobre *mirar al futuro, a la próxima Cena del Señor*. Aquí me centro en las palabras de Pablo en 11:26: "Porque cada vez que comen este pan y beben de esta copa, proclaman la muerte del Señor hasta que él venga" (NVI). Le recuerdo a la congregación que el Jesús venidero prometió beber de la copa otra vez con sus discípulos en el reino de su Padre (Mt. 26:29). Este punto relaciona la Cena del Señor con la esperanza escatológica del creyente. Finalmente hablo sobre *mirar hacia adentro durante la Cena del Señor*. La división del mensaje se centra en 1 Corintios 11:28, donde Pablo hace un llamado al autoexamen entre los creyentes cuando participen de la Cena. Este punto relaciona la Cena del Señor con la santificación y la santidad del creyente.

Un reto a la hora de predicar sobre los textos que narran los eventos de la Cena del Señor es que tienen detalles muy similares, si no idénticos. Por esta razón, aunque el pastor debe leer uno de los textos cada vez que administre la Cena del Señor, yo sugeriría predicar sobre estos textos solo una vez al año. Sin embargo, usted debe predicar sobre estos pasajes con regularidad; ello le dará instrucción teológica a la congregación con respecto a por qué participan los creyentes de la Cena del Señor y cómo deben hacerlo.

El segundo método para predicar sobre la Cena del Señor es examinar los nombres diferentes que se usan para esta ordenanza en las Escrituras. Winston Pearce dice que los significados de la Cena y sus nombres son vecinos cercanos: "Si usted tiene buena relación con uno, no será ajeno al otro".[12] De este modo, la predicación sobre los nombres de la Cena le dará al predicador la oportunidad de hablar sobre muchos nombres teológicos asociados con esta ordenanza. A continuación veremos algunos nombres dados a la Cena del Señor en la Biblia.

(1) Cena del Señor. El enfoque en este nombre hace un llamado a enfatizar la presencia del Señor Jesús cuando la iglesia participa de la Cena. El pastor le recordará a la congregación en el curso de la predicación que Cristo es el anfitrión de la cena, el que se sienta a la mesa y le da significado a los elementos por medio de su cuerpo herido y su sangre derramada. Los textos apropiados cuando se predica sobre este término incluyen 1 Corintios 10:14-22 y 11:17-22. Los textos que tratan sobre la cruz de Cristo y sobre su obra

de intercesión presente también son apropiados cuando se predica sobre este tema.

(2) Comunión. Pablo usa el término para referirse a la Cena del Señor en 1 Corintios 10:16-17. El concepto de comunión entre los creyentes —o *koinonia*— del Nuevo Testamento enfatiza la vida y el servicio que los cristianos comparten en la iglesia. Al predicar sobre la *koinonia*, el predicador le recuerda a su congregación que la Cena del Señor no es un acto individual sino colectivo. El término enfatiza la Cena como función de la iglesia local, no como un ejercicio de cristianos solitarios o de una multitud de personas desconectadas entre sí. Dentro de los muchos pasajes existentes, un pastor puede predicar sermones sobre la comunión de los creyentes con base en 1 Corintios 1:4-9; 2 Corintios 6:11-18, 13:14; Filipenses 2:1-4; Filemón 4-7 y 1 Juan 1:1-10.

(3) Eucaristía. Esta palabra se asocia comúnmente con las iglesias sacramentales y litúrgicas. Sin embargo, el término es completamente bíblico, tomado de la palabra griega que significa "acción de gracias". El pastor de una iglesia no sacramental debería ser lo suficientemente sabio para no usar el término *eucaristía* para referirse a la Cena del Señor, porque la palabra tiene una connotación teológica específica. De la misma manera, negarse a predicar sobre el tema de la acción de gracias en la Cena del Señor sería ignorar parte del sentido bíblico de la ordenanza. Pearce comenta que el término es tan antiguo como la misma ordenanza, en frases tomadas de las narrativas del evangelio como: "y habiendo tomado la copa, dio gracias" (Lc. 22:17) y "habiendo dado gracias, les dio" (Mr. 14:23). La predicación sobre la acción de gracias en la Cena del Señor se debe enfocar en el agradecimiento del creyente por la obra redentora de Cristo. Los textos idóneos incluyen Colosenses 1:12-14; 1 Tesalonicenses 2:13-16; 2 Tesalonicenses 2:13-17 y Apocalipsis 4:1-11.

(4) Pascua. La cena que Jesús compartió con sus discípulos la noche anterior a su crucifixión fue una comida de Pascua.[13] La Pascua conmemoraba la liberación de Israel cuando salió de Egipto. Jesús seguía las instrucciones de Éxodo 12:8 mientras comía en la mesa con Pedro, Jacobo, Juan y el resto: "Y aquella noche comerán

la carne asada al fuego, y panes sin levadura; con hierbas amargas lo comerán". Cristo llenó de un nuevo significado la antigua comida judía, marcó un contraste entre el viejo pacto y el nuevo. Quien predica sobre la Cena del Señor como Pascua, tiene diferentes textos de predicación entre los que escoger. Puede predicar un mensaje sobre la Pascua como tal, y usar algún pasaje de Éxodo 12 o 13. Puede predicar un pasaje sobre la liberación efectuada por Dios, y recordarle a su congregación que Cristo libera al creyente de sus ataduras de muerte y pecado tal como liberó a Israel de la esclavitud. Los textos idóneos para este tema incluyen Lucas 2:25-32; 1 Corintios 5:7-8 y 2 Corintios 1:8-11, entre muchos otros. Puesto que la comida tradicional de la Pascua comenzaba con cánticos de los Salmos 113 y 114 y concluía con otros de los Salmos 115 a 118, estos salmos de alabanza o *hallel* también se podrían usar como textos de predicación.

(5) *Fiesta de amor.* Las fiestas de amor (*ágape*) eran comidas comunales en las cuales la iglesia primitiva se reunía para comer y observar la Cena del Señor. Esta terminología se usa explícitamente solo una vez en las Escrituras (Jud. 12). Puede ser que 2 Pedro 2:13 también haga referencia a la práctica de la fiesta de amor. Franklin Segler da a conocer que la Cena del Señor mencionada en 1 Corintios 11 podría ser una combinación de la fiesta de amor y una conmemoración de la Cena del Señor.[14] Aunque sería difícil predicar un mensaje sobre la Cena del Señor a partir de Judas 12, el tema atractivo del amor entre el cuerpo de creyentes prevalece por todo el Nuevo Testamento y se adapta a un sermón sobre la Cena del Señor. Los sermones sobre este tema deben enfatizar la relación de amor entre Cristo y la iglesia y entre la comunidad de creyentes. Los textos pertinentes incluyen Juan 13:31-35; 1 Tesalonicenses 4:9-12 y 1 Juan 4:7-11.

(6) *Partir el pan.* Éste es otro término de las Escrituras con una relación cercana a la Cena del Señor. Jesús partió el pan en la mesa del aposento alto. Les reveló su identidad a los discípulos en Emaús cuando partió el pan (Lc. 24:28-35). El libro de Hechos también usa el término para referirse a la relación entre los miembros de la iglesia primitiva (Hch. 2:42-46; 20:7-12). Un predicador podría usar

estos textos en un mensaje sobre la Cena del Señor. Otros textos que se pueden usar incluyen Mateo 14:13-21; 15:32-39; Marcos 6:30-44; Lucas 9:10-17 y Juan 6:1-14, donde Jesús partió el pan y alimentó milagrosamente a multitudes. Juan 6:22-40, el pasaje en el cual Jesús se identifica como el pan de vida, también se puede usar para predicar sobre este tema.

Al usar estos nombres para la Cena del Señor, el pastor puede predicar sobre muchas facetas del sentido de la ordenanza. Parte del objetivo general del pastor en el curso de la predicación anual debe ser ayudar a los oyentes a entender por qué celebran la Cena del Señor, enseñarles su significado teológico y llevarles a una experiencia más completa de la adoración durante la Cena, por medio de la predicación de la Palabra de Dios.

Predicar sobre el bautismo

Como explicamos antes en este capítulo, el bautismo solía ser un compañero de viaje en las predicaciones misioneras, durante los primeros días de la iglesia. Hoy no hay oportunidad más grande para que un predicador comparta el mensaje evangelístico que aquellos domingos en los cuales un creyente sigue a Cristo en el bautismo. Los mensajes sobre el bautismo son una puerta abierta al pastor para predicar las doctrinas de la salvación como la expiación, la regeneración, la conversión, la purificación, la limpieza, la renovación, el nuevo nacimiento y la santificación. Al ser bautizado, cada candidato predica un sermón que simboliza la transformación que Jesucristo ha efectuado en su vida. El predicador debe recordar y reforzar el mensaje simbólico del bautismo por medio de sermones sobre el tema, que proclamen el mensaje del evangelio. Quiero sugerir los siguientes enfoques para predicar el evangelio por medio de la ordenanza del bautismo.

(1) El bautismo es un símbolo de la muerte y resurrección de Cristo.
La predicación sobre el bautismo debe enfatizar la descripción de la muerte, sepultura y resurrección de Cristo que hace la ordenanza. En el bautismo del creyente, la inmersión en el agua representa la muerte de Cristo, y su salida simboliza la resurrección de Cristo. Cualquier pasaje sobre la muerte y la resurrección de Cristo se

ajusta al mensaje del bautismo. Algunos textos cuyo uso podría considerar son Juan 11:17-27; 1 Corintios 15:12-18 y 1 Pedro 1:3-5.

(2) El bautismo es un símbolo de la unión espiritual del creyente con Cristo. Los cristianos demuestran mediante el bautismo que sus vidas están unidas con el Señor en su muerte y su resurrección. La participación en la muerte de Cristo enlaza el bautismo con el arrepentimiento y el perdón de los pecados. Los textos para sermones sobre este concepto incluyen Hechos 2:37-39; Efesios 1:7-12; 1 Pedro 3:21-22 y 1 Juan 1:5-10. La participación en la resurrección de Cristo relaciona el bautismo con varias verdades bíblicas, incluyendo el nuevo nacimiento, la alimentación espiritual y la presencia del Espíritu Santo en la vida del creyente. Algunos textos relacionados con estos temas incluyen Juan 6:53-57; Romanos 6:1-14; 8:10-11; 2 Corintios 1:21-22 y Efesios 1:13-14. Junto con la unión en la muerte y resurrección de Cristo, la participación en el bautismo expresa sumisión al señorío de Cristo. El bautismo demuestra nuevas alianzas resultantes de la nueva vida. Para predicar sobre este tema se pueden emplear textos como 2 Corintios 5:17-19, Efesios 4:17-24 y Colosenses 3:1-11.

(3) El bautismo es un símbolo de la resurrección futura de todos los creyentes. El bautismo tiene resonancias escatológicas, al igual que la Cena del Señor. Cuando la persona sale del agua, el bautismo por inmersión anticipa la resurrección de los creyentes muertos. Algunos de los pasajes de las Escrituras que se pueden usar para predicar sobre este aspecto son 1 Corintios 15:50-58, 2 Corintios 5:1-8 y 1 Tesalonicenses 4:13-18.

(4) El bautismo es un símbolo de identificación con los otros cristianos. El bautismo en agua simboliza el bautismo del Espíritu Santo en el cuerpo de Cristo, que sucede cuando una persona se convierte. Al mismo tiempo, la comunidad local en la cual se bautiza el creyente también tiene unas obligaciones para con esta persona. El bautismo representa la entrada en la familia de la Iglesia.[15] Existe una relación de unidad, comunidad y responsabilidad entre cada creyente individual y la iglesia local. La responsabilidad mutua con los demás creyentes y la unidad de la Iglesia bajo Cristo son temas que se pueden predicar en los servicios bautismales. Los textos apropiados para

predicar sobre este asunto son Juan 17:20-26; 1 Corintios 10:14-22; 12:12-31; Gálatas 6:1-5; Efesios 4:11-16 y Filipenses 2:1-4.

Los objetivos anuales de la predicación sobre el bautismo deben incluir la enseñanza de las verdades bíblicas sobre el origen y el significado del bautismo, así como las doctrinas simbolizadas en la ordenanza. Además de los cuatro temas evangelísticos ya citados, el pastor debe predicar al menos un mensaje al año sobre los orígenes bíblicos del bautismo, de la misma manera que debe predicar un mensaje al año sobre la institución de la Cena del Señor. Los pasajes de los Evangelios en los cuales hay un relato del bautismo son Mateo 3:13-17; Marcos 1:9-12 y Lucas 3:21-23.

Algunas consideraciones prácticas

Hemos considerado el contenido teológico que un pastor debería incluir en los sermones sobre el bautismo y la Cena del Señor, pero antes de concluir este capítulo quiero hablar sobre ciertas preocupaciones prácticas, pero importantes, cuando se planifica predicar sobre las ordenanzas. Permítame ofrecer cuatro pautas generales a tener en mente cuando usted planifique los sermones sobre el bautismo y la Cena del Señor.

Primero, *cuando se celebren las ordenanzas usted debe predicar sermones más cortos.* Las ceremonias pueden requerir una gran cantidad de tiempo, dependiendo de la cantidad de miembros que participen de la Cena del Señor o el número de candidatos al bautismo. El resto del servicio de adoración se debe modificar y recortar para ajustarse a la ordenanza. Acelerar el bautismo o la Cena del Señor puede menoscabar la ordenanza; lo mismo sucede si algunas personas se distraen porque piensan que el servicio es demasiado largo. Planificar la celebración de una ordenanza incluye controlar la cantidad de tiempo dedicada a la alabanza y los cánticos, la oración, los anuncios y, sí, incluso el sermón. En general, su sermón debe ser más corto en los domingos si hay bautismos o la Cena del Señor. Si usted planifica con cuidado, puede predicar un sermón más corto que siga comunicando lo necesario.

Segundo, *usted debe preparar sermones originales y completos para la Cena del Señor y el bautismo.* Aunque los mensajes de las ordenanzas sean más cortos, deben seguir siendo mensajes completos. A mi juicio, la cantidad de tiempo ideal para presentar un sermón expositivo completo sobre un pasaje de las Escrituras es de treinta a treinta y cinco minutos. Aun así, un sermón expositivo con significado se puede predicar en veinte minutos, incluso menos. La preparación de un sermón corto puede llevar más tiempo que la preparación de uno largo. Lleva tiempo la edición y el perfeccionamiento del mensaje de manera que usted pueda proclamar el mensaje del texto con economía de palabras. Planifique para asegurarse de tener un mensaje sustancial y completo cuando se celebre una ordenanza. Además, asegúrese de preparar mensajes frescos y originales cuando predique sobre las ordenanzas. Como hemos visto, hay muchos temas relacionados con el bautismo y la Cena del Señor. No hay excusa para el predicador que siempre pronuncia el mismo mensaje sobre estas ordenanzas una vez tras otra.

Tercero, *debería considerar predicar sobre las ordenanzas en los domingos que no se celebren*. A lo largo de todo este capítulo hemos asumido que planificar la predicación sobre las ordenanzas quiere decir programar los sermones para momentos en los cuales la iglesia celebra la Cena del Señor o el bautismo. Podría descubrir que también hay ventajas en hacerlo otros domingos en los cuales predique sobre temas como el significado teológico de la Cena del Señor o la forma bíblica del bautismo.

Y eso es cierto por dos razones. Una razón es que las ordenanzas han sido objeto de gran controversia y desacuerdo. Los errores doctrinales con respecto a las ordenanzas se deben corregir y tratar desde el púlpito. Los sermones en que el predicador habla en contra de la transubstanciación o la regeneración bautismal pueden ser poco adecuados en los días en que se celebren el bautismo o la Cena del Señor. Puede descubrir que los oyentes están más abiertos y más objetivos a oír un sermón sobre la naturaleza de las ordenanzas cuando no están siendo observados. Hay una razón más: las limitaciones de tiempo en los días en que se celebran las ordenanzas podrían impedir que usted hable todo lo que quisiera sobre el significado de las mismas.

Cuarto, *usted debe llevar a la congregación a participar con alegría de los sermones*. Scott Gibson instruye a los pastores a cultivar el sentido de la alegría y la celebración como parte de las ordenanzas.[16] Las ordenanzas son paradójicas. Conmemoran la muerte de Cristo, pero lo hacen en una atmósfera de alegría y esperanza. El pastor debe reflejar ese gozo y llevar a su congregación a reflejarlo también.

Hace poco el pastor de jóvenes de la iglesia donde predico bautizó a algunos estudiantes que llevó a la fe en Cristo. Aunque Bob había estudiado cómo bautizar en una de sus clases del seminario, ésta era la primera vez que lo hacía con candidatos "reales". Él y yo hablamos del servicio con unos días de antelación. Él estaba bien preparado y sabía lo que tenía que decir y hacer. Yo tenía completa confianza en él. El domingo bauticé a tres personas, después salí de la pila bautismal y Bob bautizó a los tres adolescentes. Los bautizó perfectamente, sumergiéndolos en el agua casi sin producir ondas, y luego los levantó suavemente.

Sin embargo, cada vez que sacaba a un adolescente del agua, Bob exclamaba con alegría "¡Yuju!". No lo dijo muy alto. No fue bullicioso. Tal vez fuera el "¡Yuju!" de más adoración y dignificación que jamás había oído. Pero aun así era un "¡Yuju!". No le aconsejaría decir lo mismo cuando esté bautizando o administrando la Santa Cena. Sin embargo, en su cara, en el sonido de su voz, y en el contenido de su sermón deberían resonar y manifestarse el gozo que proviene de celebrar la vida en Cristo simbolizada por las ordenanzas. La congregación reflejará el grado de celebración que el pastor exhiba cuando los lleve a adorar a Dios por medio del bautismo y la Cena del Señor.

CAPÍTULO 6

Planificación para los días especiales

¿Necesitamos un Día Nacional del Pretzel? John Stossel, comentarista de noticias de ABC News, se hacía esta pregunta en un artículo reciente. Stossel dice que la inclinación del Congreso de Estados Unidos a buscar días conmemorativos está costando cientos de miles de dólares en gastos de impresión, y se desperdicia un tercio del tiempo de las sesiones en el Capitolio. Como resultado, hace siete años el Congreso prohibió la presentación de días especiales nuevos en las sesiones. Según Stossel, la creación de días especiales ha seguido proliferando incluso a pesar de la prohibición. Se pregunta: "¿Alguna vez se pondrá fin a este desperdicio? ¡Por supuesto que no! De cualquier forma, los legisladores ahora simplemente suspenden las reglas y lo siguen haciendo".[1] Además del Día Nacional del Pretzel, otros días especiales conmemorados por el Congreso de Estados Unidos incluyen el Día Nacional del Tartán, el Día Nacional de la Motivación y la Inspiración y el Día Nacional de los Combustibles Alternativos.

Puede que los pastores no tengan tantas ocasiones especiales que observar como los miembros del Congreso, pero un predicador encontrará muchas observancias anuales al preparar su plan anual de predicación. Estos días especiales incluyen fiestas cristianas como la Pascua y la Navidad, fiestas nacionales como el día de la Independencia y el día de Acción de Gracias [en Estados Unidos] y los días importantes para la congregación y la denominación. Scott Gibson observa: "El coro de voces que compite por ser el centro de atención de los domingos puede ser ensordecedor para el pastor que intenta predicar sermones bíblicos que alimenten a la congregación durante el curso del año".[2]

Predicar en días especiales puede ser difícil. Un pastor puede

Planificación para los días especiales 111

pensar que repite lo mismo todos los años en sus sermones para días festivos. Podría sentirse frustado por la cantidad de interrupciones que los días especiales le causan a su programa de predicación. Andrew Blackwood, en respuesta a la pregunta de qué predicar en los días especiales, le aconseja al pastor orar pidiendo gracia especial y sabiduría práctica. Él observa: "Aquí, en los Estados Unidos, algunas congregaciones han quedado medio 'aturdidas' por la observancia de los días especiales, algunos de ellos seculares y la mayoría muy sentimentales".[3] Blackwood concluye que nadie ha resuelto completamente el problema de qué hacer con las predicaciones para los días especiales.[4]

En este capítulo consideraremos cómo abordar los días especiales desde el púlpito. Identificaremos los cuatro tipos básicos de días especiales, examinaremos algunas opciones de predicación en ocasiones especiales y destacaremos varios errores a evitar en la predicación de estos días. Finalmente, estudiaremos diez grandes fechas especiales y sugeriremos estrategias para predicar sobre ellas.

Tipos de días especiales

Es probable que, mientras planifique su predicación, un predicador se cruce con los siguientes cuatro tipos de ocasiones especiales.

(1) Fiestas cristianas. Son observancias de la iglesia que resaltan las doctrinas centrales de la fe cristiana; a saber, la encarnación, la expiación y la resurrección de Jesucristo. Aunque las fiestas cristianas más celebradas son comúnmente la Navidad y la Pascua, hay otras adicionales como el Domingo de Ramos, el Viernes Santo y Pentecostés. En el capítulo 9 veremos las temporadas del Año Cristiano más a fondo. Sin embargo, para los propósitos de este capítulo, las fiestas cristianas más importantes a considerar son la Navidad y la Pascua.

(2) Fiestas seculares. Aunque no son fiestas religiosas en el sentido tradicional, estas ocasiones son prominentes en la vida nacional de un país y en la cultura de una sociedad. Es importante que el pastor las tenga en cuenta, porque podrían afectar a los pensamientos e intereses de su congregación. En los Estados Unidos las fiestas seculares incluyen las siguientes:

El día de Año Nuevo
El día de Martín Luther King.
El día de la Marmota
El cumpleaños de Lincoln
El día de San Valentín
El día del Presidente
El cumpleaños de Washington
El día de San Patricio
El día de los Inocentes
El día de la Madre
El día de los Caídos
El día del Padre
El día de la Bandera
El día de la Independencia
El día del Trabajo
El día de la Raza
El día de Halloween
El día de Acción de Gracias

Nótese que algunos de estos días (como Halloween —o la noche de todos los santos—, el día de San Valentín y el Día de San Patricio) son observancias seculares que una vez estuvieron conectadas con el calendario cristiano. Otros son días nacionales para conmemorar a personas o eventos importantes en la historia del país, como el día de Acción de Gracias, el de la Independencia y el día del Presidente. Otros —como el día de la Marmota y el de los Inocentes— son observancias más informales y no podrían calificarse técnicamente como fiestas; sin embargo, aparecen en los calendarios y los celebra gran cantidad de personas. Otro grupo de días no incluidos en esta lista son observancias como el día del Abuelo y el de la Secretaria. Las compañías de tarjetas son las promotoras de estos días, y algunas personas de la congregación pueden observarlas, pero normalmente no se consideran días festivos en un sentido total.

(3) *Énfasis denominacionales*. Las denominaciones suelen tener varios énfasis anuales que piden resaltar en sus iglesias. Tales énfasis pueden incluir los domingos dedicados al hogar cristiano, a las uni-

versidades y los seminarios, al evangelismo, a las misiones internacionales, al personal militar, a la reconciliación racial, a la santidad de la vida humana, a los ancianos, a los solteros, a los estudiantes, al abuso de sustancias, al hambre en el mundo, a la paz mundial y a otros asuntos. Muchas denominaciones publican una lista de estos días importantes o los indican en sus páginas de Internet.

(4) *Énfasis de la iglesia local.* La mayoría de las iglesias celebran sus propias ocasiones especiales durante el transcurso del año. Aparte de observar las fiestas cristianas, las nacionales y los énfasis denominacionales, la congregación puede tener servicios especiales para el día de regreso a clases o el día de los fundadores, para reconocer a quienes se gradúan de la escuela secundaria y de la universidad, para promover la mayordomía o para conmemorar varios eventos locales o comunitarios.

Aparte de estos cuatro tipos de ocasiones, el predicador tendrá la oportunidad de hablar en otros servicios especiales como funerales, bodas, servicios comunitarios, servicios de graduación y otros más. Como el enfoque de este libro está en planificar el calendario de predicación para tres servicios regulares por semana, no hablaremos sobre estas otras responsabilidades que el pastor se encontrará.

Cuatro opciones para predicar en ocasiones especiales

En el capítulo 3, "La mecánica de la planificación", le aconsejé llevar cinco calendarios para su retiro de planificación: el calendario cívico, el calendario de la iglesia, el calendario denominacional, el calendario del Año Cristiano y su calendario personal. Debe coordinar estos calendarios cuando comience el proceso de planificación y compilar todas las fechas pertinentes de cada mes en la columna de *Eventos del calendario* de su Hoja del calendario de predicación.

Una vez haya compilado las fechas, notará que hay muchos días especiales a tener en cuenta. En algunas iglesias hay al menos un énfasis denominacional al mes, a veces dos. La mayoría de las iglesias tendrá también eventos especiales cada trimestre que pueden afectar a los servicios de predicación. Si está pensando cómo tratar las ocasiones especiales y los días de fiesta de su calendario, quiero sugerirle cuatro opciones para estos días.

(1) El predicador puede ignorar el día por completo. A veces lo más apropiado es no tratar para nada el día especial en su predicación. David Steel, un predicador escocés, dice que un pastor no debe asumir "por defecto que toda ocasión requiere un sermón especial".[5] Algunos días festivos —especialmente los de las tarjetas— podrían no requerir un sermón especial, ni siquiera una mención de pasada en el servicio de adoración. Usted podría decidir también que ciertos énfasis denominacionales, aunque nobles y encomiables, no se ajustan bien a su plan de predicación o al servicio de adoración de la iglesia.

Si piensa dejar fuera un día especial de su plan de predicación, debe hacerse dos preguntas importantes: (1) ¿Un número considerable de personas de la congregación se dará cuenta si no menciono este día u ocasión especial? (2) ¿Omitir este día especial del calendario de la predicación afectará negativamente al contenido de mi programa de predicación? Si la respuesta a ambas preguntas es no, usted puede omitir con seguridad el día especial del calendario de la predicación.

(2) El predicador puede predicar un sermón directamente relacionado con el día especial. Algunas ocasiones piden un sermón dirigido específicamente a ese evento. A los días festivos cristianos más importantes se les debe conceder el beneficio de sus propios sermones. Los días de fiesta nacional también merecen atención especial. Según escribe un pastor reconocido, aun cuando los pastores deben evitar que la cultura secular determine las agendas de predicación, algunos de los temas asociados con ciertas personas y momentos de nuestra historia nacional merecen un respeto cristiano válido.[6]

Como mínimo, yo sugiero que el predicador oriente su mensaje hacia la ocasión a celebrar durante las temporadas de Navidad y Pascua, así como el día de la Madre, el día del Padre y los domingos anteriores al día de la Independencia y el día de Acción de Gracias. Los énfasis denominacionales sobre asuntos como misiones, evangelismo, justicia social y la santidad de la vida humana son también tan importantes para la vida de la iglesia que cada uno de ellos merece un sermón especial.

Un mensaje de la Palabra de Dios bien pensado en un día de fiesta o en otro día especial puede tener una influencia profunda en el oyente. D. W. Cleverley Ford, reconocido predicador, ha declarado que la responsabilidad del predicador en el sermón del día especial "es intentar que la ocasión especial adquiera un significado especial, de tal forma que alguno de los presentes pueda confesar, quizás después del paso de los años: '¡Cuánto ha cambiado mi vida! Y la verdad es que se debe a aquella ocasión especial que no voy a olvidar nunca. Algo me ocurrió, y eso alteró mi perspectiva'".[7]

(3) *El predicador puede hacer un sermón relacionado indirectamente con el día especial.* Un predicador capaz puede incorporar un día especial en casi cualquier mensaje. Por ejemplo, si un predicador está haciendo una serie expositiva o temática y no la quiere interrumpir con el día del Trabajo, puede continuar con su serie, usar ilustraciones del campo laboral y hacer aplicaciones que se relacionen con el trabajo para incorporar en el mensaje del día especial. De este modo, puede referirse a la ocasión en su sermón sin tomarse el tiempo para predicar un mensaje dedicado exclusivamente a tal día. Blackwood escribe: "Normalmente se puede tratar una causa especial con cualquier pasaje que tiene a la mano. Si no, puede dejarla de lado, sin mencionarla".[8]

(4) *El predicador puede incorporar la observancia de un día especial en otra parte del servicio de adoración.* A veces puede bastar con referirse a un día especial antes o durante la oración pastoral, mencionar el evento al comienzo o al final del tiempo de adoración o incluir un elemento en el servicio que esté dedicado a la ocasión especial. Por ejemplo, en mi propia experiencia, rara vez hago un mensaje especial para el servicio en que los padres dedican a sus hijos. Sin embargo, velo porque los servicios de adoración en esos días incluyan un tiempo de dedicación, con comentarios breves del pastor, lectura de las Escrituras, oración y votos orales de compromiso con los padres por parte de la congregación. De igual modo, puede incorporarse, aparte del sermón, un reconocimiento del día de los Caídos o del día de los Veteranos en el tiempo de oración de la iglesia, con pequeñas observaciones del pastor sobre la ocasión.

Errores a evitar

Del mismo modo que olvidarse de un aniversario o de un cumpleaños puede causar problemas entre un esposo y una esposa, olvidarse o enfocar mal un día de fiesta puede causar problemas entre el pastor y la congregación. Según he podido observar, los predicadores tienden a cometer los siguientes cuatro errores graves cuando tratan los días y ocasiones especiales.

Un error es omitir los días especiales que usted no debía ignorar. Aunque el predicador puede escoger no reconocer ciertos días festivos o de énfasis en sus sermones, hay otros que simplemente sí debe conmemorarlos de alguna manera. Cuando el predicador no da el mensaje apropiado en días tales como Acción de Gracias, el día de la Madre o el día del Padre, se está equivocando y perdiendo una oportunidad. Hace poco oí a un pastor que predicó sobre Amnón y Tamar en el día de la Madre porque estaba en medio de una serie expositiva sobre 2 Samuel. Tal vez la única elección peor que ésa habría sido predicar un sermón sobre la muerte de Jezabel. ¡Incluso conocí a un pastor que no suspendió su serie sobre Génesis ni con la llegada de la Navidad!

Aunque un sermón especial en un día festivo podría parecerle una interrupción en su plan normal de predicación, es mejor ver las ocasiones especiales como oportunidades para ofrecer una palabra oportuna de Dios a su audiencia. Planificar su predicación le ayuda a aprovechar estas oportunidades y obtener lo mejor de ellas. Stephen Olford, expositor veterano, ofrece este recordatorio a los pastores: "Las ocasiones especiales son oportunidades maravillosas para el evangelismo y para que la iglesia alcance al mundo. En todos mis años de ministerio, tanto en pastorados como en 'mi andar por la vida', me he dirigido a más personas en los servicios de Año Nuevo, Pascua y Acción de Gracias, que en cualquier otro momento".[9]

Un segundo error es predicar el mismo sermón cada año en un día especial. Algunos pastores decepcionan mucho si predican todos los años sobre el mismo texto o si usan las mismas ilustraciones una y otra vez en un día especial. La frescura en el púlpito es esencial, sobre todo si se tratan asuntos de fiestas familiares. Hay gran riqueza de pasajes bíblicos para usar como texto base de un sermón en la mayoría de días especiales. Más adelante, en este mismo capítulo, le sugiero varios textos que puede usar para predicar sermones expositivos en los días especiales más importantes.

Un tercer error común es hacer muy sentimental el sermón del día festivo. El propósito del sermón del día especial no es glorificar el día especial, sino glorificar a Jesucristo. Hay muchos sermones del día de la Madre en los cuales se exalta más la maternidad que a Cristo. Muchos sermones del 4 de julio alaban más a Estados Unidos que a Dios. Tal vez sea por estos sentimentalismos en el púlpito que muchos pastores han optado por ignorar completamente los días especiales. Warren Wiersbe comenta lo siguiente respondiendo a quienes alegan que los pastores no deberían predicar sermones especiales en fiestas seculares: "No creo que los pastores caigan en desgracia si conmemoran los días especiales si se centran en Jesucristo y buscan honrarlo".[10]

El sentimentalismo le quita el énfasis a Jesucristo y se centra más en las emociones humanas. Ahora bien, muchos días de fiesta son sentimentales y los sermones de esos días deben contener un elemento sentimental. Por ejemplo, el sermón del día del Padre debe contener relatos que lleguen al corazón sobre padres e hijos. Pero la meta del predicador debe ser algo más que simplemente provocar un buen sentimiento en el oyente sobre la noción de la paternidad. En vez de eso, el predicador debe usar los sentimientos del día del Padre para dirigir el interés de los oyentes hacia los principios bíblicos de la paternidad, y a Dios Padre como objetivo final. De igual manera, los mensajes de Navidad deben conmover más allá de los sentimientos cálidos del pesebre, los pastores y los reyes magos; deben proclamar la gloria de la encarnación.

Un cuarto error es predicar sermones temáticos en los días especiales. Los expertos en homilética han propuesto varias definiciones de sermón temático. Sin embargo, para nuestros propósitos, podemos definir aquí el sermón temático como aquel cuyo contenido no depende de un texto bíblico. A diferencia de lo anterior, el mensaje temático puede tener su fuente en cualquier tema que el predicador escoja. Por ejemplo, al predicador podría tentarle la idea de hacer el mensaje del día de la Independencia [de Estados Unidos] sobre la bandera: el color rojo podría simbolizar la sangre de Cristo, el blanco podría simbolizar la limpieza de los pecados y las estrellas podrían ser la promesa del cielo. No obstante, este tipo de sermones carece de la autoridad proveniente de hacer un sermón expositivo a partir de un pasaje de las Escrituras. Puede ser que algunas observancias seculares no se ajusten fácilmente a los textos bíblicos. En tal caso, lo mejor para el predicador sería ignorar el día festivo o conmemorarlo por un medio distinto al sermón. Sin embargo, la mayor parte de los días de fiesta se puede relacionar con temas bíblicos, y por lo tanto debe tratarse a través de un sermón bíblico.

Predicar en los días especiales más importantes

(1) Navidad. Esta época, celebrada por los católicos romanos y los protestantes el 25 de diciembre, conmemora el nacimiento de Cristo. Los textos de predicación de la temporada navideña pueden incluir profecías del Antiguo Testamento sobre la venida del Mesías y pasajes del Nuevo Testamento sobre el significado de la encarnación, además de relatos de los Evangelios sobre la natividad. Otros temas apropiados para la temporada navideña son los de evangelismo y misiones, porque la venida de Cristo muestra el deseo divino de salvar a quienes están perdidos. Las iglesias suelen observar cuatro domingos de Adviento antes de Navidad para prepararse a celebrar el nacimiento de Cristo.

Uno de los retos al predicar los mensajes de Navidad —en particular los sermones sobre las narraciones en los Evangelios— es que tanto la audiencia como el predicador conocen bien estas historias. El predicador debe buscar la creatividad y la variedad en la forma en que presenta la conocida historia sobre el nacimiento de Cristo. Un predicador sabio ayudará a que el oyente vea algo nuevo en la narración o enfocará ésta desde un ángulo diferente. En el seminario donde soy profesor, una de las cosas que resalta la época navideña es el monólogo escenificado en la capilla por Paige Patterson, el presidente de nuestro seminario. En los últimos años ha representado a un pastor que visitó a Jesús en el pesebre, a uno de los reyes magos, a Simeón, el que sostuvo a Jesús en el templo, y a Herodes sufriendo en el infierno. Los sermones de este tipo pueden ser muy efectivos para quienes tienen el don de la dramatización. Pero incluso los pastores que no tienen estas habilidades teatrales pueden enriquecer sus mensajes de Navidad si consideran nuevos enfoques a la hora de contar historias antiguas.

Otro reto que comportan las predicaciones de Navidad es el gran número de personas que solo vienen a la iglesia en esta temporada. El predicador debe ser consciente de que la composición de su congregación cambia en tiempos de Navidad y Pascua. En la iglesia hay más personas no creyentes. En lugar de avergonzar o reprender a estas personas por no asistir durante el resto del año, el predicador debe sacar el máximo provecho de la oportunidad para predicarles el evangelio.

A continuación hay algunos textos que se pueden usar al planificar sermones expositivos para la época de Navidad. En el capítulo 9, "Aprender del plan antiguo", se pueden encontrar textos adicionales para mensajes de Navidad y para la época de Adviento en el *Leccionario común revisado*.

Isaías 9:1-7
Miqueas 5:2-6
Mateo 1:18-25
Mateo 2:1-15
Lucas 1:26-38
Lucas 1:46-55
Lucas 2:1-20
Juan 1:1-18
Gálatas 4:4-7
Hebreos 10:5-7

(2) *Pascua*. La resurrección de Cristo se conmemora cada vez que la iglesia se reúne en el día del Señor, pero especialmente el domingo de Pascua. Es común que la celebración de la Pascua en muchas iglesias incluya un servicio a la salida del sol, además del servicio regular de adoración del domingo por la mañana. En el domingo de Pascua habrá una gran asistencia a la iglesia, tal vez mayor que la multitud de Navidad, de modo que el predicador debe llevar un mensaje ajustado a la ocasión en el cual enfatice la verdad más grande e importante de la fe cristiana. El objetivo principal de

los sermones de Pascua es proclamar el evangelio del Señor resucitado, y mostrarle al creyente el ánimo, la victoria y la esperanza que se encuentran en la resurrección. Tal como sucede con la Navidad, el predicador se enfrenta a los retos de predicar textos conocidos y predicar a muchas personas que solo vienen a la iglesia ese día. Otra dificultad potencial es que el sermón puede perderse entre la música y otros elementos adicionales del servicio de adoración. El pastor debe cuidar su tiempo en el púlpito, de modo que la pomposidad y la ceremonia de la ocasión no tengan prioridad sobre la presentación del evangelio.

Muchos predicadores han presentado series de mensajes de Pascua sobre las siete palabras de Jesús desde la cruz. Los mensajes sobre estas porciones de los Evangelios permiten que el pastor predique un tiempo prolongado sobre la muerte de Cristo, durante las semanas que anteceden la Pascua. Por ejemplo, C. H. Spurgeon predicó los siguientes sermones sobre las siete palabras:

"La primera palabra (perdón)", Lucas 23:34
"La segunda palabra (salvación)", Lucas 23:42-43
"La tercera palabra (afecto)", Juan 19:25-27
"La cuarta palabra (angustia)", Mateo 27:46
"La quinta palabra (sufrimiento)", Juan 19:28
"La sexta palabra (victoria)", Juan 19:30
"La séptima palabra (contentamiento)", Lucas 23:46[11]

Hablar de las siete palabras es tan solo una manera de maximizar la fiesta de Pascua para predicar sobre la cruz. Gardner C. Taylor predicó la siguiente serie de sermones durante la época de Cuaresma que precede a la Pascua:

"Traición", Lucas 22:47-48
"La corona de espinas", Mateo 27:27-30
"Silencio y lamento", Lucas 23:8-9, 27-28
"Un amigo recién descubierto", Lucas 23:40-43
"En el Calvario: Dos palabras para terminar", Juan 19:30, Lucas 23:46[12]

Series, como las anteriores, son apropiadas y efectivas durante las semanas que llevan a la Pascua. Sin embargo, lo ideal es que el sermón del domingo de Pascua enfatice la resurrección y no la expiación de Cristo. La crucifixión se debe predicar el Domingo de Ramos. En el domingo de Pascua, usted debe proclamar la victoria de Cristo sobre la tumba.

En la Biblia abundan los textos que proclaman la resurrección de Cristo. A continuación hay unos cuantos que se pueden usar para planificar las series expositivas del domingo de Pascua. En el *Leccionario común revisado* del capítulo 9 pueden encontrarse textos adicionales para esta ocasión.

Job 19:23-27
Salmo 24
Salmo 118:15-24
Mateo 28:1-8
Marcos 16:1-8
Lucas 24:13-27
Juan 20:24-29
1 Corintios 15
Filipenses 3:8-11
1 Pedro 1:3-12

(3) *Año Nuevo.* El primer domingo del Año Nuevo es una oportunidad excelente para que el predicador desafíe a la iglesia con respecto al futuro, y anime a sus oyentes a marcar un hito en sus vidas. Los sermones de Año Nuevo podrían incluir temas como el arrepentimiento y la restauración, el poder de Dios en el futuro y cómo mantener buenos propósitos espirituales.

Algunas iglesias, además de conmemorar el Año Nuevo el primer domingo del año, tienen servicios de vigilia en Nochevieja. Lloyd Perry observa que guardar noches de vigilia surgió de la idea de que los cristianos deben pasar el primer día del nuevo año y el último día del año anterior en meditación silenciosa, leyendo las Escrituras y orando.[13] El *Leccionario común revisado* incluye selecciones de las Escrituras para el Año Nuevo. A continuación hay otros textos que el pastor puede considerar al planificar su predicación para esta ocasión o para el servicio de una noche de vigilia.

Génesis 1:1—2:3
Éxodo 33:12-23
Josué 1:1-9
Proverbios 3:5-6
Isaías 43:18-21
Lucas 13:6-9
Hechos 28:11-16
2 Corintios 5:14-21
Filipenses 3:12-16
Apocalipsis 22:12-21

(4) *Día de la Independencia.* Para la gente de Estados Unidos, ese día conmemora la firma de la Declaración de la Independencia en julio de 1776, el acta por medio de la cual las trece colonias renunciaron a su sometimiento a Gran Bretaña. Muchas iglesias de Estados Unidos tienen servicios especiales para celebrar el cumpleaños de la nación el 4 de julio o el domingo más cercano a esta fecha. Las iglesias de otros países suelen tener días patrióticos de recordatorio comparables, que se pueden tener en cuenta.

Los predicadores pueden usar este día especial como una oportunidad para predicar sobre la libertad religiosa, la relación entre Iglesia y Estado, el llamado a que los cristianos sean ciudadanos ejemplares y para enfatizar los cimientos cristianos sobre las cuales se fundó Estados Unidos. Los testimonios patrióticos de los líderes nacionales o locales, miembros de las fuerzas armadas y otros, pueden enriquecer este momento de adoración.

Cuando se predica sobre el día de la Independencia es sabio y apropiado que el predicador use material ilustrativo en su sermón, extraído de incidentes en la historia del país. El pastor suele utilizar como base de su mensaje textos que describen los incidentes en la vida de Israel. Esta práctica puede ser legítima, porque en los relatos de la historia de Israel encontrados en el Antiguo Testamento hay principios atemporales sobre la manera en que Dios trata a las naciones. Sin embargo, el predicador debe recordar que ningún país tiene la misma relación de pacto que tiene Dios con Israel. El objetivo del sermón patriótico debe ser mostrar que el amor por el país surge del amor de Dios.

Los siguientes son textos que el pastor podría considerar cuando planifique su predicación para el día de la Independencia.

Salmo 85
Isaías 61:1-3
Jeremías 29:4-7
Mateo 22:15-22
Juan 8:31-36
Romanos 13:1-7
Gálatas 5:1-6
Filipenses 3:17-21
1 Timoteo 2:1-7
1 Pedro 2:13-17

(5) *El día del Trabajo*. El día del Trabajo se celebra en Estados Unidos el primer domingo de septiembre. Fue establecido para honrar y reconocer a los trabajadores. También ha servido para marcar el final de las vacaciones de verano y el comienzo del año académico en muchos colegios. En la mayoría de los casos, el pastor puede esperar un incremento en la asistencia cuando se acerca el día del Trabajo, pues los miembros de la congregación regresan de sus retiros y viajes familiares para retomar los patrones normales de trabajo y estudio. El domingo anterior al día del Trabajo podría recibir poca atención en la iglesia. Según he observado, en muchas congregaciones no se espera que el pastor tenga un sermón especial para esta ocasión. Si el pastor quiere reconocer este día en su predicación, tiene una oportunidad tremenda de exponerle a su congregación las enseñanzas bíblicas sobre la dignidad y la bendición del trabajo, y el regalo de Dios del descanso.

A continuación hay algunos textos bíblicos que el pastor podría considerar al planificar su predicación para el día del Trabajo.

Génesis 2:1-3
Génesis 3:17-19
Éxodo 20:8-11
Nehemías 4:6-23
Salmo 127:1-2
Mateo 12:1-8
Mateo 25:14-30
Lucas 16:10-13
1 Corintios 3:9-15
Efesios 6:5-9

(6) Acción de Gracias. Aunque el día de Acción de Gracias es una fiesta secular de los Estados Unidos, tal como existen días similares en otros países, la idea de dar gracias es ciertamente bíblica. Una gran cantidad de textos bíblicos, incluyendo casi innumerables pasajes de los Salmos, hacen un llamado a darle gracias a Dios. Los mensajes de Acción de Gracias permiten que el pastor le enseñe a la congregación a ser agradecida con Dios, no solo por las bendiciones materiales, sino también por la provisión espiritual. Como en Estados Unidos se celebra el día de Acción de Gracias el cuarto jueves de noviembre, algunas iglesias hacen servicios especiales la noche del miércoles que precede esta fecha. El pastor también podría predicar un mensaje especial el domingo anterior. Algunos pastores tienen la costumbre de comenzar los mensajes de Navidad el domingo siguiente al día de Acción de Gracias.

El pastor podría considerar algunos de los siguientes textos al planificar su predicación de Acción de Gracias.

Deuteronomio 8:1-10
1 Crónicas 16:7-36
Salmo 23
Salmo 100
Joel 2:25-27
Habacuc 3:16-19
Lucas 17:11-19
Romanos 1:20-21

Filipenses 4:6-7
Colosenses 1:12-14

(7) *Día de la Madre.* El origen del día de la Madre puede remontarse a una solicitud hecha por Anna Jarvis de Filadelfia para un servicio especial en memoria de su madre. Este culto tuvo lugar el 10 de mayo de 1908. En 1912, el presidente Woodrow Wilson declaró oficialmente que el segundo domingo de mayo sería el día de la Madre.[14] El mensaje del día de la Madre le da la oportunidad al predicador de hacer un sermón sobre la femineidad bíblica y el rol vital de las madres en la familia, la iglesia y la sociedad. Al planificar su sermón del día de la Madre, asegúrese de tener en mente a toda la congregación. Un mensaje dirigido a las madres también se puede relacionar con otros miembros de la familia.

A continuación se presentan algunos textos que el pastor podría considerar al planificar su predicación del día de la Madre.

Génesis 21:14-21
Éxodo 2:1-10
1 Samuel 1
1 Samuel 2:1-10
Proverbios 31:10-31
Marcos 3:31-35
Lucas 1:46-55
Juan 2:1-12
Juan 19:25-27
2 Timoteo 1:1-5

(8) *Día del Padre.* Como sucedió con el día de la Madre, el día del Padre es una fiesta nacional que se originó como observancia cristiana local. La Asociación Ministerial Spokane lo celebró por primera vez en 1910, según se reconoce. En 1946 se designó oficialmente el tercer domingo de junio como día del Padre.[15] Además de ser una ocasión para honrar la paternidad, el día del Padre también es una oportunidad para que el pastor desafíe a los padres a ser los líderes espirituales de sus hogares.

Le ofrezco esta advertencia sobre los sermones del día de la Madre y del Padre: cuidado con la tendencia a exaltar a las madres en su día, sólo para reprender a los padres en el suyo. Hay mensajes del día del Padre que podrían resumirse de la siguiente manera: "Papás: muchos de ustedes no están haciendo lo que deben y están arruinando su familia, su iglesia y su nación". La predicación bíblica, aunque a menudo requiere usar palabras proféticas de reproche, también es redentora. Asegúrese de moderar con gracia sus mensajes del día del Padre.

Los mensajes del día de la Madre y día del Padre permiten que el predicador resalte la importancia y el valor de las relaciones familiares sólidas. Como hay poco más de un mes entre estas dos fiestas, pueden usarse como marco para una serie corta sobre la familia. La serie comienza con el sermón del día de la Madre en el segundo domingo de mayo y termina con el mensaje del día del Padre en el tercer domingo de junio. Para los domingos entre estas dos fechas, usted podría planificar otros mensajes sobre el hogar y la familia.

A continuación hay algunos textos de las Escrituras que un pastor podría considerar al planificar su predicación para el día del Padre.

Génesis 18:16-19
Deuteronomio 6:1-9, 20-25
Josué 24:14-15
1 Samuel 2:12-34
Job 1:1-5
Salmo 128
Lucas 15:11-32
Juan 4:46-54
Hechos 16:25-34
Efesios 6:1-4

(9) *El día de los Veteranos y el día de los Caídos*. Tanto el día de los Veteranos (11 de noviembre) como el día de los Caídos (el último domingo de mayo) son fiestas nacionales estadounidenses para conmemorar a quienes han servido en las fuerzas armadas. El día de los Caídos recuerda específicamente a quienes han muerto

en conflictos armados, mientras que el día de los Veteranos honra a quienes han peleado en guerras. El pastor podría no hacer mensajes sobre estos días. En su lugar, se puede honrar a las personas que han servido y han muerto en el ejército por medio de otros elementos del servicio de adoración, o durante una ceremonia especial que reconozca a las fuerzas armadas. Pocos pasajes de las Escrituras se refieren directamente a los temas celebrados en estos días. Sin embargo, hay algunos textos bíblicos que el predicador puede usar con eficacia para predicar sermones en el día de los Veteranos o el día de los Caídos.

Éxodo 13:3-10
Deuteronomio 6:10-15
Josué 4:1-8
Proverbios 14:34
Isaías 11:1-9
Miqueas 4:1-5
Mateo 20:25-28
Hechos 10:1-6
Filipenses 2:3-4
Hebreos 11:32—12:2

(10) Servicios de ordenación. Aunque los servicios de ordenación no son días festivos, sí son servicios especiales con los cuales el predicador se encontrará regularmente. Los servicios de ordenación para diáconos o para personas que entran a tiempo completo en el ministerio merecen sermones especiales por parte del pastor. Tales mensajes incluirán animar al candidato que se ordena, una descripción de sus deberes y qué se espera de él, además de instrucciones generales a toda la iglesia en cuanto al ministerio en que se está ordenando al candidato. Los siguientes textos se pueden usar en los servicios de ordenación:

Éxodo 3:1-14
1 Samuel 16:1-13
Esdras 7:8-10

Isaías 6:1-10
Jeremías 1:4-10
Hechos 6:1-7
Hechos 13:1-5
1 Timoteo 3:8-13
2 Timoteo 1:6-7
2 Timoteo 4:1-5

Predicar sobre días especiales puede ser una bendición o una maldición. El pastor podría quedarse pasmado al ver la cantidad de fiestas que inundan el calendario y lo distraen del patrón normal de su predicación. Las interrupciones producidas por los días especiales en el programa regular de predicación pueden angustiar al predicador por tener que suspender una serie o el estudio sobre un libro para acomodarse al día festivo o al énfasis especial. Más aún, el desarrollo de nuevas maneras de hablar sobre los mismos temas, año tras año, para los sermones especiales, puede ser un reto para el pastor.

En lugar de sentirse frustrado con los días especiales o decidir ignorarlos por completo (como han hecho algunos pastores para su detrimento), yo le insto a ver estos días especiales como oportunidades excelentes de glorificar a Dios en su predicación. Los días especiales suelen comportar grandes audiencias, lo cual le permite al pastor ofrecer a más personas la Palabra de Dios —y usualmente a más personas no cristianas— que en los domingos comunes y corrientes. Cuando el predicador hace un sermón sobre el tema relacionado con el día festivo, puede encontrarse con que su audiencia ya estaba pensando en el asunto. Como resultado, los oyentes podrían estar más atentos y abiertos al contenido del sermón. Los días especiales también permiten que el predicador hable sobre temas esenciales en las Escrituras. Al planificar los temas y los textos bíblicos para ser usados en los días especiales, los predicadores pueden sacar el máximo provecho de estas ocasiones y usarlas para gran ventaja.

CAPÍTULO 7

Planificación para la predicación doctrinal

El pastor Stuart Briscoe cuenta una conversación que tuvo con una de las damas de su iglesia, justo después de haber terminado una serie doctrinal de predicaciones sobre el fruto del Espíritu Santo. La mujer le preguntó sin rodeos:
—¿Cuándo va usted a predicar sobre algo relevante?
—¿Relevante para quién? —respondió Briscoe, tartamudeando y sorprendido por la pregunta.
—Para la mayoría de nosotros —respondió ella—. Quienes asistimos tenemos problemas en nuestras familias, nuestros matrimonios y nuestras casas. Necesitamos ayuda. ¿Cuándo va a decir algo relevante?

Briscoe, con gran sabiduría y un poco de picardía, comenzó a preguntarle a la dama cuáles eran esos problemas que la gente estaba experimentando. ¿Era falta de amor? ¿Falta de alegría y paz? Continuó detallando todo el fruto del Espíritu Santo y ella, sin darse cuenta de la trampa sutil que el pastor le estaba tendiendo, decía: "Sí, ¿por qué no podemos oír sermones que nos ayuden con nuestras necesidades reales?".[1]

La reacción de esta señora es la respuesta típica de algunos cristianos de hoy cuando piensan en la predicación doctrinal. La predicación doctrinal para ellos no es ni relevante ni interesante. Más que sermones doctrinales, los asistentes a la iglesia tienden a estar más interesados en sermones sobre los personajes bíblicos, estudios sobre libros bíblicos, mensajes que hablen sobre la familia y el hogar o las enseñanzas éticas, morales y sociales de las Escrituras. Tal vez se sientan inseguros o no les preocupe cuál es su posición doctrinal; creen que tales asuntos son cosa de predicadores, profesores y seminaristas, no del creyente promedio. Para muchas personas, la mención de la teología conjura una imagen mental de algo aburrido, en lugar de algo dinámico y emocionante.

La razón de este desinterés por la predicación doctrinal es simple: hay un gran número de sermones doctrinales que parecen somníferos. Algunos predicadores tienden a crear mensajes doctrinales demasiado intrincados y complicados, usando un lenguaje teológico que las personas comunes y corrientes no logran entender. Incluso peor, algunos predicadores intentan meter demasiado material en un solo sermón cuando predican sobre doctrina. Chuck Swindoll regaña de esta manera a los predicadores que han hecho de la doctrina un sinónimo de sosería: "El lenguaje usado por ustedes es una jerga de clérigos codificada, carente de toda relevancia y realidad. Los términos que ustedes usan son una jerga para "uso interno" que rara vez se divide en unidades manejables para las personas no iniciadas".[2]

A veces los sermones doctrinales se perciben como aburridos e irrelevantes, y esto es una crítica a la predicación contemporánea. ¿Por qué? Porque la iglesia de Dios necesita la predicación doctrinal. La doctrina bíblica es el cimiento para el sistema de creencias cristianas. Todo lo que el creyente necesita para tener una vida productiva y santa tiene su fundamento en la comprensión de la teología. Por el conocimiento de la doctrina el creyente obtiene su estabilidad emocional, su alimento mental para el crecimiento, la energía espiritual y la perspectiva sobre la vida. Los pastores deben estar comprometidos con la predicación de mensajes vibrantes, apasionados y prácticos sobre la doctrina bíblica.

En un sentido, toda predicación bíblica es predicación doctrinal, porque toda enseñanza de las Escrituras es doctrina. Andrew Blackwood escribe: "Lo ideal es que cada sermón sea bíblico en su sustancia, doctrinal en su forma y práctico en su efecto".[3] Hay doctrina bíblica sobre la familia, las posesiones materiales, el trabajo, el tiempo libre y así sucesivamente. Pero cuando hablo en este capítulo sobre la predicación doctrinal, me refiero a sermones cuya preocupación específica son las verdades centrales de la Biblia. Planificar la predicación doctrinal significa la inclusión intencionada en su calendario de predicación anual de sermones sobre las principales doctrinas de la fe cristiana.

Este capítulo examina cómo incluir los sermones doctrinales en su plan de predicación anual. En las páginas que siguen discutiremos las razones por la cuales un pastor debe predicar sobre las doctrinas importantes de la fe cristiana. También miraremos dos enfoques para los sermones de predicación doctrinal y examinaremos algunas doctrinas para que el predicador las incluya en su plan anual. Finalmente, examinaremos un método que usted puede usar para comprobar la exhaustividad doctrinal de su predicación.

¿Por qué predicar sobre las doctrinas?

El teólogo luterano Gerharde Forde ha declarado enfáticamente: "La teología sistemática se debe proclamar".[4] Esto no quiere decir que los predicadores deban hacer sermones más similares a textos de teología sistemática. Semejante predicación cansaría tanto al pastor como a la congregación. No obstante, la presentación sistemática de los fundamentos del cristianismo debe ocupar una posición importante en las metas a proclamar del pastor. A continuación hay unas cuantas razones por las cuales el predicador debe hacer de la predicación doctrinal una parte importante de su plan.

(1) *Enseñar doctrina es deber del predicador.* La predicación doctrinal requiere enseñar a las personas de la congregación las verdades vitales de la fe cristiana. De acuerdo con las Escrituras, este tipo de predicación es una obligación del pastor. En Tito 1:9, uno de los requisitos para el obispo o pastor es que se aferre a "la palabra fiel tal como ha sido enseñada, para que también pueda exhortar con sana enseñanza y convencer a los que contradicen". El pastor debe planificar mucho tiempo de predicación anual dirigida a las doctrinas cristianas básicas y a la teología, por el bien de la salud espiritual de su congregación.

Agustín escribió el primer gran tratado sobre la predicación, una obra titulada *De doctrina christiana*. El título se suele traducir como *Sobre la doctrina cristiana* o *Sobre la enseñanza cristiana*. Agustín decía: "Es deber del intérprete y maestro de las Santas Escrituras, del defensor de la fe verdadera y del oponente del error, tanto enseñar lo que es correcto como refutar lo que es incorrecto, y en la ejecución de su tarea conciliar al hostil, despertar al desinteresado y decirle al ignorante qué está ocurriendo en el presente y qué ocurrirá probablemente en el futuro".[5] Una parte importante del ministerio de predicación del pastor es adoctrinar a los miembros de su congregación con la teología bíblica, de modo que se aferren a "lo que es correcto" y rechacen "lo que es incorrecto".

Los pastores deben adoctrinar a su gente. Para algunas personas, la palabra *adoctrinar* podría tener la connotación de obligar a que alguien acepte las ideas de manera poco crítica o incluso de lavarle el cerebro. Sin embargo, en un sentido más positivo, el adoctrinamiento tan solo requiere enseñar a alguien una creencia o principio. Adoctrinar quiere decir llevar al oyente al conocimiento de algún tema. Ésta es la tarea de la predicación doctrinal. John Broadus escribe: "La doctrina, es decir la enseñanza, es la principal ocupación del predicador. La verdad es la vida y la sangre de la piedad; sin ella no podemos mantener su vitalidad o soportar su actividad. Y la mejor forma en que un predicador puede hacer el bien es enseñar la verdad a los hombres o aportar frescura y poder a lo que ellos ya saben".[6]

(2) *La doctrina es central en la revelación bíblica*. El carácter de la Biblia demuestra la importancia de la doctrina. Las Escrituras le prestan especial atención a revelar la naturaleza y la obra de Dios. Las leyes divinas registradas por Moisés tienen su raíz en el carácter de Dios. Los profetas como Isaías, Jeremías y Amós establecieron la santidad y la justicia de Dios como la motivación tras el deseo divino de ver estas dos características en Israel, su pueblo. En su libro sobre predicación doctrinal, Millard Erickson y James Heflin enfatizan la naturaleza doctrinal del Antiguo Testamento: "Los profetas hablaron repetidamente sobre la naturaleza y la voluntad de Dios. Identificaron su mensaje como algo que Dios les había revelado. Hablaron de sus actos pasados de providencia y predijeron su juicio futuro, además de su provisión futura de salvación. Los salmistas se apoyaron especialmente en los atributos del Dios poderoso".[7]

La prominencia de la doctrina en las Escrituras continúa en el Nuevo Testamento con la revelación de Dios en Jesucristo. El erudito y predicador James Earl Massey observa que los escritos del Nuevo Testamento están llenos de enseñanzas que enfatizan la relación de la sana doctrina con la vida correcta.[8] El balance bíblico entre la doctrina y el comportamiento se puede ver en pasajes del Nuevo Testamento como los siguientes:

"Pero gracias a Dios, que aunque erais esclavos del pecado, habéis obedecido de corazón a aquella forma de doctrina a la cual fuisteis entregados; y libertados del pecado, vinisteis a ser siervos de la justicia" (Ro. 6:17-18).

"Lo que aprendisteis y recibisteis y oísteis y visteis en mí, esto haced; y el Dios de paz estará con vosotros" (Fil. 4:9).

De acuerdo con estos y otros pasajes del Nuevo Testamento, la doctrina no solo debe oírse y entenderse, sino también obedecerse. La revelación teológica tiene implicaciones prácticas. El balance de la doctrina y la ética del Nuevo Testamento se evidencian incluso en los escritos de Pablo. Es usual que sus epístolas estén organizadas con explicaciones doctrinales al comienzo de la carta y de enseñanzas éticas en la segunda parte. El material doctrinal determinado al comienzo de libros como Romanos, Efesios y Filipenses proporciona el fundamento de las enseñanzas moral, ética y relacional que vienen al final de cada uno de estos libros. La doctrina —conocer quién es Dios y cómo obra— aparece con importancia por toda la Biblia; por lo tanto, la predicación doctrinal debe ser el eje de la proclamación del pastor.

(3) *La predicación doctrinal aborda las dudas y preguntas de los oyentes.* El relativismo, el individualismo y el pluralismo están aumentando en la sociedad actual. La doctrina bíblica puede parecer fuera de lugar en una cultura que enfatiza la experiencia personal en asuntos de fe, en vez de enfatizar la verdad objetiva. A la luz de las tendencias culturales prevalentes, algunos predicadores han escogido restarle énfasis a la doctrina. En lugar de explicar el significado del pasaje de las Escrituras sobre el cual están predicando, buscan mensajes que faciliten el encuentro subjetivo con el texto bíblico. Algunas teorías homiléticas le restan importancia a la proclamación de la verdad proposicional, a favor de sermones que se enfocan en la experiencia y el sentimiento.[9]

El predicador, en lugar de abandonar la predicación doctrinal frente a la cultura escéptica, debe reforzar su predicación con enseñanzas más claras y convincentes sobre las verdades básicas de la fe cristiana. Un pastor, en contraste con algunas de las tendencias prevalentes, señaló recientemente que "la respuesta cristiana apropiada al modo de pensar actual no es psicológica ni terapéutica, sino teológica".[10] La predicación doctrinal responde a las dudas de los oyentes de hoy con una presentación razonada de la verdad bíblica.

(4) *La predicación doctrinal satisface las necesidades que tienen los oyentes de apoyarse en su fe.* El 4 de mayo de 1940, en Derby, Inglaterra, Dorothy Sayers dio una charla titulada "¿Credo o caos?". En este discurso, Sayers observó que menos de una persona entre cien, en la población inglesa, "no tenía la más mínima noción de qué enseña la Biblia sobre Dios, el hombre, la sociedad o la persona de Jesucristo".[11] A excepción de ese bajo porcentaje, alegaba ella, Inglaterra estaba llena de tres clases de personas: (1) "Los paganos francos y abiertos, cuya noción del cristianismo es una terrible mezcolanza de harapos y etiquetas de anécdotas bíblicas y pegotes mitológicos sin sentido"; (2) "los cristianos ignorantes, quienes combinan sentimentalmente a un Jesús afable y amable con una ética vagamente humanista" y (3) "los asistentes a la iglesia más o menos instruidos".[12] Con base en su afirmación, Sayers llama a los líderes cristianos a prestar más atención a la predicación doctrinal.

La necesidad que Sayers identificó en 1940 todavía está presente en el siglo XXI. Algunas personas, cristianas de muchos años y oyentes de incontables horas de predicación, aún carecen de una comprensión significativa de sus creencias. Un pastor me dijo: "A veces, cuando hablo con los miembros adultos de mi congregación —incluso líderes de la iglesia—, casi me asusto de lo poco que conocen ellos sobre su fe". Tal vez una de las razones por las cuales nuestros oyentes no han entendido su fe es porque los predicadores no hemos sido cuidadosos a la hora de presentarles las doctrinas cristianas esenciales en nuestro plan de predicación anual. Por medio de un programa de predicación planificado cuidadosamente, que incluya instrucción doctrinal, los miembros de la congregación pueden crecer en el conocimiento de los conceptos básicos de la fe. Hace muchos años, Henry Sloane Coffin observó que mientras las congregaciones imploran sermones prácticos en lugar de los teológicos, "nada es tan práctico como la verdadera doctrina".[13]

Donald English hace un llamado a las predicaciones que enseñan teología a la congregación: "Si deseamos que las personas tengan una fe verdaderamente razonable, deben tener algún sentido del contenido de su fe. El predicador bueno tendrá un sermón que informe, edifique e ilumine a quienes lo escuchan, de modo que cuando salgan sean más maduros teológicamente que cuando entraron".[14] Edificar a los creyentes en la madurez cristiana y fortalecerlos como discípulos requiere darles un conocimiento más profundo y hacerles comprender quién es Dios, qué logró Cristo en la cruz y cómo se transforma cada aspecto de sus vidas por la relación con Dios a través de Cristo. Todas estas tareas se alcanzan por medio de la predicación doctrinal. El pastor James Kennedy escribió: "Las grandes y antiguas verdades de la fe hacen que la columna vertebral de las personas se vuelva de hierro, y les permiten permanecer erguidos para Cristo".[15]

(5) *Prestarle cuidadosa atención a la doctrina asegura que haya predicación evangelística.* Pablo le proclamó a la iglesia de Corinto: "Pero nosotros predicamos a Cristo crucificado" (1 Co. 1:23). Se cuenta la historia de una iglesia que edificó un santuario de piedra con las siguientes palabras grabadas sobre la entrada: "Nosotros predicamos a Cristo crucificado". Una generación de predicadores se paró en el púlpito de aquella iglesia y proclamó a Cristo crucificado. Como resultado, muchos pecadores llegaron a la fe salvadora en el Señor. Pero con el paso de los años, la hiedra comenzó a trepar por los muros de la iglesia, y con el tiempo cubrió la última palabra en la puerta, de modo que el grabado decía: "Nosotros predicamos a Cristo". Los pastores de la iglesia predicaban a Cristo: Cristo el humanitario, Cristo el gran maestro, Cristo el ejemplo perfecto, pero no a Cristo crucificado. Como resultado, el poder de la iglesia disminuyó. Pasaron más años y la hiedra siguió creciendo de modo que la señal ahora se leía: "Nosotros predicamos". Por tanto, los pastores predicaban. Lo hacían sobre economía y ética. Predicaban sobre psicología y sociología. Pero dejaron de predicar a Cristo por completo, y la iglesia se murió.

La predicación evangelística es el fruto natural del ministerio en el púlpito que enfatiza la doctrina. Tal cosa es cierta porque la proclamación del evangelio está en el corazón de la predicación doctrinal. Si el pastor se encarga de cubrir las principales doctrinas cristianas cada año, fácilmente hará un llamado regular al arrepentimiento y a la fe en Cristo. Lloyd Perry escribe: "El tema central de la predicación doctrinal cristiana es la redención humana en todas sus relaciones y ramificaciones extensas, lograda por medio de la encarnación, vida, expiación, muerte y resurrección de Jesucristo, el Hijo de Dios".[16] La predicación doctrinal se prestará para hacer evangelismo desde el púlpito, ya sea que el pastor predique sobre la doctrina de Dios, Cristo, el pecado, la iglesia o cualquier otra verdad central de la fe cristiana.

Dos enfoques a la predicación doctrinal

El pastor debe ser consciente de los dos enfoques que puede tomar para desarrollar su sermón doctrinal: el enfoque *temático* y el enfoque *expositivo*. En el sermón doctrinal temático lo que gobierna el mensaje es un tema teológico. En el sermón doctrinal expositivo lo que hace tal labor es un pasaje de las Escrituras. Examinemos y evaluemos cada enfoque.

En el *enfoque temático,* el predicador escoge una doctrina sobre la cual predicar; luego produce un sermón dirigido sistemáticamente a esa doctrina, para lo cual usa una estructura diseñada por él mismo. Los puntos a explicar en este mensaje se desarrollan con base en la elección que el predicador haga para explicar y analizar mejor la doctrina. Probablemente el sermón contendrá referencias a varios pasajes de las Escrituras, pero estos pasajes se emplearán principalmente para respaldar la explicación que haga el predicador. En este tipo de mensajes se da poca exposición de las Escrituras. En su lugar, el sermón es un examen del tema teológico tratado. Los versículos bíblicos se usan para respaldar las declaraciones del predicador sobre la doctrina.

Un ejemplo de este tipo de mensaje doctrinal se puede encontrar en un sermón sobre Jesucristo predicado por Herschel Hobbs. El sermón comienza con la tesis: "Nos es imposible comprender a Dios mientras no hayamos asimilado el significado de la Persona y la obra de Jesucristo".[17] Después, Hobbs desarrolla su tesis con las siguientes cinco grandes divisiones:

Planificación para la predicación doctrinal 137

1. Los nombres dados a Cristo.
2. La preexistencia de Cristo.
3. La encarnación de Cristo en Jesús.
4. Las evidencias sobre la deidad de Jesús.
5. La importancia de la muerte, resurrección, ascensión y Segunda Venida de Cristo.[18]

En cada uno de estos apartados Hobbs cita numerosos versículos de las Escrituras. Normalmente tales versículos no se explican. En cambio, se citan o se mencionan para probar la tesis del predicador. James Kennedy utiliza un enfoque similar en un sermón sobre la doctrina del Espíritu Santo. Kennedy examina la enseñanza bíblica sobre el Espíritu Santo y hace tres preguntas: (1) "¿Quién es el Espíritu Santo?"; (2) "¿Qué hace el Espíritu Santo?"; (3) "¿Cómo podemos experimentar las bendiciones del Espíritu Santo?".[19] Kennedy responde a estas preguntas con declaraciones respaldadas por citas bíblicas. Por ejemplo, proporciona once respuestas a la pregunta sobre la obra del Espíritu Santo.

1. El Espíritu Santo participó en la creación del mundo.
2. El Espíritu Santo inspiró las Escrituras.
3. El Espíritu Santo trajo a Cristo al mundo.
4. El Espíritu Santo hizo nacer la iglesia.
5. El Espíritu Santo regenera.
6. El Espíritu Santo santifica.
7. El Espíritu Santo da poder a los creyentes.
8. El Espíritu Santo produce el fruto del Espíritu.
9. El Espíritu Santo da seguridad.
10. El Espíritu Santo guía las vidas de los creyentes.
11. El Espíritu Santo testifica de Jesucristo.[20]

Con cada uno de estos puntos, Kennedy cita o se refiere a los pasajes de la Biblia pertinentes.

Cuando los sermones doctrinales se diseñan a la manera de los mensajes de Kennedy y Hobbs, estos mensajes pueden llamarse con más precisión sermones temáticos. Esto significa que la doctrina explicada controla el contenido y el desarrollo del mensaje. Faris Whitesell ha expuesto que los sermones doctrinales suelen ser temáticos, porque ningún versículo por sí solo contiene una enseñanza sobre una doctrina bíblica en toda su extensión. Escribe: "La doctrina debe ser el tema, y hay que usar toda la amplitud de pasajes bíblicos que respaldan esa doctrina para mostrar sus contribuciones a ella".[21] Un enfoque temático a la predicación doctrinal expone ampliamente al oyente a la enseñanza bíblica sobre un tema teológico, y le da una perspectiva panorámica de la verdad bíblica. Dicha práctica puede ser útil en los estudios doctrinales y es, de hecho, muy similar al método empleado por los autores de los textos sobre teología sistemática y de los profesores en cursos de teología.

El pastor puede adoptar otro enfoque para la predicación doctrinal: *el enfoque expositivo*. La predicación doctrinal por medio del enfoque expositivo le permite al pastor seleccionar un pasaje de las Escrituras perteneciente a cierta doctrina dada, y luego desarrollar el mensaje de manera que el tema y la estructura reflejen el tema y la estructura del pasaje. El objetivo es presentar una exposición detallada de la enseñanza doctrinal de un pasaje particular de las Escrituras, en vez de hacer una revisión amplia de una doctrina a lo largo de todas las Escrituras.

Jerry Vines aporta un ejemplo de un mensaje doctrinal expositivo en su sermón "¡Ah, qué Salvador!". Este mensaje es una exposición de Hebreos 1:1-14, un texto que, junto con Juan 1:1-18, Filipenses 2:5-11 y Colosenses 1:15-20, forma parte de los grandes pasajes cristológicos del Nuevo Testamento. Vines indica en su sermón que la tesis del pasaje es: "En Jesús tenemos un sacerdote mejor, un sacrificio mejor, una resurrección mejor, un destino mejor".[22] Respalda su tesis con los siguientes puntos y subpuntos:

1. Jesús sobrepasa lo dicho por los profetas (1:1-3).
   A. La palabra parcial de Dios (1:1).
   B. La palabra final de Dios (1:2-3).
2. Jesús sobrepasa el rango de los ángeles (1:4-9, 13-14).
   A. Su nombre excelente (1:4-8)
   B. Su naturaleza exaltada (1:9, 13-14).

3. Jesús sobrepasa en tiempo al universo (1:-10-12).
   A. La Creación se destruirá (1:-10-12a).
   B. Cristo continuará (1:12b).[23]

Con cada punto y subpunto, Vines explica los conceptos doctrinales relativos a Cristo, tal como se encuentran en el pasaje. Faris Whiteshell aporta la siguiente exposición de Romanos 3:21-31 en un sermón sobre la doctrina de la justicia de Dios. Su mensaje presenta las siguientes cualidades de la justicia divina como aparecen en el pasaje de predicación:

1. La justicia es de gracia (3:21, 24).
2. La justicia es sustitutiva (3:24-25).
3. La justicia es perfecta (3:26-28, 30).
4. La justicia es por la fe (3:22-31).[24]

Como en el mensaje de Vines, los aspectos de la doctrina explicada en el sermón no son exhaustivos bíblicamente, sino limitados por el tratamiento que el texto de predicación le da a la doctrina.

Aunque cada método tiene sus fortalezas, recomiendo que el pastor tome el enfoque expositivo en lugar del enfoque temático. No sugiero esto porque los mensajes doctrinales temáticos carezcan de contenido bíblico. Al contrario, es probable que el sermón temático sobre una doctrina teológica esté saturado de referencias bíblicas. El problema con los sermones doctrinales temáticos suele ser que son demasiado amplios para ser efectivos. Por esa razón, muchos oyentes dicen que los mensajes doctrinales les parecen aburridos e irrelevantes. Compare los dos bosquejos temáticos sobre las doctrinas de Cristo y el Espíritu Santo con los bosquejos expositivos sobre Hebreos 1:1-14 y Romanos 3:21-31. Usted se dará cuenta de que los sermones temáticos cubren mucho más territorio teológico que los mensajes expositivos. Desde el punto de vista de dar al oyente una exposición más amplia, el sermón temático suele tener más éxito que el expositivo. Pero el mensaje temático puede fallar en ahondar lo suficiente en un tema, y no cautivar el interés del oyente o generar un impacto duradero en su pensamiento.

Cuando se planifica un sermón doctrinal, el predicador siente la tentación de comprimir en un único mensaje toda la enseñanza bíblica sobre una doctrina. Un erudito en homilética observa que esta clase de mensaje requeriría en comparación menos tiempo de preparación, pero no dejaría prácticamente ninguna impresión en el oyente.[25] Un mensaje temático sobre una doctrina tiende a ser general, y las generalidades no mantienen el interés de la audiencia. John Broadus observa que los predicadores inexpertos suelen creer erróneamente que un asunto amplio es mejor porque les ofrece más para decir. Pero él argumenta: "Escoger algún aspecto de un tema mayor suele ser mucho mejor, porque el predicador tiene más oportunidad de idear algo fresco y tiene una ocasión mucho mejor de hacer que los oyentes se interesen de verdad por el tema general".[26] Un tema con un enfoque estrecho hace el sermón más llamativo y convincente. Cuando un pastor predica un mensaje doctrinal expositivo, el texto sobre el cual está predicando limita el alcance de su discusión y cristaliza el tema.

El mensaje temático puede degenerar fácilmente en una lista de verdades doctrinales respaldadas con versículos bíblicos. Por otra parte, la exposición cuidadosa de un pasaje doctrinal permitirá una explicación limitada —aunque más detallada—, una mayor ilustración y una aplicación de la doctrina. En un sermón de este tipo el predicador no dirá todo lo que hay por decir sobre la doctrina de Cristo, la iglesia, el Espíritu Santo o sobre cualquier otra doctrina que pueda estar proclamando. Sin embargo, le dará a la congregación una exposición cabal al mensaje que un texto bíblico tenga sobre esa doctrina. Blackwell recomienda este enfoque para la predicación doctrinal. Escribe: "En lugar de intentar comprimir en un único discurso todo lo que dice la Biblia sobre la resurrección del cuerpo o la vida eterna, el ministro sabio predica sobre un aspecto de la verdad revelada en un texto luminoso".[27]

Si desea exponer a su congregación a enseñanzas bíblicas más amplias sobre cierta doctrina, podría usted considerar la predicación de una serie doctrinal. En una serie doctrinal expositiva el predicador selecciona varios pasajes relacionados con una doctrina y presenta mensajes expositivos sobre cada pasaje. Tal serie le ofrece

Planificación para la predicación doctrinal

al predicador la ventaja de dar a la congregación una presentación más detallada de alguna doctrina bíblica. Cada mensaje incrementa y enriquece la comprensión del oyente sobre el tema. Más aún, las series tienden a estimular el interés de la audiencia. Rick Warren dice que en una serie de sermones "cada mensaje se fundamenta en el anterior, lo cual crea un sentido de anticipación. Una serie también aprovecha la promoción boca a boca. Las personas saben exactamente por qué parte va la serie, y si usted anuncia con anticipación los títulos de los sermones, pueden llevar a amigos en semanas particulares, las que se ajusten mejor a sus necesidades".[28]

Hay toda clase de oportunidades esperando al pastor que decide predicar una serie doctrinal. Por ejemplo, Andrew Blackwood ha sugerido una serie de mensajes titulada "Qué dice Jesús sobre Dios". En esta serie podrían usarse los siguientes textos y títulos:

Dios es luz (Jn. 1:1-5)
Dios es vida (Jn. 5:25-29)
Dios es amor (1 Jn. 4:7-11)
Dios es Espíritu (Jn. 4:21-24)
Dios es Padre (Jn. 14:1-6).[29]

También se podría predicar una serie doctrinal predicando a la par la doctrina de los ángeles y la doctrina de Cristo. De acuerdo con el Nuevo Testamento, los ángeles anunciaron la venida de Cristo (Mt. 1:18-25, Lc. 1:26-28), proclamaron la noticia de su nacimiento (Lc. 2:8-14), le sirvieron después de su tentación (Mt. 4:1-11), declararon su resurrección (Mt. 28:1-7) y predijeron su regreso (Hch. 1:9-11). La Biblia también indica que los ángeles lo acompañarán en su regreso (Mt. 25:31-46). De forma significativa, Jesús dijo que los ángeles estarían disponibles para rescatarlo de su arresto y sufrimiento en la cruz si Él los llamara (Mt. 25:31-46). Una serie sobre estos textos y asuntos aprovecharía la popularidad de los ángeles y, con ello, expondría a la congregación a las verdades bíblicas sobre Cristo.

Cuando se está preparando una serie doctrinal, es importante darle un título que enfatice la importancia de la doctrina en la vida del creyente. Por ejemplo, un pastor predicó una serie de mensajes sobre la doctrina de Cristo llamada "Cómo satisface Cristo sus necesidades más profundas".[30] Hace poco prediqué una serie de mensajes que cubrían una amplia variedad de asuntos doctrinales. Titulé la serie: "Transformado por la verdad: Lo que usted cree puede cambiar su vida". La serie consistía en los siguientes once mensajes:

"La verdad sobre Dios".
"La verdad sobre Jesús".
"La verdad sobre el Espíritu Santo".
"La verdad sobre el hombre".
"La verdad sobre la salvación".
"La verdad sobre la Biblia".
"La verdad sobre la iglesia".
"La verdad sobre los ángeles".
"La verdad sobre Satanás".
"La verdad sobre el infierno".
"La verdad sobre el cielo".

Seleccioné un pasaje relativo a la doctrina para cada mensaje. A lo largo de toda la serie enfaticé el poder de la verdad bíblica para transformar al oyente. La serie tuvo un gran éxito. Sin embargo, me pregunto qué interés habría suscitado si simplemente yo hubiera titulado la serie "Once doctrinas importantes". La doctrina es relevante; el predicador debe ser cuidadoso en mostrarle al oyente cuán relevante es.

Arthur John Gossip dijo en una conferencia a un grupo de ministros: "Las multitudes han descubierto que las doctrinas, lejos de ser inútiles y pesadas, son una necesidad primaria y el mismo aliento de vida para ellos; distan de ser monótonas y aburridas; más allá de toda previsión, son más emocionantes y apasionantes que cualquier otra cosa del mundo".[31] Las personas se interesan por la doctrina cuando el predicador se apasiona por predicarla y cuando ven su relevancia para sus vidas. Las series de predicación doctrinal pueden aumentar el impacto de este tipo de predicación en la congregación.

Selección de las doctrinas para un año de predicación

Cuando pretenda incluir la proclamación doctrinal en su calendario de predicación, usted necesitará compilar una lista de verdades teológicas esenciales que pretenda cubrir cada año. Esta lista no tiene que incluir todos los aspectos de la doctrina cristiana. Una lista demasiado exhaustiva puede resultar engorrosa a la hora de implementar el plan. Solo deben incluirse en la lista los elementos más importantes de la fe cristiana.

La preparación de esta lista requiere identificar las áreas más importantes de la doctrina que su congregación necesite oír. Una buena forma de prepararla es imaginarse a una persona que va a todos los cultos del año siguiente sabiendo poco o nada sobre la fe cristiana. Pregúntese: *¿Qué conceptos básicos absolutos del cristianismo querría yo que descubriera esta persona a través de mi predicación?*

Cuando comienza a responderse esta pregunta, empiezan a emerger las doctrinas centrales para predicar. Con toda probabilidad, usted querrá predicar sobre Dios, Jesús, el Espíritu Santo, la Biblia, el pecado, la salvación, la iglesia, el cielo, el infierno y otros temas bíblicos. Hay varios libros que pueden ayudarle a identificar las doctrinas a incluir en su plan de predicación y cómo hablar de ellas. Los libros de teología sistemática pueden serle útiles, junto con otras obras más cortas en donde se presente la doctrina cristiana para una audiencia popular.[32] Las concordancias o índices temáticos pueden ayudarle a localizar los textos apropiados para las doctrinas escogidas.

A continuación hay una lista de verdades teológicas básicas que un pastor debe tratar en el transcurso de un año de predicación. Junto con cada doctrina, he incluido varios pasajes y temas bíblicos relacionados con esa doctrina. En algunos pasajes bíblicos citados, el tema teológico que los acompaña es la idea central del pasaje. En otros pasajes, la doctrina podría ser un tema secundario dentro del pasaje. Sin embargo, los sermones expositivos a partir de estos pasajes le proporcionarán al predicador una oportunidad de tratar esas doctrinas. Esta lista no pretende ser exhaustiva ni definitiva. Su fin no es otro que hacer que usted comience a pensar en las doctrinas a tratar en su labor de predicación anual, y dirigirlo hacia los textos adecuados que emplear en su predicación. Tal vez usted quiera usar mi lista como fundamento, y luego incluir doctrinas adicionales, particulares para las necesidades y características de su iglesia.

1. La doctrina de Dios. A. W. Tozer dijo una vez que nuestra creencia acerca de Dios es lo más importante de nosotros.[33] Los sermones sobre la existencia, el carácter y la actividad de Dios son el fundamento de la predicación doctrinal. Se puede predicar sobre la doctrina de Dios mediante un examen de sus nombres en las Escrituras, mediante la proclamación del registro de su actividad creadora y redentora en la historia bíblica y mediante una descripción de sus características de Padre en los Antiguo y Nuevo Testamento, entre otros métodos. La lista que sigue está compuesta principalmente por los atributos naturales y morales de Dios:

Inmutabilidad de Dios (Sal. 102: 25-27; Stg. 1:17-18).
Eternidad de Dios (Dt. 33:26-29; Sal. 90).
Gracia de Dios (Éx. 34:5-7; Sal. 116:5-9).
Santidad de Dios (Is. 6:1-6; 1 Jn. 1:5-7).
Inmanencia de Dios (Sal. 115; Jer. 23:23-24).
Incomprensibilidad de Dios (Is. 55:8-13; Ro. 11:33-36).
Amor de Dios (Os. 2:14-20; 1 Jn. 4:7-16).
Omnipotencia de Dios (Gn. 18:1-15; Jer. 32:17-25).
Omnipresencia de Dios (Sal. 139:7-12; 1 R. 8:27-30).
Omnisciencia de Dios (Sal. 139:1-6; Pr. 5:21-23).
Justicia de Dios (Esd. 9:5-15; Sal. 145:17-20).
Naturaleza espiritual de Dios (Éx. 20:4-6; Jn. 4:20-24).
Trascendencia de Dios (Sal. 68:32-35; Is. 57:15).
Verdad de Dios (Jer. 10:6-10; Tit. 1:1-3).
Naturaleza trina de Dios (Dt. 6:4-5; Mt. 3:16-17).

2. La doctrina de Jesucristo. Jesucristo es el centro de la revelación bíblica y, por lo tanto, de toda la predicación cristiana. La doctrina de Cristo se puede dividir en dos grandes áreas: su Persona y su obra. A continuación hay algunas facetas de la doctrina de Cristo que un pastor puede incluir en su plan anual, junto con pasajes bíblicos aplicables:

Ascensión de Jesucristo (Hch. 1:9-11; Ef. 1:18-23).
Expiación de Jesucristo (Jn. 3:16; Ro. 3:23-26).
Deidad de Jesucristo (Jn. 1:1-5; Tit. 2:11-14).
Eternidad de Jesucristo (Jn 8:48-59; Ap. 1:17-18; 22:13).
Humanidad de Jesucristo (Lc. 2:39-40, 52; Gá 4:1-7).
Encarnación de Jesucristo (Jn. 1:14-18; Fil. 2:5-11).
Vida perfecta de Jesucristo (Lc. 4:1-13; He. 4:14-16).
Resurrección de Jesucristo (Mt. 28:1-20; 1 Co. 15:20-23; 1 P. 1:3-5).
Regreso de Jesucristo (Jn. 14:1-6; 1 Ts. 4:13-18).
Nacimiento virginal de Jesucristo (Mt. 1:18-25; Lc. 1:26-38).
Obra de Jesucristo en la Creación (Col. 1:13-20; He. 1:1-4).

3. *La doctrina del Espíritu Santo.* Paul Little observa que, de las tres Personas de la Divinidad, el Espíritu Santo parece ser la menos conocida y entendida hoy día.[34] A menudo los predicadores desatienden al Espíritu Santo porque es difícil de explicar o porque temen los excesos emocionales que a veces se le atribuyen falsamente en la iglesia. Sin embargo, en lugar de evitar las predicaciones sobre el Espíritu Santo, los predicadores sabios tendrán el cuidado de dar a sus congregaciones la instrucción bíblica sobre su naturaleza y obra. A continuación hay algunos aspectos sobre la doctrina del Espíritu Santo que puede considerar cuando haga su plan de predicación:

La blasfemia contra el Espíritu Santo (Mt. 12:31-32; Mr. 3:28-30; Lc. 12:8-12).
Contristar y apagar al Espíritu Santo (Ef. 4:25-32; 1 Ts. 5:12-22).
La seguridad y la santificación del Espíritu Santo (Ro. 8:12-17; 2 Co. 3:17-18).
El bautismo y el sello del Espíritu Santo (1 Co. 12:12-13; Ef. 1:13-14).
La convicción del Espíritu Santo (Sal. 51:10-13).
La deidad del Espíritu Santo (Hch. 5:1-11).

El otorgamiento de poder del Espíritu Santo para testificar (Hch. 1:4-8; 4:23-31).
La llenura y el fruto del Espíritu Santo (Gá. 5:16-26; Ef. 5:15-21)
Los dones del Espíritu Santo (Ro. 12:6-8; 1 Co. 12:7-11).
La morada del Espíritu Santo (1 Co. 3:16-17; 1 Co. 6:19-20).
La personalidad del Espíritu Santo (Jn. 14:15-17; Jn. 16:5-15).
El poder del Espíritu Santo (Mi. 3:8-12; Zac. 4:6-10).
El papel del Espíritu Santo en la Creación (Gn. 1:1-2; Sal. 104:24-30).

4. *La doctrina del hombre.* La pregunta del salmista "¿qué es el hombre?" se repite una y otra vez con cada generación de la humanidad. Esta pregunta bíblica recibe a menudo respuestas no bíblicas. La predicación doctrinal incluirá la presentación bíblica de quién es el hombre, de dónde viene, cómo le afecta el pecado y cuáles son los propósitos de Dios para él. A continuación hay algunos temas y pasajes a considerar en los mensajes de predicación sobre la doctrina del hombre:

Creado a la imagen de Dios (Gn. 1:26-27; Sal. 8).
Creado para la gloria de Dios (Sal. 73:25-28; Sal. 84).
Diferenciado como masculino y femenino (Gn. 2:18-25; Gn. 5:1-2).
Se enfrenta a la muerte y el juicio (Mt. 7:13-14; He. 9:23-28).
Caído por causa del pecado (Gn. 3:16-19; Ro. 5:12-21).
Con naturaleza física y espiritual (2 Co. 6:11—7:1; 1 Ts. 5:23-24).
Incapaz por sí mismo de satisfacer a Dios (Is. 64:6-7; Ro. 3:9-18).

5. *La doctrina de la salvación.* La Biblia abunda en descripciones verbales de lo que significa conocer a Dios por medio de Jesucristo. Junto con la imagen del rescate en la salvación están la imagen del nuevo nacimiento en la regeneración, la imagen legal de la justificación y la imagen familiar de la adopción. Predicar sobre la doctrina de la salvación incluye la predicación evangelística pero va más allá:

Planificación para la predicación doctrinal

supone la inclusión de la instrucción teológica para los creyentes sobre el significado total y las implicaciones de su relación con Dios en Cristo. Los temas y pasajes de la Biblia relacionados con la doctrina de la salvación incluyen los siguientes:

Adopción (Gá. 3:26-29; 1 Jn. 3:1-3).
Garantía y seguridad (Ro. 8:31-39; 1 Jn. 5:10-13).
Elección (Ro. 8:28-30; Ef. 1:3-6)
Fe (Ro. 5:1-5; Ef. 2:8-10).
Justificación (Ro. 4:1-8; Gá. 2:15-21).
Regeneración (Jn. 3:1-8; Ef. 2:1-7).
Arrepentimiento (Is. 55:6-7; Mt. 3:1-12).
Santificación (2 Cr. 29:5, 15-18; 1 Ts. 3:11-13).

6. *La doctrina de la iglesia*. Alguien ha señalado que el término *ekklesia* se usa 115 veces en el Nuevo Testamento y al menos 92 para hacer referencia a la iglesia local. El pastor debe predicar regularmente sobre la doctrina de la iglesia. Tratar esta doctrina incluye exponer a la congregación a las enseñanzas bíblicas sobre la naturaleza de la iglesia, sus propósitos, unidad, pureza, poder y gobierno. A continuación hay algunos textos bíblicos que pueden ser útiles para predicar sobre la iglesia:

La iglesia como cuerpo de Cristo (1 Co. 12:12-27; Ef. 1:19-23).
Disciplina en la iglesia (Mt. 18:15-20; 1 Co.5:1-8).
La fundación y el nacimiento de la iglesia (Mt. 16:13-20; Hch. 1:1—2:47).
El propósito de la iglesia (Mt. 28:19-20; Ef. 4:11-15).
Los requisitos de los líderes en la iglesia (1 Ti. 3:1-7; 3:8-13; Tit. 1:5-9).

7. *La doctrina de la Biblia*. Puesto que la Biblia es el libro fuente del mensaje del predicador, la congregación se beneficiará de entender su inspiración, su perfecta y completa confiabilidad, y su autoridad. Es crucial instruir a los oyentes en la importancia de la Biblia como revelación de Dios, porque su perspectiva sobre la naturaleza

de las Escrituras afecta a la forma en que oyen cada mensaje predicado por usted. Un pastor puede usar los siguientes pasajes como textos base para sermones sobre la doctrina de la Biblia:

Precisa y autoritativa en sus mismas palabras (Mt. 5:17-20; Mt. 22:41-46).
Acusadora en su poder (Sal. 19:7-11; He. 4:12-13).
Dada por Dios (2 Ti. 3:14-17; 2 P. 1:19-21).
Iluminada por el Espíritu Santo (Jn. 16:12-15; 1 Co. 2:9-12).
Produce vidas piadosas (Sal. 1; 119:9-16).

8. *La doctrina de los ángeles.* Los ángeles han gozado de una popularidad perenne en la cultura occidental, tanto en las obras de ficción como en las de arte, en el entretenimiento y en la especulación común. Ello ha dado como resultado que muchos de los oyentes típicos de los pastores pueden tener ya una teología bien desarrollada sobre los ángeles. Sin embargo, esa teología puede no encajar con la revelación bíblica. Los cristianos necesitan la enseñanza bíblica sobre los ángeles. Además, los ángeles se han convertido hasta tal punto en seres mitológicos que algunos oyentes podrían considerarlos figuras de fantasía como los elfos y los unicornios, en lugar de reconocerlos como parte de una realidad espiritual invisible. A continuación hay algunos textos que se pueden usar para predicar sobre los ángeles:

Los ángeles como seres espirituales creados (Neh. 9:5-6; He. 1:5-14).
Los ángeles como soldados celestiales (Gn. 3:22-24; 1 R. 6:8-23).
Protección: El ministerio terrenal de los ángeles (Sal. 91:11-12; Hch. 5:17-21).
Adoración: El ministerio celestial de los ángeles (Is. 6:1-7; Ap. 5:11-12).

9. *Las doctrinas de Satanás y los demonios.* Satanás y sus demonios han estado relegados al mundo de la fantasía y la imaginación en las mentes de muchos oyentes, de la misma manera que los ángeles.

Según la perspectiva de algunos creyentes, Satanás representa ya sea una figura cómica vestida con un traje rojo, o una personificación primitiva del mal. El registro bíblico no acepta ninguna de estas dos perspectivas erróneas sobre Satanás y sus demonios. William Evans observa: "Gran parte del ridículo vinculado a la doctrina de Satanás proviene del hecho de que los hombres han impuesto a las Escrituras sus fantasías y teorías; han leído *El paraíso perdido* de Milton pero han obviado el libro de Job; han considerado las experiencias de Lutero en lugar de las epístolas de Pedro y Judas".[35] Los textos que pueden ser útiles en la predicación sobre Satanás y los demonios incluyen los siguientes:

> Los demonios y las falsas doctrinas (1 Ti. 4:1-5).
> El destino de Satanás y los demonios (Mt. 25:41; Ap. 20:10).
> Los detalles sobre la rebelión de Satanás (Is. 14:12-17).
> Creación de Satanás y del pecado (Ez. 28:11-19).
> Satanás tienta a Jesucristo (Mt. 4:1-11).
> La obra de los espíritus inmundos (Mt. 17:14-21).
> Resistir a Satanás (Ef. 6:11-18).

10. *Las doctrinas del cielo y el infierno.* La predicación doctrinal completa incluye la proclamación de la enseñanza bíblica concerniente al estado eterno de los justos y los impíos. Los temas doctrinales más grandes relacionados con el cielo y el infierno comprenden el arrebatamiento de la iglesia, el juicio de creyentes e incrédulos, y otros asuntos escatológicos. A continuación hay algunos textos que se pueden usar para predicar sobre las doctrinas del cielo y el infierno.

> Todas las cosas nuevas en el cielo (2 P. 3:10-13; Ap. 21:1-8).
> El estado eterno del infierno (Lc. 16:19-31; Ap. 14:9-12
> El cielo como lugar de descanso (2 Co. 4:16-18; He. 4:1-10).
> El infierno como lugar de oscuridad y separación de Dios (Mt. 8:5-13; Lc. 13:22-30).
> El infierno como lugar de sufrimiento y tormento (Mt. 25:41-46; Mr. 9:42-48).

La presencia de Jesús en el cielo (Jn. 14:1-6; Ap. 21:22-27).
Las recompensas del cielo (2 Ti. 4:6-8; Stg. 1:12-18; 1 P. 5:1-4).

Usar una lista de control para la predicación doctrinal

En el momento de desarrollar su plan de predicación, usted querrá revisar las doctrinas que ha incluido en su calendario. Puede usar una lista de control para ayudarle a revisar el grado de exhaustividad doctrinal de su calendario. Para que la predicación doctrinal sea efectiva, dicen Erickson y Hefling, el pastor la debe planificar con una estrategia general. Ellos sugieren que un pastor mantenga un registro de los temas sobre los cuales han versado sus enseñanzas doctrinales. Dicen que tal registro nos "ayudará a no fijarnos en un solo tema o descuidar ciertas doctrinas y dejar agujeros en nuestra cobertura doctrinal".[36]

He incluido al final de este capítulo una *Lista de control para la predicación doctrinal*. La lista incluye las diez doctrinas más importantes presentadas en este capítulo. Tiene columnas para tres años, de modo que usted pueda ver qué pasajes ha usado cuando ha predicado sobre las doctrinas en el pasado.

Una vez haya terminado de llenar su calendario de predicación, revise el calendario para ver qué sermones del plan pertenecen a las doctrinas sobre las cuales quiere usted predicar cada año. Notará que los sermones de los días festivos y de las ordenanzas de la iglesia hablan sobre algunas de las doctrinas en su lista, además de varios sermones que ha planificado en sus series expositivas. Hay otras doctrinas que usted habrá tratado muy a fondo en las series doctrinales planificadas. En el espacio proporcionado en la lista, escriba los textos bíblicos y las fechas de los sermones que tratan sobre cada doctrina. Como mínimo, usted debe tener un sermón sobre cada doctrina. Si, después de revisar el calendario, descubre que no ha tratado alguna de las doctrinas en la lista, haga los cambios necesarios en su calendario de predicación.

Espero que le preste atención cuidadosa a la exhaustividad y cabalidad doctrinal de su predicación. Este tipo de proclamación es esencial tanto para el ministerio bíblico equilibrado como para la madurez

Planificación para la predicación doctrinal 151

espiritual de la congregación. Cierro este capítulo con las poderosas palabras de Phillips Brooks sobre la predicación doctrinal:

Ninguna predicación tuvo nunca más poder que la predicación doctrinal. Los predicadores que han conmovido y sostenido a los hombres siempre han predicado la doctrina. Ninguna exhortación a una buena vida podrá apoderarse de la conciencia y mantenerla cautiva si no está fundada en una verdad doctrinal tan profunda como la eternidad misma. Predique doctrina, predique toda la doctrina que usted conozca y aprenda siempre más y más; pero siempre predíquela no para que los hombres la crean, sino para que puedan salvarse creyéndola. De modo que ésta debe ser viva, no muerta. Para que ellos se alegren y no la menosprecien. Para que ellos se alimenten con ella de las manos del predicador como del pan de vida, solido y dulce, para que ella reclame para sí el apetito del hombre que Dios ha generado.[37]

Lista de control para la predicación doctrinal

Iglesia: Predicador:

Doctrina:	Año: Texto(s) Fecha(s)	Año: Texto(s) Fecha(s)	Año: Texto(s) Fecha(s)
Dios			
Jesucristo			
Espíritu Santo			
Hombre			
Salvación			
Iglesia			
Biblia			
Ángeles			
Satanás y los demonios			
Cielo e infierno			

CAPÍTULO 8

Planificación para la predicación pastoral

Discursos a mis estudiantes de Spurgeon es uno de los libros más prácticos que he leído yo sobre la predicación. Aparte de eso, podría ser el libro sobre homilética más entretenido jamás escrito. Spurgeon es tan divertido como profundo en sus ideas. En su discurso sobre los temas de los sermones, él da la siguiente descripción de cierto pastor:

> Conozco a un ministro, la correa de cuyo zapato no soy digno de desatar, cuya predicación frecuentemente apenas supera a la pintura de miniaturas sagradas, casi podría decir que es frivolidad santa. Le gusta mucho predicar sobre los diez dedos del pie de la bestia, los cuatro rostros de los querubines, el sentido místico de las pieles de los tejones, y de la significación típica de las varas del arca y de las ventanas del templo de Salomón; pero los pecados de los hombres de negocios, las tentaciones especiales de nuestros tiempos, y las exigencias morales del siglo son temas de los que raras veces se ocupa. Esta predicación recuerda a un león empleándose en cazar ratones.[1]

No importa cuán rico sea el contenido teológico y bíblico de su sermón, el mensaje falla si no consigue conectar con el oyente. Recuerde: desde el punto de vista de la comunicación, la audiencia es el elemento más importante en el evento de la predicación. Si el mensaje no toca las vidas de los oyentes y no lleva la Palabra de Dios y su gracia para influir en la forma en que ellos viven, entonces el predicador no ha comunicado con el sermón. Usted debe tener en cuenta las necesidades de su congregación para relacionar el sermón con sus oyentes. La predicación que versa sobre las necesidades sociales, éticas y personales en las vidas de los oyentes puede llamarse predicación pastoral.

En este capítulo explicaremos el lugar que ocupa la predicación pastoral en su plan. Comenzaremos mirando algunas definiciones al respecto. Luego examinaremos las bases bíblicas para este tipo de predicación, seguido de una consideración sobre cómo ésta puede obrar, mano a mano, con la exposición bíblica. También examinaremos algunas ventajas y dificultades de predicar sermones pastorales. Finalmente, haremos un estudio de algunos temas que se pueden usar para esta clase de sermones.

¿Qué es la predicación pastoral?

La predicación sobre temas personales ha recibido una amplia gama de nombres, incluyendo predicación terapéutica, predicación sobre situaciones de la vida, predicación con invitación y predicación pastoral. Un breve estudio sobre cómo han descrito este tipo de predicación los eruditos en homilética puede ayudar, mientras pensamos en la inclusión de sermones pastorales en el plan.

Harry Emerson Fosdick creó el concepto enormemente popular de predicación terapéutica. Fosdick —pastor de la Iglesia Riverside en la ciudad de Nueva York desde 1929 hasta 1946— tuvo una gran influencia durante la primera mitad del siglo xx y, en cierto grado, su influencia continúa hoy. Era un orador asombroso con perspectivas liberales sobre la teología y la Biblia; veía la predicación como una consejería personal a gran escala. El enfoque de Fosdick a la predicación es como sigue: "Comience con un asunto de la vida, un problema real, personal o social, desconcertante para la mente o inquietante para la conciencia: enfrente el problema con imparcialidad, trátelo con honestidad y arroje sobre él tanta luz del Espíritu Santo que las personas tengan la capacidad de pensar más claramente y vivir más notablemente a causa de ese sermón".[2]

El libro de Halford Luccock, *In the Minister's Workshop* [En el taller del ministro], se hace eco del modelo de Fosdick para resolver los problemas por medio de la predicación. En él, Luccock defiende el sermón de "situaciones de la vida… cuyo origen está en la expe-

Planificación para la predicación pastoral

riencia de las personas a quienes les es predicado, con la intención de ayudar en esa situación".[3] Luccock sugirió una forma de sermón especial en su enfoque de la predicación sobre las situaciones de la vida. Siguiendo la pedagogía de John Dewey, Luccock dijo que este tipo de sermón debe seguir las siguientes líneas:

- Descripción de una dificultad sentida.
- Ubicación y definición de la dificultad.
- Sugerencia de las posibles soluciones.
- Evaluación de las posibles soluciones.
- Observación y exploración que lleve a aceptar o rechazar la mejor solución.[4]

Luccock demostró cómo funcionaría esta metodología por medio del siguiente bosquejo de un sermón llamado "Cree en el Señor Jesucristo", basado en Hechos 16:31.

- Hay una gran falta de plenitud, de paz y de poder en la vida moderna.
- ¿De dónde proviene esta falta de plenitud y paz? El predicador puede enfatizar la carencia de seguridad interna, propósito o alguna otra causa.
- Examine las formas en que las personas intentan obtener la plenitud y la paz, entre ellas, las distracciones del placer y del trabajo o la elusión de las preguntas fundamentales.
- Tales cosas no traen plenitud a la vida.
- Recibir y seguir a Cristo salva de las cosas que destruyen la vida.[5]

Illion T. Jones, en *Principles and Practices of Preaching* [Principios y prácticas de la predicación], ofrece un patrón para desarrollar un sermón, similar al delineamiento de Luccock. Sugiere que el predicador responda a cuatro preguntas:

- ¿Quiénes somos?
- ¿Cómo llegamos aquí?

- ¿A dónde queremos ir?
- ¿Cómo llegaremos allí?[6]

Como lo muestran estos bosquejos, los mensajes sobre situaciones de la vida pasan de un problema humano a una solución bíblica. La predicación sobre situaciones de la vida se puede definir como una predicación que comienza con alguna situación que la congregación enfrenta, y luego brinda el evangelio como medio para solucionarlo.[7] William Malcomson hace un llamado a "la predicación con invitación" o "predicación que invite a hombres y mujeres a entrar en vida en el mundo de Dios".[8] La predicación con invitación es semejante a la predicación sobre situaciones de la vida. Malcomson dice que el sermón con invitación logra tres cosas: (1) Dirige el mensaje a las necesidades básicas de los hombres y las mujeres. (2) Arroja la luz del evangelio de Jesucristo sobre las necesidades humanas. (3) Desafía a las personas a vivir la vida que Jesús les ofrece por medio de la esperanza del evangelio.[9]

La predicación pastoral intenta satisfacer las necesidades individuales y personales de las personas por medio de un sermón.[10] Sea como sea el término que el autor use —predicación sobre situaciones de la vida, predicación con invitación, predicación sobre los problemas personales, predicación terapéutica o predicación pastoral—, tienen en común los siguientes factores: consideran seriamente las necesidades, problemas y preocupaciones del oyente, y buscan el tratamiento para esas necesidades por medio de la proclamación bíblica.

En resumen, la predicación pastoral tiene lugar cuando se entrelazan la proclamación de la Biblia y el cuidado pastoral de la congregación. Esta interconexión entre la predicación y el cuidado pastoral debe ser evidente en cada ocasión en la que el ministro se sitúe frente al púlpito.

Tal como hay un componente doctrinal en toda la predicación bíblica, también hay siempre un componente pastoral. Cada sermón debe volverse una realidad de carne y hueso para el oyente. Cada vez que el pastor predique, debe demostrar cómo la Palabra de Dios provee el remedio para las necesidades humanas. Un sermón no debe ser nunca un ensamblaje abstracto de conceptos teológicos desprovistos de aplicación a la vida. En este sentido, todos los sermones deben ser pastorales.

Fundamentos bíblicos de la predicación pastoral

La idea de centrarse en las necesidades humanas por medio de la predicación no es nueva. Es tan vieja como la Biblia. Los profetas hebreos como Isaías, Jeremías, Ezequiel y Amós llevaron el mensaje de Dios a personas con necesidades genuinas. En la mayoría de los casos, estas necesidades adoptaban la forma de impiedad y rebelión contra el Señor. Dios habló a través de sus profetas para remediar los problemas y el pecado entre su pueblo. G. Ray Jordan, destacando la popularidad de la predicación sobre las situaciones de la vida, declara: "No hay… nada nuevo en este tipo de predicación. Se ha usado durante siglos. Los profetas siempre comenzaban con situaciones reales cuando denunciaban el mal".[11]

De la misma manera, los escritos de Pablo en el Nuevo Testamento solían ser precipitados por los problemas humanos de las primeras iglesias o de los creyentes individuales. En las cartas a los Corintios abordó los problemas de la desunión, la inmoralidad y las preocupaciones éticas de la iglesia. En Gálatas buscaba corregir los problemas doctrinales relativos a la gracia de Dios. En Filipenses trató el problema de la falta de ánimo con un llamado a la alegría. En la correspondencia a Tesalónica, hizo un llamado a la conducta cristiana y al crecimiento espiritual a la luz del retorno de Cristo. Pablo no elaboró ninguno de estos temas a partir de la nada. En su lugar, inspirado por el Espíritu Santo, se dirigió a necesidades muy reales y apremiantes entre los creyentes de estas iglesias.

Gran parte de la predicación y de las enseñanzas de Jesús fue una respuesta a problemas humanos específicos, la confusión y el pecado. Jesús inauguró su ministerio en la sinagoga de Nazaret al reclamar para sí las palabras pronunciadas por el profeta Isaías (Lc. 4:18-19). De esta manera, Jesús proclamó que el Espíritu Santo lo había ungido… "para dar buenas nuevas a los pobres… [para] sanar a los quebrantados de corazón; [para] pregonar libertad a los cautivos, y [dar] vista a los ciegos; [para] poner en libertad a los oprimidos; [para] predicar el año agradable del Señor". En cada una de estas frases hay una intención pastoral. Jesús dijo que Dios lo había enviado a predicar para satisfacer las necesidades de los hombres en cada aspecto.

Este énfasis en satisfacer las necesidades humanas se confirma en los detalles de la predicación de Jesús. Él a menudo enseñaba o predicaba en respuesta directa a un problema humano inmediato. Por ejemplo, en Mateo 18 los discípulos le preguntaron: "¿Quién es el mayor en el reino de los cielos?" (v. 1). Jesús, al sentir su necesidad de entender, les enseñó sobre el requisito de la humildad semejante a la de un niño para la conversión (vv. 3-11). Más adelante, en el mismo capítulo, Pedro hace una pregunta sobre cuántas veces debía él perdonar a alguien, lo cual llevó a Jesús a enseñarle sobre el perdón por medio de la parábola del siervo que no perdona (vv. 21-35). Otro ejemplo de la predicación de Jesús en respuesta a un problema o pregunta humana es la serie de ayes que pronunció sobre los fariseos en Lucas 11:39-52. Estas palabras se pronunciaron cuando los fariseos se sorprendieron de que Jesús no se lavara las manos antes de comer (v. 38). En cada uno de estos casos se satisface una necesidad humana por medio de la revelación divina del Señor.

El Sermón del Monte se diferencia de los otros ejemplos sobre las enseñanzas de Jesús que hemos citado en que no parece haberse predicado en respuesta a una pregunta humana. Aun así, este sermón de Cristo habla sobre múltiples necesidades humanas que incluyen glorificar a Dios (Mt. 5:13-16); guardar la ley de Dios (5:17-20); tratar la ira (5:21-26); evitar los pensamientos lujuriosos (5:27-30); el matrimonio y el divorcio (5:31-32); hacer juramentos (5:33-37); evitar la venganza (5:38-42); amar a los enemigos (5:43-48); realizar obras de caridad (6:1-4); orar apropiadamente (6:5-14); ayunar sin hipocresía (6:16-18); mantener en perspectiva las posesiones (6:19-24); vencer las preocupaciones (6:25-34); juzgar a los demás (7:1-6); pedirle cosas a Dios (7:7-11); tratar a los demás apropiadamente (7:12); la justicia personal (7:13-14); detectar a los falsos maestros (7:15-20) y hacer la voluntad de Dios (7:21-23). Todos los asuntos tratados en este gran sermón son reales y prácticos. Están profundamente relacionados con la experiencia humana. Señalan la solución divina a los problemas espirituales, morales, éticos y de las relaciones.

Edgar Jackson destacó los elementos pastorales en la predicación de Jesús al observar: "Del ejemplo de Jesús pueden extraerse ciertas presuposiciones que son requisitos de la predicación como forma de sanidad para el alma. Siempre hubo el reconocimiento de los problemas y la posibilidad de una solución. Siempre se entendió la relación entre causa y efecto a la hora de vivir, de manera que el énfasis estaba en ayudar a que el individuo enfrentara el futuro, en lugar de condenar el comportamiento pasado".[12] Jesús satisfizo las necesidades humanas por medio de la proclamación de un mensaje autoritativo y con poder para transformar vidas.

La predicación pastoral y la exposición bíblica

A lo largo de todo este libro he defendido la planificación de la predicación mediante un enfoque expositivo. He dicho que un pastor cuyo interés está en ser un expositor bíblico predicará mensajes dirigidos por el texto. Esto es, se esforzará para que cada sermón refleje el asunto y la estructura del pasaje bíblico. También he dicho que un expositor bíblico hará de las series expositivas una parte integral de su plan de predicación.

La predicación expositiva enfatiza el texto bíblico. La predicación pastoral enfatiza las necesidades y los problemas humanos. En un sermón expositivo, el pasaje de las Escrituras determina cuál será el tema del mensaje. Por otra parte, en la predicación pastoral el predicador busca identificar las necesidades humanas y luego crea sermones que solucionen tales necesidades. Entonces, ¿cómo pueden juntarse la predicación pastoral y la predicación expositiva? A primera vista no parecen ser muy similares.

A pesar de las aparentes diferencias, la predicación pastoral es completamente consecuente con la exposición bíblica. La exposición bíblica efectiva en el púlpito debe estar dirigida a las necesidades humanas. Esto es cierto porque todo concepto bíblico satisface una necesidad correspondiente en la vida de una persona. Como hemos visto, los mensajes de los profetas, las cartas de Pablo y las enseñanzas de Jesús, brindaban la respuesta de Dios a los problemas y pecados humanos. En el fondo de las necesidades humanas está la naturaleza caída del hombre pecador. William D. Thompson hace notar que la necesidad humana se describe en las Escrituras como transgresión de la ley, desacato voluntario a Dios, estar bajo el juicio de Dios, falta de información sobre la voluntad y propósitos de Dios y ambivalencia en los dilemas morales, entre otras cosas.[13] Dios trata estas expresiones de necesidad por medio de la revelación en las Escrituras. Si la Biblia se preocupa por satisfacer las necesidades humanas, entonces la predicación bíblica debe preocuparse de lo mismo.

Es posible que un pastor asuma un enfoque expositivo para la predicación pastoral y un enfoque pastoral para la predicación expositiva. Esto es lo que quiero decir: en algunas circunstancias un pastor podría comenzar con las necesidades que percibe en su congregación y transmitir un mensaje de la Biblia para tratar esas necesidades. Este sería un enfoque expositivo de la predicación pastoral.

Por ejemplo, imagine que comienza a notar que entre los miembros de su iglesia crece la desunión. Un grupo quiere que el ministerio de la iglesia vaya en una dirección y otro grupo quiere que vaya en otra. Usted, como pastor, es sensible a esta necesidad. Durante su retiro para la planificación decide que predicará un mensaje o una serie de mensajes que llamen a la unidad entre los creyentes. Usted consulta una Biblia temática, busca *unidad* y encuentra varios pasajes sobre los cuales sería apropiado predicar. Programa un mensaje sobre Efesios 4:1-6, en el cual está la instrucción: "solícitos en guardar la unidad del Espíritu en el vínculo de la paz" (v. 3). Este tipo de enfoque será tanto pastoral como expositivo si su mensaje refleja el tema del pasaje bíblico de la predicación. En ocasiones, comenzar con las necesidades humanas puede ser útil y necesario para el pastor. Sin embargo, como veremos más adelante, el enfoque tiene algunas dificultades y limitaciones.

Es posible que un pastor asuma también un enfoque pastoral en una predicación expositiva. En esta situación, el predicador comienza con el pasaje bíblico, descubre la necesidad humana a la cual está dirigido el texto y luego identifica las necesidades correspondientes en las vidas de los oyentes. En la mayoría de los casos, este enfoque requiere que se razone a partir de la respuesta encontrada en el texto bíblico para descubrir así la necesidad subyacente. Si usted predica una serie expositiva sobre el libro de Daniel, llegará pronto al relato en el cual se arroja al fuego a Sadrac, Mesac y Abed-nego. En esta narrativa hay múltiples temas presentes, incluyendo la fidelidad y el poder de Dios, así como la obediencia y la valentía de los tres jóvenes. Cada uno de estos temas está relacionado con un problema humano. La fidelidad de Dios corresponde al problema de la incertidumbre. El poder de Dios corresponde al problema humano de la debilidad y la fragilidad. La obediencia de los jóvenes hebreos corresponde a los problemas humanos de la rebelión y de sucumbir a las presiones mundanas en desobediencia a Dios. Su valentía corresponde a los problemas humanos del miedo y la cobardía.

El predicador que quiera relacionar su texto con las vidas de los oyentes compondrá un sermón que tenga en cuenta las necesidades a las cuales está dirigido el texto. Mostrará en su sermón cómo el texto sobre el que está predicando satisface las necesidades humanas. Haddon Robinson escribe: "Si un pastor, incluso con habilidades limitadas, saca a flote las preguntas, problemas, heridas y deseos de las personas, para tratarlos desde una perspectiva bíblica, entonces se le considerará un genio. Más importante que eso, él hará que, a través de su predicación, la gracia de Dios sea la solución a las preocupaciones y tensiones agonizantes de la vida diaria".[14]

Ventajas de la predicación pastoral

(1) La predicación pastoral incrementa el nivel de interés de los oyentes en su mensaje. Cada jueves le echo un vistazo a una columna en el periódico local en la cual los expertos en automóviles responden a las cartas de los lectores. La mayoría de veces, tan solo leo por encima el material de la columna. Sin embargo, de vez en cuando leo la columna detallada y atentamente. Leo y releo cada frase. ¿Por qué? Porque los columnistas responden preguntas sobre la clase de automóvil que yo tengo. Quiero entender su respuesta porque podría afectarme. Cuando algo es personal, siempre es más intere-

sante. Sus oyentes le prestarán más atención a su mensaje cuando sepan que les afecta a ellos directamente.

Como predicador, usted debe preocuparse por cosas como el valor de un *shekel* en tiempos de Abraham, el trasfondo histórico de los madianitas y los amalecitas, y las diferencias entre los conceptos de regeneración y justificación. Eso es asunto suyo en cuanto a estudiante de teología y de la Biblia. Sin embargo, muchos de sus oyentes pueden sentirse menos que atraídos por estas cosas. De hecho, puede que ni siquiera se estén haciendo preguntas tan básicas como "¿Qué pide Dios de mí?" o "¿Quién es Jesús y qué quiere Él que yo haga?". La mayoría de ellos se hacen preguntas sobre sus propias vidas, necesidades y preocupaciones. Comenzar con las cosas que sus oyentes están pensando de antemano le ayudará a cautivar su interés, de forma tal que usted pueda llevarlos a las soluciones espirituales y bíblicas que ellos necesitan.

La predicación pastoral trata áreas como las emociones, tensiones, culpa y frustraciones de su oyente. No es necesario convencerlo para que tenga interés en estas cosas. Él lucha con ellas todos los días. Él ya viene con una buena dosis de preocupaciones sobre sus problemas porque son *sus* problemas. Cuando usted habla sobre estos asuntos en el mensaje y luego da una respuesta bíblica, su oyente se interesa en lo que usted tiene que decir. De hecho, lo emocionará saber que usted está hablando sobre la situación con la cual él está batallando.

(2) *La predicación pastoral ayuda a cumplir el llamado del pastor.* Pedro instruyó así a los ancianos de la iglesia: "Cuiden como pastores el rebaño de Dios que está a su cargo" (1 P. 5:2, NVI). Una parte importante del pastorado es enseñar la Palabra de Dios a la congregación y mostrarles cómo afecta a sus vidas. Esta es la esencia de la predicación pastoral. El concepto de cuidado pastoral suele igualarse con las visitas, la consejería y otros tipos de ministerio interpersonal, uno a uno. Es cierto que tales cosas son parte del pastorado de la congregación, pero William Willimon ha dicho acertamente que la adoración también es el cuidado pastoral.[15] El pastor cuida a su congregación a través de su dirección en la adoración y, especialmente, a través de su proclamación de la Palabra de Dios.

John Killinger cuenta la historia de un pastor que hizo de las visitas pastorales y el contacto personal con su congregación el eje de su ministerio. Él preparaba sus sermones en cualquier momento que le quedara, le daba a su predicación las sobras de su energía y esfuerzo. Por lo que él sabía, su congregación gozaba de salud espiritual y la iglesia estaba en buenas condiciones. Cuando este pastor se fue, llegó otro pastor que enfatizaba el ministerio de la predicación. Tenía especial cuidado con su preparación. Cada vez que subía al púlpito, tenía algo útil que decir a su congregación a partir de la Biblia.

A los seis meses de llegar a la iglesia, el nuevo pastor estaba desbordado por las visitas de las personas de su congregación. Estaban luchando con problemas y pecados y buscaban ayuda. Killinger concluye la idea así: "¿Necesito decir que la congregación no había cambiado nada desde el primer hombre en el ministerio? El primer hombre era bueno, pero no había descubierto el corazón real de su ministerio. Estaba recorriendo la periferia, cuando debería haberse ocupado del centro de las cosas. Ningún hombre debe descuidar las múltiples fases del ministerio para poder predicar, pero si no predica, éstas no servirán de nada".[16]

(3) La predicación pastoral conecta la predicación con la consejería. Perry y Sell sostienen que, de todos los consejeros en la sociedad moderna, el pastor es el único que predica. Escriben: "Él aparece ante su congregación una vez a la semana con la oportunidad de hablarles sobre asuntos propios de la vida de ellos".[17] El predicador tiene en el púlpito la oportunidad de proporcionar consejería correctiva a quienes viven en desobediencia con los principios bíblicos, y consejería preventiva mediante la verdad bíblica que ayuda a los oyentes cuando se enfrenten a dificultades en el futuro. El tiempo de consejería más importante del predicador es el que pasa en el púlpito mientras enseña la Biblia. Incluso en una congregación de cincuenta personas, el pastor que presenta el consejo bíblico en su sermón puede lograr con un solo mensaje lo que lograrían veinticinco horas de trabajo.

Jay Adams es un erudito en homilética que ha sido influyente en el ámbito de la consejería bíblica. Él dice que la predicación se debe "forjar en la sala de consejería también, y no solo en el estudio".[18] Conectar la predicación con la consejería sitúa al predicador en la realidad de las vidas de sus oyentes. Él conoce sus dificultades, preocupaciones y necesidades, y por ello puede hacer sermones más personales y aplicables.

(4) *La predicación pastoral hace que la predicación sea más personal y real.* Uno de mis predicadores favoritos hace una pausa esporádica en sus sermones y dice: "Ahora quiero hablarle a usted, no a la persona que está a su lado o tres bancos por delante, sino a usted". Los oyentes necesitan predicadores que aborden sus situaciones específicas, que hagan aplicaciones directas y particulares de la verdad bíblica, en lugar de tratar abstracciones, generalidades, lugares comunes y principios sin cuerpo. Las generalidades en la predicación logran muy poca cosa. Gerald Ray Jordan comenta que por medio de la predicación pastoral, "Nos sentamos donde ellos se sientan, nos metemos en sus zapatos y, si somos genuinamente empáticos, caminaremos no solo en sus corazones y en sus mentes sino en su piel. Sabemos a qué le temen y entendemos por qué a menudo están tan derrotados".[19]

Un ministro invitado fue a predicar por primera vez a una iglesia. Antes de comenzar el servicio de adoración, encontró una pequeña tarjeta blanca en un marco adjunto a la parte superior del púlpito. En la tarjeta había esta pregunta: "¿Qué intenta hacer con estas personas?". El predicador se sintió avergonzado cuando revisó mentalmente el sermón y se dio cuenta de que no estaba intentando hacer nada. Solo estaba predicando.[20] La predicación pastoral busca hacer algo por las personas que la oyen. William Sangster entendió la necesidad de sermones que afecten personalmente a los oyentes. Escribió: "Al final, el evangelio se autentifica a sí mismo por las vidas cambiadas".[21] La predicación pastoral es la clase de proclamación que llega al oyente a un nivel personal y lo alcanza con la verdad bíblica.

Dificultades de la predicación pastoral

(1) Un hombre no está listo para la predicación pastoral hasta que conoce a su congregación. Un predicador puede volverse un experto en las habilidades de la comunicación, la ciencia de la interpreta-

ción bíblica y el arte de preparar sermones y, a la vez, descuidar el pasar tiempo con su rebaño. Pero nunca podrá predicar con voz pastoral si no conoce personalmente a su congregación. En palabras de Henry Sloane Coffin, el pastor debe "empaparse de la vida" para hacer que la Palabra de Dios sobrelleve la experiencia humana.[22] Los pastores tanto de las iglesias grandes como de las pequeñas deben buscar relaciones significativas con sus congregaciones; de otra manera, su predicación perderá contacto con la vida humana. Si un pastor no conoce a su congregación, tan solo está predicando semana tras semana a unas caras, en lugar de a personas.

De vez en cuando oigo decir a un ministro: "Estoy llamado a ser un predicador, no un pastor". No puedo evitar preguntarme si eso sería jerga clerical para: "Quiero permanecer en mi estudio todo el tiempo y no visitar nunca a las personas hospitalizadas". Otros ministros dirán: "Mis dones están en el cuidado pastoral, no en la predicación". En realidad, la dicotomía entre pastor y predicador es falsa. Para que pueda predicar a su congregación, el predicador debe ser también su pastor. Por otro lado, una persona que no predica fielmente a sus ovejas tampoco es un pastor para ellas, porque el ministerio de la enseñanza es parte del rol pastoral (Ef. 4:11).

El ministro que rara vez entra en la vida personal de su congregación tendrá problemas con las aplicaciones de la verdad bíblica a sus vidas. Más aún, su congregación no estará particularmente interesada en sus sermones si se dan cuenta de que él tampoco está particularmente interesado en ellos como personas. Las visitas y la consejería no son distracciones para su predicación; son cruciales para la misma. Son tan importantes como la oración, los tiempos de recogimiento y el estudio en el ministerio del pastor. Él nunca conocerá las vidas de las personas en su congregación si se encierra en su biblioteca.

El predicador debe aprender a prosperar en la tensión saludable que existe entre el ministerio público y el estudio privado. Cuando un pastor esté en el estudio, sentirá el impulso de estar en medio de las personas que Dios lo ha llamado a pastorear. Cuando esté con las personas, se sentirá atraído de vuelta a su estudio, al sitio de oración y a la Palabra de Dios. Phillips Brooks aconseja: "Estas tres reglas parecen contener la suma práctica de todo el asunto. Le ruego que las recuerde y aplique con toda la sabiduría que Dios le dé. Primero, tenga tan pocas congregaciones como pueda. Segundo, conozca a su congregación de la forma más completa posible. Tercero, conozca a su congregación tan profundamente que al conocerla pueda conocer a la humanidad".[23]

(2) *El pastor debe tener cuidado de no sustituir con la psicología o la moralización la proclamación bíblica y la transformación espiritual.* Aunque cuando un pastor predica debe tratar las realidades de las necesidades humanas, solo las Escrituras deben determinar el contenido esencial del mensaje. La meta de la predicación pastoral no es solamente ofrecer consejo para una vida mejor, sino proclamar la Palabra transformadora de Dios que despierta la fe y produce renovación en la mente y un cambio en el corazón.

Si un mensaje sobre la preocupación, el miedo, la frustración, la ira o cualquiera de los problemas de la vida se extravía de su fuente bíblica, se vuelve humanista y moralista. Perry y Sell advierten que en la predicación pastoral el cristianismo no se debe sustituir por la psicología: "Asistimos a la iglesia para oír acerca de un Dios que hace tener sentido a lo que carece de sentido, un Dios que nos cuida a pesar de todo y nos dice 'Te amo y te perdono'. En lugar de eso, el sermón suele ser una disertación psicológica, carente de fundamento y contenido bíblico".[24] Algunos de los hallazgos en psicología, sociología, teoría de la comunicación y otras ciencias sociales, pueden ayudar al predicador a identificar o describir los problemas que los oyentes están experimentando, pero los remedios que el predicador da a estos problemas deben provenir de la Biblia.

(3) *Un pastor no puede saber o diagnosticar con precisión todas las necesidades de su congregación.* Al comienzo de este capítulo dijimos que un pastor podría identificar una necesidad en su congregación, encontrar un pasaje bíblico que hablara a esa necesidad y luego hacer un sermón sobre ese pasaje. Esto es lo más sabio para el predicador en ciertas circunstancias. Por ejemplo, habría sido negligencia ministerial por parte de un pastor no dar un mensaje sobre los sentimientos de pena, ira y miedo que cautivaron a la nación el domingo siguiente al 11 de septiembre de 2001, tras los ataques terroristas al *World Trade Center* y al Pentágono. Cuando la tragedia golpea al país,

la comunidad o la iglesia, el pastor, por regla general, debería dejar de lado su plan de predicación y ofrecer un mensaje pastoral sobre las necesidades apremiantes del día. Además, algunos problemas y necesidades humanas son tan comunes que el predicador puede saber con certeza si están presentes en su congregación. Podría considerar estas necesidades en su plan anual de predicación. Sin embargo, en muchos casos el predicador no conocerá los problemas de la congregación. Las incontables expresiones de pecado y su manifestación en la vida humana hacen imposible la identificación de todas las necesidades de la congregación. De hecho, las personas de la congregación no suelen saber cuáles son sus problemas. Incluso las necesidades humanas visibles podrían no ser los verdaderos asuntos a tratar. Los problemas en la superficie de la vida se pueden aliviar, mientras que el problema más profundo del pecado aún sigue allí. Alguien ha comparado las soluciones superficiales con poner un vendaje contra un cáncer.

La Biblia trata los problemas reales de la humanidad, en lugar de los que pensamos que vemos o tenemos.[25] Gran parte del material bíblico es literatura ocasional, esto es, fue escrito para tratar ocasiones o necesidades específicas en la vida del pueblo de Dios. Como la esencia de las necesidades humanas no ha cambiado, los sermones expositivos y las series expositivas sobre libros de la Biblia permitirán que el predicador hable a las necesidades reales de la congregación, necesidades de las cuales ni el pastor ni la congregación eran conscientes.

(4) Un enfoque en la predicación que esté basado en la solución de los problemas humanos privará a la congregación de la enseñanza esencial de la Biblia. Si usted predica un sermón que ayude a sus oyentes con las necesidades en sus vidas, puede esperar respuestas afirmativas por parte de ellos. En mi propia experiencia, cuando yo predico sobre cómo alegrarnos en las pruebas o cómo vencer la preocupación, siempre recibo cartas positivas o llamadas de personas a quienes les ayudó el mensaje. El predicador podría sentirse tentado a usar la retroalimentación positiva como un barómetro para sus planes de predicación. Podría pensar: *Este tipo de predicación realmente está ayudando a las personas. Debería hacerlo así todo el tiempo.*

No obstante, la respuesta positiva que viene de predicar a las necesidades humanas puede ser engañosa. Como ya hemos debatido, las personas no siempre saben lo que necesitan. Pueden afirmar al predicador no porque el Señor usara el sermón para transformarlos espiritualmente, sino porque el predicador trajo a colación algo relativo a sus vidas con lo cual estaban teniendo problemas.

Además, la retroalimentación que llega cuando usted predica un mensaje sobre las necesidades percibidas puede ser una descripción imprecisa de su congregación. Bill Hybels dice que alguna vez él usó la retroalimentación de la congregación como evaluación de la efectividad de sus temas de predicación. Cuando predicaba sobre vencer la pena, el dolor o la culpa, recibía mucha retroalimentación. Luego se dio cuenta de que solo estaba interactuando con el 15% de la congregación que estaba herida y que batallaba con sus problemas. Escribe así: "Lo que no noté, porque pasó muy sutilmente con el tiempo, fue que no estaba en contacto con el 85% de la congregación que no era disfuncional, las personas normales que quieren progresar en sus vidas y madurar".[26]

Si un pastor planifica su predicación para abordar los problemas personales en su congregación, tendrá una tendencia a predicar sobre lo que las personas quieren oír, en lugar de lo que Dios quiere decir. Por esa razón, los problemas personales nunca pueden ser el plato fuerte en la dieta de la congregación. Incluso si hubiera problemas suficientes en la congregación como para copar las cincuenta y dos semanas de predicación, el resultado sería una congregación llena de personas preocupadas por sí mismas.[27] Hybels escribe: "Muchas veces me he quedado atrapado predicando como si la meta de mi ministerio fuera ayudar a las personas a vivir vidas felices, bien ajustadas y ser más útiles entre ellos. ¡Mentira! Tenemos que apuntar mucho más arriba que eso. Quiero predicar de tal manera que las personas aprendan a levantarse por encima de los pequeños problemas de la vida y se centren en seguir a Jesucristo".[28]

Posibles temas de la predicación pastoral

En su plan de predicación anual, usted querrá considerar los problemas, necesidades y preocupaciones de su congregación.

Cuando predique sistemáticamente a través de los libros, surgirán muchos temas sociales, morales y éticos. A medida que predique sobre las grandes doctrinas de la Biblia entrará en contacto con otros aspectos de la necesidad humana. Puesto que las series de predicación pueden tener un impacto tan dramático en la congregación, he descubierto la utilidad de predicar algún tipo de serie pastoral cada año. Por ejemplo, hace varios años llegué con una serie de mensajes titulados "Paz en el valle". Cada mensaje trataba la solución divina a una necesidad humana. Los títulos y los textos son los siguientes:

"Paz en el valle de la duda" (Mr. 9:14-29).
"Paz en el valle del fracaso" (Hch. 12:25; 13:13; 15:36-41).
"Paz en el valle de la pena" (Jn. 11:1-44).
"Paz en el valle de la pobreza" (2 R. 4:1-7).
"Paz en el valle de la decepción" (Dt. 34:1-12).
"Paz en el valle de la soledad" (Jn. 16:32-33).
"Paz en el valle de la incertidumbre" (Jn 8:15-22).

Andrew Blackwood sugiere una serie pastoral titulada "La cura cristiana para las enfermedades del alma". Aunque los textos detallados pueden no ser lo suficientemente largos como para sermones expositivos, las ideas que él presenta siguen siendo útiles para el pastor con la intención de hacer una serie temática sobre las necesidades humanas. Los títulos y los textos del sermón son los siguientes.

"La cura del miedo" (Sal. 27:1).
"La cura de la depresión" (Sal. 42:5).
"La cura de la preocupación" (Sal. 55:22).
"La cura del insomnio" (Sal. 4:8).
"La cura de la indiferencia" (Sal. 85:6).
"La cura de la duda" (Sal. 73:16-17).
"La cura de la inquietud" (Sal. 121:1).
"La cura de los nervios" (Sal. 91:1).
"La cura del pecado" (Sal. 32:1).[29]

Además de predicar series sobre los temas pastorales, usted puede planificar sermones individuales que traten varias necesidades de su congregación. A continuación hay una lista de algunos asuntos adecuados para la predicación pastoral, junto con textos bíblicos apropiados para cada sermón.[30]

Abnegación (Mt. 19:23-30; Lc. 9:23-36; Fil. 2:5-11).
Adulterio (2 S. 11:1-17; Pr. 5:15-20; Mt. 5:27-30).
Alcohol (Pr. 20:1, 23:29-33; Ro. 14:20-23; Ef. 5:18-19).
Ansiedad (Is. 26:3-4; Mt. 6:25-34; Fil. 4:6-7).
Codicia (Jos. 7:1; 20-25; 2 R. 5:20-27; Jer. 45:1-5).
Culpa (Gn. 3:7-15; Éx. 34:1-9; Lc. 22:3-6, 47-53).
Depresión (Sal. 42, 88; He. 12:12-17).
Divorcio (Mal. 2:13-16; Mt. 5:31-32; Mr. 10:1-12).
Familia (Hch. 16:31-34; Ef. 5:22—6:4; Col. 3:18-21).
Felicidad (Sal. 1; Mt. 5:1-12; Gá. 5:22-26).
Hipocresía (Mt. 23:25-28; Stg. 1:21-27).
Ira (Gn. 4:3-8; Nm. 20:7-13; Mt. 5:38-48).
Mayordomía (Mal. 3:8-12; Mt. 25:14-30; 1 P. 4:7-11).
Mentira (Sal. 141; Pr. 12:22; Stg. 3:1-12).
Miedo (Sal. 27; Is. 12; 2 Ti. 1:3-7).
Muerte (Hch. 7:54-60; Ro. 8:35-39; 2 Co. 5:1-8).
Odio (Gn. 37:1-28).
Oración (Sal. 102; Is. 59:1-2; Stg. 5:13-18).
Orgullo (2 S. 6; Lc. 12:13-21).
Paciencia (Sal. 37:7-8; Stg. 5:7-11).
Pena (Gn. 37:31-35; Jn. 11:34-40).
Perdón (Gn. 50:15-21; 1 S. 24; Lc. 18:21-35).
Persecución (Mt. 5:11-12; Hch. 5:33-42; 1 P. 4:12-19).
Prejuicio (Rt. 2; Jn. 1:43-51).
Reincidencia (Jer. 3:21-25; Os. 14:4-7).
Soledad (Sal. 25:16-21; 68:5-6).
Sufrimiento (2 Co. 6:1-10; Fil. 1:27-30; He. 12:3-11).
Tentación (Gn. 39:7-21; Lc. 4:1-13; 1 Co. 10:1-13).
Valentía (Jos. 1:1-9; Sal. 23:4; Ap. 1:17-18).

La predicación pastoral requiere llevar la Palabra de Dios a las necesidades de las personas, de tal manera que la congregación vea cómo Dios les aporta las soluciones a sus más grandes problemas. La Palabra de Dios tiene relevancia para las personas de hoy. Al planificar su predicación con énfasis pastoral usted podrá mostrar a sus oyentes la diferencia que puede hacer la verdad bíblica en sus vidas. A medida que la Biblia va cambiando la realidad en la vida de los oyentes, el Espíritu de Dios va despertando la fe en sus corazones y efectuando la transformación espiritual.

CAPÍTULO 9

Aprender del plan antiguo

A lo largo de todo este libro hemos estado considerando las formas en que un pastor puede desarrollar un plan anual de predicación. Hemos descrito que un plan de predicación efectivo guiará al predicador en su preparación semanal, y le proporcionará textos bíblicos para cada sermón del año. También hemos buscado crear un plan que saque la mayor ventaja de los días festivos, que enfatice las doctrinas importantes, que se centre en las necesidades de la congregación y que ayude al predicador a preparar series expositivas. Nos hemos concentrado en desarrollar un plan flexible que el predicador ajuste a su congregación particular. Sin embargo, hay un sistema antiguo para ordenar la vida anual de la iglesia. Este plan logra muchas cosas que un buen calendario de predicación busca alcanzar. En este capítulo exploraremos este plan antiguo, el Año Cristiano (a veces llamado el año litúrgico).

Si el trasfondo de su iglesia es como el de la mía, entonces usted podría no estar acostumbrado a los detalles del Año Cristiano. Como bautista, soy parte de una tradición de adoración eclesial libre. Robert Webber usa el término *adoración eclesial libre* para describir la adoración de las iglesias no litúrgicas. Él identifica tres características de la adoración eclesial libre: (1) rechazo a la liturgia formal, (2) énfasis en la enseñanza y el aprendizaje de la Palabra de Dios durante la adoración y (3) la adoración informal cuyo énfasis está en la experiencia.[1] Este enfoque libre sobre la adoración, rara vez incorpora elementos del Año Cristiano.

Las únicas épocas del Año Cristiano celebradas en nuestra iglesia, en mi experiencia creciente, eran la Navidad y la Pascua. La primera vez que supe de todas las épocas en el año litúrgico fue cuando hice un curso de adoración en el seminario. Incluso allí, yo era muy escéptico a incluir el Año Cristiano dentro de mi programa de predicación. Asociaba Adviento, Cuaresma, Epifanía y el uso del leccionario con las iglesias litúrgicas y no evangélicas. La observancia del Año Cristiano era un enfoque a la predicación y la adoración muy diferente al mío. El historiador de la iglesia Norman Maring observa que otras personas también han experimentado dudas semejantes con respecto al Año Cristiano: "Para muchas personas en la tradición eclesial libre, los términos como 'liturgia' y 'Año Cristiano' suenan ajenos; tales personas tienden a despreciar todo el movimiento litúrgico con impaciencia".[2]

El propósito de este capítulo no es defender el enfoque litúrgico en la adoración. Hacerlo estaría más allá del alcance de este libro y, de hecho, sería contrario a la perspectiva del autor. Sin embargo, me he dado cuenta de que muchos de mis prejuicios y errores acerca del Año Cristiano eran infundados. Es más, el Año Cristiano puede usarse con efectividad para guiar la predicación en cualquier tipo de iglesia. Más aun, a medida que el pastor desarrolla su plan de predicación, los énfasis del Año Cristiano pueden serle instructivos y útiles.

Para reflexionar sobre este plan antiguo, presentaremos primero la historia y el desarrollo del Año Cristiano. Segundo, examinaremos los énfasis de sus épocas principales. Tercero, consideraremos el leccionario como medio de aportar textos bíblicos para los sermones. Finalmente, ofreceremos algunas observaciones acerca del Año Cristiano y el leccionario, especialmente las pertenecientes a pastores en la tradición eclesial de adoración libre.

Cómo se desarrolló el Año Cristiano

El calendario cristiano no comenzaba con un año, sino con un día. Los cristianos del siglo primero tenían la práctica de adorar en domingo para celebrar la resurrección de Cristo. El Nuevo Testamento indica en varios lugares que la iglesia se reunía para adorar el primer día de la semana. Por ejemplo, Pablo les pidió a los creyentes corintios que separaran dinero para la recolección el primer día de la semana (1 Co. 16:2). En Hechos 20:7 los discípulos se reunieron para partir el pan en el primer día de la semana. Juan estaba "en el Espíritu en el día del Señor" cuando recibió la visión del Cristo glorificado (Ap. 1:10). Al final del siglo primero, el término *Día del Señor* se había vuelto sinónimo del primer día de la semana entre los cristianos.³ Poco tiempo después, los creyentes comenzaron a observar un festival grande en conexión con el tiempo de la Pascua judía. A esta conmemoración veterotestamentaria de salvación y liberación se le dio un nuevo significado por medio de la pasión y muerte de Cristo. La resurrección de Cristo se celebraba como la culminación del período de Pascua. Antes del siglo IV, tuvo lugar un debate serio sobre si debía celebrarse la resurrección de Cristo en el día de la Pascua judía o debía celebrarse siempre el domingo. Al comienzo del siglo IV, la celebración de la Pascua se fijó en el domingo, como memorial de la resurrección del Señor en el primer día de la semana. De este modo, la Pascua cristiana se convirtió en el único día festivo únicamente cristiano.⁴ Edward Horn escribe: "La resurrección de nuestro Señor en el día de Pascua, el evento en el cual hunde sus raíces todo lo demás en la iglesia, es la fuente del año eclesial. Fue el primero y siempre ha sido el más grande de todos los festivales y eventos en la vida de la iglesia".⁵

La iglesia primitiva solía bautizar a sus nuevos convertidos en la noche anterior a la Pascua cristiana. Usando como modelo los cuarenta días de Jesús en el desierto, la iglesia estableció los cuarenta días anteriores a la Pascua como una temporada para que los nuevos convertidos se instruyeran en la fe, y para que todos los creyentes se unieran en un tiempo de penitencia a través de la oración y el ayuno. Este período de cuarenta días se llama *Cuaresma* en español; el término en inglés *Lent* proviene de una antigua palabra inglesa que hace referencia al prolongamiento de los días de la primavera.⁶

A finales del siglo IV, la conmemoración de la Semana Santa comenzó en Jerusalén en el momento de concluir la Cuaresma. Los visitantes de la ciudad se pasaban cada día de la semana anterior a la Pascua yendo a los sitios donde habían ocurrido los eventos de la última semana de Jesús. Pronto la observancia de la Semana Santa se expandió a otras iglesias. Cada día era un memorial a los momentos cumbre de la semana anterior a la muerte de Jesús en Jerusalén. Los eventos observados incluían la Entrada Triunfal (el Domingo de

Aprender del plan antiguo 175

Ramos), la Última Cena (el Jueves Santo), la crucifixión (el Viernes Santo) y la vigilia de Pascua (el Sábado Santo).[7] La época de Pascua se extendía cincuenta días más allá del Domingo de Resurrección, hasta el Día de Pentecostés. Agustín dijo de este período: "Estos días posteriores a la resurrección del Señor forman un período de paz y alegría, que no de trabajo. Por esa razón no hay ayuno y oramos de pie, lo cual es una señal de la resurrección".[8] Pentecostés, como la Pascua, era una fiesta judía, ordenada por primera vez en Levítico 23:16 y luego adaptada por los creyentes con base en los eventos de Hechos 2. Pentecostés marcaba el día del cumpleaños de la iglesia, y se convirtió en una fiesta de tremenda importancia para los primeros cristianos.[9]

Otro festivo, la Epifanía, marcaba la encarnación y manifestación de Cristo. La Iglesia oriental parece haber sido la primera en institucionalizar un día festivo formal en honor a la venida de Jesús a la Tierra. Desde el comienzo del siglo II, las iglesias del este celebraban la Epifanía el 6 de enero. Originalmente, la Epifanía se refería al nacimiento de Cristo, la visita de los reyes magos, el bautismo de Jesús y el primer milagro registrado en Juan 2:11. James White comenta: "La Epifanía, pues, es más antigua que la Navidad y tiene un significado más profundo. Porque en lugar de ser tan solo un aniversario del nacimiento de Cristo, en ella se da testimonio del propósito completo de la encarnación: la manifestación de Dios en Jesucristo, comenzando con su nacimiento y su ministerio".[10]

Durante la primera mitad del siglo IV, la Epifanía pasó por una división entre las iglesias que seguían a Roma. La celebración del nacimiento de Cristo se separó del resto de las fiestas. La mención más temprana de la Navidad la vemos en un documento romano del año 354 d.C. En él, aparece el nacimiento de Jesús el 25 de diciembre. Con el desarrollo de la Navidad, la iglesia se sintió impulsada a aportar un tiempo de preparación para el nacimiento de Cristo, paralelo al tiempo de Cuaresma antes de la Pascua. El Adviento fue la temporada principal y final a ser añadida en el Año Cristiano.[11]

El Año Cristiano continuó para volverse parte vital de la adoración eclesial hasta la Reforma. Sin embargo, con el tiempo, la iglesia añadió tantos días festivos en el año que se opacaron los eventos principales de la vida de Cristo. Al final del período medieval, a cada día del año se le había dado el nombre de un santo. Robert Webber escribe: "El énfasis de estos santos y las fiestas relacionadas con sus vidas eclipsó la celebración del evento de Cristo y la santificación del tiempo por causa de la muerte y resurrección de Jesús".[12] Como resultado de estos abusos, los reformadores eliminaron gran parte del Año Cristiano. Algunos de ellos buscaron la eliminación de la observancia de todas las festividades. Thomas Halbrooks, historiador bautista, escribe: "Los bautistas estaban entre quienes creían que el Año Cristiano se había pervertido tanto que rechazaron el concepto completo y descartaron lo malo y lo bueno en el proceso. Durante dos siglos, los bautistas rechazaron cualquier celebración diferente al domingo. Solo lentamente han llegado a aceptar la celebración de la Pascua y la Navidad".[13] Hoy día, muchas iglesias de la tradición de adoración libre sólo observan la Pascua y la Navidad, y le suelen prestar poca atención al resto del Año Cristiano.

Elementos del Año Cristiano

En las últimas décadas, se ha desarrollado un nuevo interés en el Año Cristiano, incluso entre las iglesias que alguna vez habían evitado su uso. Muchos evangélicos han llegado a apreciar el valor de observar el Año Cristiano, al ver sus épocas como recordatorios pertinentes del señorío de Jesucristo, tal como los días festivos del año hebreo le recordaban a Israel los pactos de Dios. Webber argumenta que el regreso al Año Cristiano entre los evangélicos debe tener su base en un año desprovisto de adornos, semejante al de la iglesia primitiva, en el cual se hace hincapié en la vida, muerte, resurrección y segunda venida de Cristo.[14] A continuación hay un breve resumen de los días y las épocas principales del Año Cristiano. El resumen incluye una descripción de la importancia teológica de cada elemento y una explicación de dónde aparece cada elemento en el calendario.

(1) *Adviento*. La palabra *adviento* significa "venida". Esta celebración simboliza el período precedente al nacimiento de Cristo en el cual las personas anticiparon la llegada del Mesías. El Adviento comienza con el domingo más cercano al 30 de noviembre y fina-

Aprender del plan antiguo 177

liza la víspera de Navidad. La temporada de Adviento dura cuatro domingos. En muchas iglesias, el primer domingo de Adviento conmemora la creación divina del mundo. El segundo domingo se enfoca en la Biblia como Palabra de Dios. El tercer domingo se dedica a predicar las profecías veterotestamentarias sobre Cristo. El domingo final de Adviento se centra en Juan el Bautista como precursor del ministerio de Jesús.[15] Los temas pertinentes para la predicación relacionada con el Adviento también pueden incluir el pecado del hombre, por el cual se hace necesaria la Encarnación; la segunda venida de Cristo y los eventos que llevaron al nacimiento de Cristo, tal como se relatan en los Evangelios.

(2) *Navidad*. El nacimiento de Cristo es uno de los dos días más importantes en el año litúrgico, solo inferior a la Pascua. Sin embargo, como la Navidad es la fiesta cristiana más secularizada, puede presentar dificultades a la hora de determinar cuándo celebrar los servicios de adoración. Muchas iglesias no hacen un servicio de Navidad, a menos que el 25 de diciembre caiga en domingo. En su lugar, algunas congregaciones tienen servicios de Navidad en Nochebuena o en algún otro día antes de Navidad. La temporada de Navidad puede durar uno o dos domingos, dependiendo del día de la semana en que caiga. Al escoger los temas de predicación para la Navidad, considere el uso de textos bíblicos que describan la importancia teológica de la Encarnación, así como predicaciones sobre los relatos de la natividad en los Evangelios.

(3) *Epifanía*. Esta fiesta conmemora la manifestación de la gloria de Dios por medio de su nacimiento, bautismo y el primer milagro; se celebra el 6 de enero. Como la Epifanía no suele caer en domingo, la mayoría de las iglesias observa el inicio de esta temporada en el primer domingo posterior al 6 de enero. La época de Epifanía dura hasta el primer domingo de Cuaresma. Dependiendo de la fecha del domingo de Pascua, la temporada puede llegar a durar hasta nueve semanas. Los temas de sermones apropiados incluyen los relatos de los Evangelios sobre las diversas manifestaciones del poder de Jesús a través de las señales y los milagros, pasajes que describen a Jesús como la luz del mundo, advertencias sobre los juicios y los últimos tiempos según las enseñanzas de Cristo y las tareas de misiones y

evangelismo en las iglesias. El domingo final después de la Epifanía, que se da justo antes de la Cuaresma, se presta para predicar sobre la transfiguración de Cristo.

(4) Cuaresma. Esta época es una preparación para el día de la resurrección mediante el ayuno, la oración y la reflexión. La Cuaresma comienza cuarenta días antes de la Pascua, en lo que se ha llegado a conocer como el Miércoles de Ceniza. Los sermones de esta temporada se suelen enfocar en la persona de Cristo, su vida y su obra, su oficio y su significado para el individuo y la sociedad. El pastor puede hacer sermones sobre los eventos sobresalientes en el ministerio de Cristo, su enseñanza y sus milagros. O puede elegir predicaciones sobre disciplinas espirituales en la vida cristiana como la oración, el estudio de la Biblia, el servicio y el evangelismo personal.

(5) Semana Santa. Es la semana final de la Cuaresma y está marcada por las conmemoraciones diarias de la última semana antes de la resurrección de Cristo. El primer evento principal de la semana es el Domingo de Ramos, el cual marca la entrada de Cristo a Jerusalén. El lunes de la Semana Santa se enfoca tradicionalmente en la purificación del templo. El martes registra las largas controversias entre Jesús y los fariseos, los saduceos y otras autoridades judías. El miércoles suele enfocarse en los discursos del aposento alto de Juan 14 al 17. El nombre [inglés] del Jueves Santo [*Maundy Thursday*], en el cual se conmemora la Cena del Señor, viene del latín *mandatum*, en referencia al nuevo mandamiento que Jesús les dio a los discípulos en Juan 13:34: "Este mandamiento nuevo les doy: que se amen los unos a los otros. Así como yo los he amado, también ustedes deben amarse los unos a los otros". El Viernes Santo es una conmemoración de los eventos de la crucifixión, incluyendo el huerto de Getsemaní, el juicio y la cruz. El Sábado Santo concluye la semana con Jesús en la tumba. George Gibson escribe que al final de la Semana Santa "la gente expectante, habiendo sido llevada por el ministro a través de esta experiencia siempre recurrente, está preparada para la resurrección en el primer día de la semana y para la gloria de la temporada de resurrección que le sigue".[16]

(6) Pascua. El día más importante del Año Cristiano, la Pascua, se celebra en el primer domingo posterior a la primera luna llena

siguiente al 21 de marzo. La temporada de Pascua continúa durante siete semanas después del domingo de resurrección. La predicación de este domingo y de toda la temporada enfatiza la resurrección de Cristo de la tumba. Los textos para predicar incluyen las narrativas de los Evangelios sobre este evento, así como los múltiples pasajes en el Antiguo y Nuevo Testamento concernientes al don de la vida eterna por medio del Hijo. El sexto jueves después de la Pascua, se celebra la ascensión de Cristo. A menudo se usa también el domingo siguiente a este jueves para conmemorar la Ascensión.

(7) *Pentecostés*. Este domingo, en el cual se marca el nacimiento de la iglesia y la obra del Espíritu Santo, es el festival final del Año Cristiano. Los temas de sermones apropiados para Pentecostés incluyen el Espíritu Santo y la misión y vida de la iglesia. Después de Pentecostés, el domingo de la Trinidad marca el inicio de la segunda mitad del Año Cristiano. La temporada siguiente a Pentecostés, una porción del calendario que puede alcanzar las veintisiete semanas, concluye con el próximo Adviento.

El Año Cristiano

Evento	Importancia teológica	Fecha
Adviento	Venida de Cristo	Desde el domingo anterior al 30 de noviembre hasta Nochebuena
Navidad	Encarnación de Cristo	25 de diciembre y uno o dos de los domingos siguientes
Epifanía	Manifestación de Cristo	Desde el 6 de enero hasta el primer domingo de Cuaresma
Cuaresma	Penitencia del creyente	Los cuarenta días anteriores a la Pascua
Semana Santa	Pasión de Cristo	Semana final de Cuaresma (incluye el Domingo de Ramos y el Viernes Santo)
Pascua	Resurrección de Cristo	Domingo que ocurre en o posterior a la primera luna llena después del 21 de marzo; dura siete semanas
Pentecostés	Nacimiento de la iglesia	Comienza cincuenta días después de la Pascua

El leccionario

El leccionario tiene una relación muy cercana con el Año Cristiano, y es una selección fija de lecturas tomadas del Antiguo y Nuevo Testamento. Tales lecturas siguen las temporadas del año litúrgico. Los primeros cristianos seguían la práctica de la sinagoga judía, pues leían la ley y los profetas en cada uno de sus servicios de adoración. Más adelante, cuando el Nuevo Testamento estuvo disponible, se añadieron escritos de allí. Hubo un momento en que llegaron a incluirse hasta cinco lecturas en la adoración de la iglesia primitiva: la ley, los profetas, las epístolas, los Hechos y los Evangelios. En el siglo v el leccionario se redujo a tres porciones de las Escrituras: una lección del Antiguo Testamento, una epístola y un Evangelio.[17]

Durante la Reforma, muchos protestantes descartaron el leccionario, pues ellos estaban a favor de la exposición consecutiva de libros bíblicos u otros enfoques a la lectura y predicación de las Escrituras. Sin embargo, en el siglo xx, algunas denominaciones principales de Estados Unidos desarrollaron un interés renovado por el leccionario. Hoy día, muchas iglesias estadounidenses siguen el *Leccionario común revisado*, un conjunto de lecturas de la Biblia reunidas en la década de 1960. Este leccionario da un esquema de lecturas para los domingos y para algunos días festivos principales.

El *Leccionario común revisado* tiene tres ciclos anuales: Los años A, B y C, que se repiten cada tres años. Cada ciclo asigna cuatro lecturas para cada domingo y para los días festivos más importantes del año: (1) Una lectura de Hechos o algún libro del Antiguo Testamento; (2) un salmo que responda a la primera lectura; (3) una lectura de una epístola del Nuevo Testamento, de Hechos o Apocalipsis y (4) una lectura de los Evangelios. El año A (cuyo inicio está en el Adviento de 2010) se concentra en el Evangelio de Mateo, el año B (cuyo inicio está en el Adviento de 2011) se enfoca en el Evangelio de Marcos, y el año C (cuyo inicio está en el Adviento de 2012), en Lucas. El Evangelio de Juan se lee sobre todo alrededor de Navidad, Cuaresma y Pascua, durante el año B, porque Marcos es más corto que los otros dos Evangelios sinópticos.

Thomas Long, erudito en homilética, sugiere tres formas de usar el leccionario que le pueden ser de ayuda al pastor ocupado.

Aprender del plan antiguo

Primero, *puede ayudarle a planificar la adoración*. Como el leccionario establece los temas bíblicos para la adoración del domingo, el predicador se puede reunir con los otros líderes para coordinar himnos, cantos, oraciones y otros elementos del servicio de adoración, todos relacionados con los temas de las lecturas. Segundo, *el leccionario ayuda a enseñar la doctrina a la congregación*. El leccionario está diseñado para exponer a los miembros de la iglesia a los elementos clave de la vida de Jesús y al mensaje del evangelio. Tercero, *el leccionario permite que los predicadores trabajen juntos en sus sermones*. Muchos pastores que usan el leccionario se reúnen semanalmente con otros clérigos para examinar los textos por venir del leccionario. Tal comunidad, dice Long, aporta el terreno en el cual florece la predicación creativa.[18]

El siguiente diagrama detalla las lecturas del *Leccionario común revisado*. Al usar el leccionario como guía para el plan de predicación personal, deben recordarse unas cuantas reglas generales:[19]

- El número de domingos en el Adviento, la Cuaresma y la Pascua es constante.
- La época de Navidad puede tener uno o dos domingos, dependiendo del día de la semana en el que caiga el día de Navidad.
- Los domingos que siguen a la Epifanía pueden ser tan solo cuatro o llegar hasta nueve, dependiendo de las fechas variables de Cuaresma y Pascua.
- La Epifanía siempre comienza con la conmemoración del bautismo de Cristo y termina con la transfiguración de Cristo.
- El número de domingos después de Pentecostés también varía de un año a otro, según la fecha del domingo de Pascua.

El Año Cristiano y su plan de predicación

Semana	Año A	Año B	Año C
Primer domingo de Adviento	Isaías 2:1-5 Salmo 122 Romanos 13:11-14 Mateo 24:36-44	Isaías 63:16—64:8 Salmo 80:1-7 1 Corintios 1:3-9 Marcos 13:32-37	Jeremías 33:14-16 Salmo 25:1-10 1 Tesalonicenses 3:9-13 Lucas 21:25-36

Semana	Año A	Año B	Año C
Segundo domingo de Adviento	Isaías 11:1-10 Salmo 72:1-7, 18-19 Romanos 15:4-13 Mateo 3:1-12	Isaías 40:1-11 Salmo 85:8-13 2 Pedro 3:8-15a Marcos 1:1-8	Malaquías 3:1-4 Salmo 126 Filipenses 1:3-11 Lucas 3:1-6
Tercer domingo de Adviento	Isaías 35:1-10 Salmo 146:5-10 Santiago 5:7-10 Mateo 11:2-11	Isaías 61:1-4, 8-11 Lucas 1:47-55 1 Tesalonicenses 5:16-24 Juan 1:6-8, 19-28	Sofonías 3:14-20 Isaías 12:2-6 Filipenses 4:4-9 Lucas 3:1-6
Cuarto domingo de Adviento	Isaías 7:10-16 Salmo 24 Romanos 1:1-7 Mateo 1:18-25	2 Samuel 7:8-16 Salmo 89:1-4, 19-24 Romanos 16:25-27 Lucas 1:26-38	Miqueas 5:2-5 Salmo 80:1-7 Hebreos 10:5-10 Lucas 1:39-55
Navidad	Isaías 9:2-7 Salmo 96 Tito 2:11-14 Lucas 2:1-20	Isaías 62:6-12 Salmo 97 Tito 3:4-7 Lucas 2:1-20	Isaías 52:7-10 Salmo 98 Hebreos 1:1-12 Juan 1:1-14
Primer domingo después de Navidad	Isaías 63:7-9 Salmo 111 Hebreos 2:10-18 Mateo 2:13-23	Isaías 61:10—62:3 Salmo 111 Gálatas 4:4-7 Lucas 2:22-40	1 Samuel 2:18-20, 26 Salmo 111 Colosenses 3:12-17 Lucas 2:41-52
Segundo domingo después de Navidad	Jeremías 31:7-14 Salmo 147:12-20 Efesios 1:3-6, 15-18 Juan 1:1-18	Igual que el Año A	Igual que el Año A
Día de Año Nuevo	Deuteronomio 8:1-10 Salmo 117 Apocalipsis 21:1-6a Mateo 25:31-46	Eclesiastés 3:1-13 Salmo 8 Colosenses 2:1-7 Mateo 9:14-17	Isaías 49:1-10 Salmo 90:1-12 Efesios 3:1-10 Lucas 14:16-24
Epifanía (Bautismo de Cristo)	Isaías 42:1-9 Salmo 29 Hechos 10:34-43 Mateo 3:13-17	Génesis 1:1-4 Salmo 29 Hechos 19:1-7 Marcos 1:4-11	Isaías 61:1-4 Salmo 29 Hechos 8:14-17 Lucas 3:15-17, 21-22
Segundo domingo después de la Epifanía (14-20 de enero)	Isaías 49:1-17 Salmo 40:1-11 1 Corintios 1:1-19 Juan 1:19-34	1 Samuel 3:1-10 Salmo 63:1-8 1 Corintios 6:12-20 Juan 1:35-42	Isaías 62:1-5 Salmo 36:5-10 1 Corintios 12:1-11 Juan 2:1-11
Tercer domingo después de la Epifanía (21-27 de enero)	Isaías 9:1-4 Salmo 27:1-6 1 Corintios 1:10-17 Mateo 4:12-23	Jonás 3:1-5, 10 Salmo 62:5-12 1 Corintios 7:29-35 Marcos 1:14-20	Nehemías 8:1-6, 8-10 Salmo 19:7-14 1 Corintios 12:12-30 Lucas 4:14-21
Cuarto domingo después de la Epifanía (28 de enero a 3 de febrero)	Miqueas 6:1-8 Salmo 37:1-11 1 Corintios 1:18-31 Mateo 5:1-12	Deuteronomio 18:15-20 Salmo 111 1 Corintios 8:1-13 Marcos 1:21-28	Jeremías 1:4-10 Salmo 71:1-6 1 Corintios 13:1-13 Lucas 4:21-30

Aprender del plan antiguo

Semana	Año A	Año B	Año C
Quinto domingo después de la Epifanía (4-10 de febrero)	Isaías 58:3-9 Salmo 112:4-9 1 Corintios 2:1-11 Mateo 5:13-16	Job 7:1-7 Salmo 147:1-11 1 Corintios 9:16-23 Marcos 1:29-39	Isaías 6:1-8 Salmo 138 1 Corintios 15:1-11 Lucas 5:1-11
Sexto domingo después de la Epifanía (11-17 de febrero)	Deuteronomio 30:15-20 Salmo 119:1-8 1 Corintios 3:1-9 Mateo 5:17-26	2 Reyes 5:1-14 Salmo 32 1 Corintios 9:24-27 Marcos 1:40-45	Jeremías 17:5-10 Salmo 1 1 Corintios 15:12-20 Lucas 6:17-26
Séptimo domingo después de la Epifanía (18-24 de febrero)	Isaías 49:8-13 Salmo 62:5-12 1 Corintios 3:10-23 Mateo 5:27-37	Isaías 43:18-25 Salmo 41 2 Corintios 1:18-22 Marcos 2:1-12	Génesis 45:3-11, 15 Salmo 37:1-11 1 Corintios 15:35-38 Lucas 6:27-28
Octavo domingo después de la Epifanía (25-29 de febrero)	Levítico 19:1-2, 9-18 Salmo 119:33-49 1 Corintios 4:1-5 Mateo 5:38-48	Oseas 2:14-20 Salmo 103:1-13 2 Corintios 3:1-6 Marcos 2:18-22	Isaías 55:10-13 Salmo 92:1-4, 12-15 1 Corintios 15:51-58 Lucas 6:39-49
Último domingo después de la Epifanía (La transfiguración)	Éxodo 24:12-18 Salmo 2:6-11 2 Pedro 1:16-21 Mateo 17:1-9	2 Reyes 2:1-12 Salmo 50:1-6 2 Corintios 4:3-6 Marcos 9:2-9	Éxodo 34:29-35 Salmo 99 2 Corintios 3:12—4:2 Lucas 9:28-36
Primer domingo de Cuaresma	Génesis 2:4-9, 25; 3:1-7 Salmo 130 Romanos 5:12-19 Mateo 4:1-11	Génesis 9:8-17 Salmo 25:1-10 1 Pedro 3:18-22 Marcos 1:9-15	Deuteronomio 26:1-11 Salmo 91:9-16 Romanos 10:8-13 Lucas 4:1-13
Segundo domingo de Cuaresma	Génesis 12:1-8 Salmo 33:18-22 Romanos 4:1-17 Juan 3:1-17 o Mateo 17:1-9	Génesis 17:1-10, 15-19 Salmo 105:1-11 Romanos 4:16-25 Marcos 8:31-38 o Marcos 9:1-9	Génesis 15:1-12, 17-18 Salmo 127 Filipenses 3:17—4:1 Lucas 13:31-35 o Lucas 9:28-36
Tercer domingo de Cuaresma	Éxodo 17:3-7 Salmo 95 Romanos 5:1-11 Juan 4:5-26	Éxodo 20:1-17 Salmo 19:7-14 1 Corintios 1:22-25 Juan 2:13-22	Éxodo 3:1-15 Salmo 103:1-13 1 Corintios 10:1-13 Lucas 13:1-9
Cuarto domingo de Cuaresma	1 Samuel 16:1-13 Salmo 23 Efesios 5:8-14 Juan 9:1-41	2 Crónicas 36:14-23 Salmo 137:1-6 Efesios 2:4-10 Juan 3:14-21	Josué 5:9-12 Salmo 34:1-8 2 Corintios 5:16-21 Lucas 15:1-3, 11-32
Quinto domingo de Cuaresma	Ezequiel 37:1-14 Salmo 116:1-9 Romanos 8:6-11 Juan 11:17-45	Jeremías 31:31-34 Salmo 51:10-17 Hebreos 5:7-10 Juan 12:20-33	Isaías 43:16-21 Salmo 126 Filipenses 3:8-14 Juan 12:1-8

184 Planifique su predicación

Semana	Año A	Año B	Año C
Domingo de Ramos	Mateo 21:1-11 Salmo 118:1-2, 19-29 Isaías 50:4-9 Salmo 31:9-16 Filipenses 2:5-11 Mateo 26:14—27:66	Marcos 11:1-11 Salmo 118:1-2, 19-29 Isaías 50:4-9 Salmo 31:9-16 Filipenses 2:5-11 Marcos 14:1—15:47	Lucas 19:28-40 Salmo 118:1-2, 19-29 Isaías 50:4-9 Salmo 31:9-16 Filipenses 2:5-11 Lucas 22:14—23:56
Lunes de Semana Santa	Isaías 42:1-9 Salmo 36:5-10 Hebreos 9:11-15 Juan 12:1-11	Igual que el Año A	Igual que el Año A
Martes de Semana Santa	Isaías 49:1-7 Salmo 71:1-12 1 Corintios 1:18-31 Juan 12:20-36	Igual que el Año A	Igual que el Año A
Miércoles de Semana Santa	Isaías 50:4-9 Salmo 70 Hebreos 12:1-3 Juan 13:21-30	Igual que el Año A	Igual que el Año A
Jueves Santo	Éxodo 12:1-14 Salmo 116:12-19 1 Corintios 11:23-26 Juan 13:1-15	Éxodo 24:3-8 Salmo 116:12-19 1 Corintios 10:16-17 Marcos 14:12-26 o Juan 13:1-15	Jeremías 31:31-34 Salmo 116:12-19 Hebreos 10:16-25 Lucas 22:7-20 o Juan 13:1-15
Viernes Santo	Isaías 52:13—53:12 Salmo 22:1-18 Hebreos 4:14-16, 5:7-9 Juan 18:1—19:42	Igual que el Año A	Igual que el Año A
Domingo de Pascua	Hechos 10:34-43 o Jeremías 31:1-6 Salmo 118:14-24 Colosenses 3:1-4 o Hechos 10:34-43 Juan 20:1-18 o Mateo 28:1-10	Hechos 10:34-43 o Isaías 25:6-9 Salmo 118:14-24 1 Corintios 15:1-11 o Hechos 10:34-43 Juan 20:1-18 o Marcos 16:1-8	Hechos 10:34-43 o Isaías 65:17-25 Salmo 118:14-24 1 Corintios 15:19-26 o Hechos 10:34-43 Juan 20:1-18 o Lucas 24:1-12
Primera semana de Pascua (para cualquiera de los días de la semana de Pascua)	Daniel 12:1-3 o Hechos 5:29-32 Salmo 150 Romanos 6:8-11 Lucas 24:13-49	Igual que el Año A	Igual que el Año A
Segundo domingo de Pascua	Hechos 2:14, 22-32 Salmo 16:5-11 1 Pedro 1:3-9 Juan 20:19-31	Hechos 4:32-35 Salmo 133 1 Juan 1:1—2:2 Juan 20:19-31	Hechos 5:27-32 Salmo 2 Apocalipsis 1:4-8 Juan 20:19-31
Tercer domingo de Pascua	Hechos 2:14, 36-41 Salmo 116:12-19 1 Pedro 1:17-23 Lucas 24:13-35	Hechos 3:12-19 Salmo 4 1 Juan 3:1-7 Lucas 24:35-48	Hechos 9:1-20 Salmo 30:4-12 Apocalipsis 5:11-14 Juan 21:1-19 o Juan 21:15-19

Aprender del plan antiguo 185

Semana	Año A	Año B	Año C
Cuarto domingo de Pascua	Hechos 2:42-47 Salmo 23 1 Pedro 2:19-25 Juan 10:1-10	Hechos 4:8-12 Salmo 23 1 Juan 3:18-24 Juan 10:11-18	Hechos 13:15-16, 26-33 Salmo 23 Apocalipsis 7:9-17 Juan 10:22-30
Quinto domingo de Pascua	Hechos 7:55-60 Salmo 31:1-8 1 Pedro 2:2-10 Juan 14:1-14	Hechos 8:26-40 Salmo 22:25-31 1 Juan 4:7-12 Juan 15:1-8	Hechos 14:8-18 Salmo 145:13-21 Apocalipsis 21:1-6 Juan 13:31-35
Sexto domingo de Pascua	Hechos 17:22-31 Salmo 66:8-20 1 Pedro 3:13-22 Juan 14:15-21	Hechos 10:44-48 Salmo 98 1 Juan 5:1-6 Juan 15:9-17	Hechos 15:1-2, 22-29 Salmo 67 Apocalipsis 21:10, 22-27 Juan 14:23-29
Día de la Ascensión (sexto jueves después de la Pascua)	Hechos 1:11 Salmo 47 Efesios 1:15-23 Lucas 24:46-53 o Marcos 16:9-20	Igual que el Año A	Igual que el Año A
Séptimo domingo de Pascua	Hechos 1:6-14 Salmo 68:1-10 1 Pedro 4:12-14, 5:6-11 Juan 17:1-11	Hechos 1:15-17 Salmo 1 1 Juan 5:9-13 Juan 17:11-19	Hechos 16:16-34 Salmo 97 Apocalipsis 22:12-20 Juan 17:20-26
Domingo de la Trinidad	Deuteronomio 4:32-40 Salmo 33:1-12 2 Corintios 13:5-14 Mateo 28:16-20	Isaías 6:1-8 Salmo 29 Romanos 8:12-17 Juan 3:1-17	Proverbios 8:22-31 Salmo 8 Romanos 5:1-5 Juan 16:12-15
29 de mayo a 4 de junio (Si el domingo entre 24-28 de mayo sigue al domingo de la Trinidad, use las lecturas para el octavo domingo después de la Epifanía)	Génesis 12:1-9 Salmo 33:12-22 Romanos 3:21-28 Mateo 7:21-29	1 Samuel 16:1-13 Salmo 20 2 Corintios 4:5-12 Marcos 2:23—3:6	1 Reyes 8:22-23, 41-43 Salmo 100 Gálatas 1:1-10 Lucas 7:1-10
5-11 de junio	Génesis 22:1-18 Salmo 13 Romanos 4:13-18 Mateo 9:9-13	1 Samuel 16:14-23 Salmo 57 2 Corintios 4:13—5:1 Marcos 3:20-35	1 Reyes 17:17-24 Salmo 113 Gálatas 1:11-24 Lucas 7:11-17
12-18 de junio	Génesis 25:19-34 Salmo 46 Romanos 5:6-11 Mateo 9:35—10:8	2 Samuel 1:1, 17-27 Salmo 46 2 Corintios 5:6-17 Marcos 4:26-34	1 Reyes 19:1-8 Salmo 42 Gálatas 2:15-21 Lucas 7:36—8:3

186 Planifique su predicación

Semana	Año A	Año B	Año C
19-25 de junio	Génesis 28:10-17 Salmo 91:1-10 Romanos 5:12-19 Mateo 10:24-33	2 Samuel 5:1-12 Salmo 48 2 Corintios 5:18—6:2 Marcos 35:41	1 Reyes 19:9-14 Salmo 43 Gálatas 3:23-29 Lucas 9:18-24
26 de junio a 2 de julio	Génesis 32:22-32 Salmo 17:1-7, 15 Romanos 6:3-11 Mateo 10:34-42	2 Samuel 6:1-15 Salmo 24 2 Corintios 8:7-15 Marcos 5:21-43	1 Reyes 19:15-21 Salmo 44:1-8 Gálatas 5:1, 13-25 Lucas 9:51-62
3-9 de julio	Éxodo 1:6—2:10 Salmo 124 Romanos 7:14-25 Mateo 11:25-30	2 Samuel 7:1-17 Salmo 89:20-37 2 Corintios 12:1-10 Marcos 6:1-6	1 Reyes 21:1-3, 17-21 Salmo 5:1-8 Gálatas 6:7-18 Lucas 10:1-12, 17-20
10-16 de julio	Éxodo 2:11-22 Salmo 69:6-15 Romanos 8:9-17 Mateo 13:1-9, 18-23	2 Samuel 7:18-29 Salmo 132:11-18 Efesios 1:1-10 Marcos 6:7-13	2 Reyes 2:1, 6-14 Salmo 139:1-12 Colosenses 1:1-14 Lucas 10:25-37
17-23 de julio	Éxodo 3:1-12 Salmo 103:1-13 Romanos 8:18-25 Mateo 13:24-43	2 Samuel 11:1-15 Salmo 53 Efesios 2:11-22 Marcos 6:30-34	2 Reyes 4:8-17 Salmo 139:17-18 Colosenses 1:21-29 Lucas 10:38-42
24-30 de julio	Éxodo 3:13-20 Salmo 105:1-11 Romanos 8:26-30 Mateo 13:44-52	2 Samuel 12:1-14 Salmo 32 Efesios 3:14-21 Juan 6:1-15	2 Reyes 5:1-15 Salmo 21:1-7 Colosenses 2:6-15 Lucas 11:1-13
31 de julio a 6 de agosto	Éxodo 12:1-14 Salmo 143:1-10 Romanos 8:31-39 Mateo 14:13-21	2 Samuel 12:15b-24 Salmo 34:11-22 Efesios 4:1-6 Juan 6:24-35	2 Reyes 13:14-20a Salmo 28 Colosenses 3:1-11 Lucas 12:13-21
7-13 de agosto	Éxodo 14:19-31 Salmo 106:4-12 Romanos 9:1-5 Mateo 14:22-33	2 Samuel 18:1-15 Salmo 143:1-8 Efesios 4:25—5:2 Juan 6:35, 41-51	Jeremías 18:1-11 Salmo 14 Hebreos 11:1-3, 8-19 Lucas 12:32-40
14-20 de agosto	Éxodo 16:2-15 Salmo 78:1-3, 10-20 Romanos 11:13-16, 29-32 Mateo 15:21-28	2 Samuel 18:24-33 Salmo 102:1-12 Efesios 5:15-20 Juan 6:51-58	Jeremías 20:7-13 Salmo 10:12-18 Hebreos 12:12-17 Lucas 12:49-56
21-27 de agosto	Éxodo 17:1-7 Salmo 95 Romanos 11:33-36 Mateo 16:13-20	2 Samuel 23:1-7 Salmo 67 Efesios 5:21-33 Juan 6:55-69	Jeremías 28:1-9 Salmo 84 Hebreos 12:18-19 Lucas 13:22-30
28 de agosto a 3 de septiembre	Éxodo 19:1-9 Salmo 114 Romanos 12:1-13 Mateo 16:21-28	1 Reyes 2:1-4, 10-12 Salmo 121 Efesios 6:10-20 Marcos 7:1-23	Ezequiel 18:1-9, 25-29 Salmo 15 Hebreos 13:1-8 Lucas 14:1-14

Aprender del plan antiguo 187

Semana	Año A	Año B	Año C
4-10 de septiembre	Éxodo 19:16-24 Salmo 115:1-11 Romanos 13:1-10 Mateo 18:15-20	Proverbios 2:1-8 Salmo 119:129-136 Santiago 1:17-27 Marcos 7:31-37	Ezequiel 33:1-11 Salmo 94:12-22 Filemón 1-20 Lucas 14:25-33
11-17 de septiembre	Éxodo 20:1-20 Salmo 19:7-14 Romanos 14:5-12 Mateo 18:21-35	Proverbios 22:1-9 Salmo 125 Santiago 2:1-17 Marcos 8:27-28	Oseas 4:1-3; 5:16—6:6 Salmo 77:11-20 1 Timoteo 1:12-17 Lucas 15:1-10
18-24 de septiembre	Éxodo 32:1-14 Salmo 106:7-8, 19-23 Filipenses 1:21-27 Mateo 20:1-16	Job 28:20-28 Salmo 27:1-6 Santiago 3:13-18 Marcos 9:30-37	Oseas 11:1-11 Salmo 107:1-9 1 Timoteo 2:1-7 Lucas 16:1-13
25 de septiembre a 1 de octubre	Éxodo 33:12-23 Salmo 99 Filipenses 2:1-13 Mateo 21:28-32	Job 42:1-6 Salmo 27:7-14 Santiago 4:13-17, 5:7-11 Marcos 9:38-50	Joel 2:23-30 Salmo 107:1, 33-43 1 Timoteo 6:6-19 Lucas 16:19-31
2-8 de octubre	Números 27:12-23 Salmo 81:1-10 Filipenses 3:12-21 Mateo 21:33-43	Génesis 2:18-24 Salmo 128 Hebreos 1:1-4, 2:9-11 Marcos 10:2-16	Amós 5:6-15 Salmo 101 2 Timoteo 1:1-14 Lucas 17:5-10
9-15 de octubre	Deuteronomio 34:1-12 Salmo 135:1-14 Filipenses 4:1-9 Mateo 22:1-14	Génesis 3:8-19 Salmo 90:1-12 Hebreos 4:1-13 Marcos 10:17-30	Miqueas 1:2, 2:1-10 Salmo 26 2 Timoteo 2:8-15 Lucas 17:11-19
16-22 de octubre	Rut 1:1-19 Salmo 146 1 Tesalonicenses 1:1-10 Mateo 22:15-22	Isaías 53:7-12 Salmo 35:17-28 Hebreos 4:14-16 Marcos 10:35-45	Habacuc 1:1-3, 2:1-4 Salmo 119:137-144 2 Timoteo 3:14—4:5 Lucas 18:1-8
23-29 de octubre	Rut 2:1-3 Salmo 128 1 Tesalonicenses 2:1-8 Mateo 22:34-46	Jeremías 31:7-9 Salmo 126 Hebreos 5:1-6 Marcos 10:46-52	Sofonías 3:1-9 Salmo 3 2 Timoteo 4:6-18 Lucas 18:9-14
30 de octubre a 5 de noviembre	Rut 4:7-17 Salmo 127 1 Tesalonicenses 2:9-20 Mateo 23:1-12	Deuteronomio 6:1-9 Salmo 119:33-48 Hebreos 7:23-28 Marcos 12:28-34	Hageo 2:1-9 Salmo 65:1-8 2 Tesalonicenses 1:5-12 Lucas 19:1-10
6-12 de noviembre	Amós 5:18-24 Salmo 50:7-15 1 Tesalonicenses 4:13-18 Mateo 25:1-13	1 Reyes 17:8-16 Salmo 146 Hebreos 9:24-28 Marcos 12:38-44	Zacarías 7:1-10 Salmo 9:11-20 2 Tesalonicenses 2:13—3:5 Lucas 20:27-38

Semana	Año A	Año B	Año C
13-19 de noviembre	Sofonías 1:7, 12-18 Salmo 76 1 Tesalonicenses 5:1-11 Mateo 25:14-30	Daniel 7:9-14 Salmo 145:8-13 Hebreos 10:11-18 Marcos 13:24-32	Malaquías 4:1-6 Salmo 82 2 Tesalonicenses 3:6-13 Lucas 21:5-19
20-26 de noviembre Domingo de Cristo Rey	Ezequiel 34:11-24 Salmo 23 1 Corintios 15:20-28 Mateo 25:31-46	Jeremías 23:1-6 Salmo 93 Apocalipsis 1:4-8 Juan 18:33-37	2 Samuel 5:1-5 Salmo 95 Colosenses 1:11-20 Juan 12:9-19

En este capítulo hemos explorado brevemente el Año Cristiano, sus días y épocas importantes, y las lecturas del leccionario que siguen a estas temporadas. Parto de la base de que pocos pastores adoptarán el Año Cristiano y el leccionario completo como los medios principales con los cuales planificarán su predicación.

Como predicador bautista, reconozco que un énfasis exagerado en el Año Cristiano o en el leccionario es un "perro que no caza" en la mayoría de las iglesias de mi denominación. Sin embargo, a la hora de organizar su plan, el predicador puede aprender muchas cosas del Año Cristiano. Aquí ofrezco las siguientes observaciones sobre éste, en lo relativo al predicador evangélico.

Primero, *el Año Cristiano trata las doctrinas más importantes de la fe cristiana*. Las temporadas de Adviento a Pentecostés tratan las doctrinas de la encarnación, la expiación, la resurrección, el Espíritu Santo, la iglesia y la Trinidad. De hecho, como el leccionario enfatiza los eventos de la vida de Cristo, sirve para exponer a la congregación a dosis más fuertes de la cristología bíblica. A la hora de tratar estas doctrinas, los predicadores que buscan la exhaustividad doctrinal en su plan anual pueden consultar las lecturas del leccionario para guiarse en las porciones de las Escrituras usadas.

Segundo, *usar el leccionario puede ayudar a incluir una gran cantidad de Escrituras en los servicios de adoración*. Algunas iglesias en las cuales se tiene una alta perspectiva de la inspiración y la autoridad de las Escrituras, no incorporan una cantidad adecuada de lecturas de las Escrituras en los servicios de adoración. Los pastores nunca deben olvidar que las palabras más importantes a pronunciar desde el púlpito son las de las Escrituras leídas en voz alta. Las cuatro lecturas semanales del leccionario aseguran que la Palabra de Dios tenga un lugar prominente en la adoración. Incluso si no lo usa, el predicador puede seguir su ejemplo e incluir varias lecturas bíblicas en todos los servicios dominicales.

Tercero, *las lecturas del leccionario cubren una amplia variedad de material bíblico*. El ciclo de tres años expone a la congregación a casi todos los libros del canon. Las lecturas incluyen cincuenta y ocho libros de la Biblia. Los únicos libros excluidos son Jueces, Esdras, Ester, Cantar de los Cantares, Nahum, 2 Juan, 3 Juan y Judas. Un predicador haría bien en evaluar su plan para ver si cubre una selección tan amplia de libros bíblicos como el leccionario.

Cuarto, *las lecturas del leccionario llevan a la predicación expositiva*. Aunque algunos pasajes detallados en el leccionario son demasiado largos para un solo sermón, muchos de ellos son extractos en los cuales se presenta el tratamiento de una única idea por parte del autor. Un predicador podría seguir el leccionario para predicar series expositivas cada semana. Las lecturas del leccionario permiten también algunas series expositivas limitadas. Aunque ninguna de las lecturas permitiría que un predicador hiciera sermones consecutivos sobre todo un libro, el leccionario presenta varias oportunidades de predicar series sobre secciones de los libros. Por ejemplo, note las lecturas de 1 Corintios, que comienzan el segundo domingo después de la Epifanía en el Año A. Con solo una excepción (la omisión de 1 Corintios 2:12-16), las lecturas permiten la exposición consecutiva de los primeros tres capítulos de la epístola.

Quinto, *seguir el leccionario le permite al predicador beneficiarse de las publicaciones, periódicos y libros útiles ligados a estas lecturas*. Aunque algunos pastores de la tradición de la adoración libre puedan tener sus dudas con la naturaleza "pre-programada" del Año Cristiano y el leccionario, su uniformidad puede darle grandes ventajas al predicador. Abundan los libros, las revistas y los recursos en Internet que ofrecen ayuda expositiva con sus lecturas semanales, además de ilustraciones y aplicaciones para los sermones. Como cualquier otro recurso, éstos pueden usarse en exceso. Recuerdo un viaje a Nueva Inglaterra durante el cual observé que, según los boletines, ¡el título y el texto bíblico del sermón eran los mismos en una iglesia de Connecticut, una de Rhode Island y una de Massachusetts! Me pregunté si esos pastores también predicarían el mismo bosquejo del sermón con las mismas ilustraciones. Sin embargo, los predicadores que usan el leccionario común pueden recibir los beneficios de sus puntos similares para enriquecer los sermones.

Sexto, *las lecturas del leccionario son fácilmente adaptables a diferentes enfoques de predicación*. Aunque la mayoría de lecturas del leccionario están diseñadas principalmente para los servicios matutinos dominicales, tales lecturas son fácilmente ajustables. Si un pastor así lo desea, la mañana del domingo podría usar el salmo como llamado a la adoración y predicar con la lectura epistolar; la lección del Antiguo Testamento el domingo por la noche, y el extracto del Evangelio el miércoles por la noche. También puede usar cualquier otra combinación de las lecturas. Puede parecer que predicar los mismos textos cada tres años es como un estancamiento tanto para la congregación como para el pastor. Sin embargo, las lecturas del leccionario podrían extenderse a doce años si el predicador escoge solo un texto en las mañanas dominicales y luego usa textos expositivos de su propia elección (tal vez series expositivas sobre libros de la Biblia u otro tipo de planes) durante los servicios restantes de la semana.

Finalmente, *el Año Cristiano pone un fuerte énfasis en los días festivos cristianos*. Las temporadas del Año Cristiano representan la santificación del tiempo, expresada más completamente en la vida, muerte y resurrección de Cristo. El Año Cristiano es un recordatorio del hecho de que Jesús es el Señor del ciclo anual. Esta alternativa es saludable y bienvenida para tomarla como la base del orden anual de adoración eclesial en vez de basarse en el calendario secular. Como mínimo, cada predicador debe considerar seguir el ejemplo del Año Cristiano, dándole especial atención al Adviento, la Navidad y la época de Pascua.

El Año Cristiano por sí solo se recomienda al pastor por muchas razones. Es un plan antiguo para ordenar la adoración y la predicación anual de la iglesia, el cual sigue la vida de Cristo, enfatiza las doctrinas vitales de la fe, y magnifica la Palabra de Dios. Como tal, puede ser instructivo y útil para los predicadores provenientes de cualquier tipo de tradición eclesial.

CAPÍTULO 10

El plan puesto en marcha

El pastor Buen Predicador dejó su automóvil en el estacionamiento de la iglesia un lunes por la mañana. Había regresado el día anterior por la tarde de su primer retiro para la planificación. Toda la semana pasada, había pasado los días sentado ante una mesa de picnic, ubicada en el porche trasero de una casa de campo junto a un lago. La casa pertenecía a un miembro de la iglesia que se la había dejado al pastor esa semana. Había pasado el tiempo trabajando en oración hasta completar su calendario de predicación, equipado con su Biblia, algunos libros de referencia, una computadora portátil y otros materiales. Tenía todo a punto: series expositivas, mensajes doctrinales y pastorales, y nuevos sermones para días festivos y otras ocasiones especiales.

Tan pronto llegó a su casa el domingo por la noche, imprimió una copia del plan, puso cada página en una funda de plástico y las juntó todas en un cuaderno negro delgado. Incluso imprimió una etiqueta para la cubierta: "Sermones para el próximo año". Lo mostró a su esposa, quien le besó dulcemente en una mejilla y dijo: "*Muy bien*, cariño". La voz de ella sonaba sospechosamente similar a cuando felicitaba a sus hijos por un proyecto realizado en el colegio. Él se había acostado a dormir temprano el domingo porque anticipaba con ilusión el año de predicación que había planificado.

Ahora que llegaba a la iglesia, miró al cuaderno negro y delgado con su bella cubierta, ubicado en el asiento delantero del auto, y pensó: *¿Qué voy a hacer con esto ahora?*

Tal vez usted también se pregunte cómo usar el calendario de predicación, una vez lo ha completado. Después de todo, el propósito de planificar su predicación no es tan solo tener un calendario con apariencia bonita. El propósito es crear un recurso útil que le ayude en su trabajo semanal de predicación. Probablemente haya oído usted el adagio "Planifique su trabajo y trabaje en su plan ". Gran parte de este libro ha estado dedicada a explicar cómo planificar su trabajo en el púlpito. En este capítulo final quiero explicar cómo trabajar en su plan; cómo poner en marcha el calendario de predicación en su preparación de los sermones semana tras semana, de modo que pueda usted obtener el máximo beneficio de su predicación.

Tres tareas en la preparación de sermones

Usted debe realizar tres tareas en cada sermón que prepare. Aunque puede dedicarles diferente cantidad de tiempo, dependiendo del sermón a preparar, tendrá que hacer las tres tareas cada vez que prepare un mensaje. Podemos resumir las tres tareas como (1) estudiar el texto bíblico, (2) estructurar el mensaje y (3) escribir la sustancia del sermón. Le daré aquí una visión global de estas tres tareas. Los siguientes libros le pueden ayudar con una explicación más detallada sobre los pasos requeridos a la hora de estructurar un sermón.

James Braga, *Cómo preparar mensajes bíblicos* (Grand Rapids: Portavoz, 1986).
Haddon Robinson, *La predicación bíblica* (Miami: Unilit, 2000).
Donald Sunukjian, *Volvamos a la predicación bíblica* (Grand Rapids: Portavoz, 2010).
Keith Willhite, *Predicando con relevancia* (Grand Rapids: Portavoz, 2009).

La tarea de estudiar

Antes que nada, el predicador debe conocer qué dice el texto de la Biblia para escribir y predicar un sermón expositivo. La tarea de estudiar requiere investigar el pasaje de la Biblia de modo que usted tenga la información necesaria para predicar el sermón. Los siguientes pasos son necesarios para el estudio completo de un texto bíblico.

(1) Lea el pasaje repetidamente. Usted debe estar al tanto del contenido de un pasaje para poder predicar sobre éste. Una buena manera de comenzar es, sencillamente, leer el pasaje una y otra vez. Este paso puede incluir la memorización del pasaje en la traducción

de la Biblia que usted esté utilizando. Como parte de este paso, si sabe leer los idiomas originales de las Escrituras, lea el texto varias veces en griego o hebreo.

(2) *Estudie el contexto del pasaje.* Este paso proporciona la información de fondo que ayudará al predicador a interpretar el texto. Tenga en consideración tanto el contexto literario del pasaje como el histórico.

El contexto literario del pasaje consiste en el material bíblico que rodea al texto, tanto en el libro del cual se extrae como en la totalidad de las Escrituras. Por ejemplo, si yo estuviera estudiando 1 Juan 4:7-11 para predicar un sermón, leería toda la epístola para ver cómo contribuye mi pasaje al argumento global del libro. También buscaría pasajes de temática semejante en 1 Juan. Examinar el contexto literario mayor también requiere determinar cómo se compara 1 Juan 4:7-11 con el resto de los escritos juaninos, con los temas del Nuevo Testamento y con la Biblia como un todo.

El contexto del pasaje, también incluye la influencia cultural e histórica que podría afectar a la comprensión del pasaje a predicar. David Alan Black sugiere hacerse las siguiente preguntas en cuanto al contexto histórico del pasaje.

- ¿Quién escribió este libro?
- ¿Quiénes eran los destinatarios?
- ¿Qué clase de relación existía entre el autor y los lectores?
- ¿Dónde estaba el autor cuando escribía el libro?
- ¿Qué situación dio lugar a la escritura de este libro?
- El propósito del libro, ¿se declara explícitamente?
- ¿Dónde vivían los lectores?
- ¿Cuáles eran los problemas y necesidades especiales de los receptores?[1]

(3) *Analice la estructura del pasaje.* Este elemento del estudio textual le dará una perspectiva panorámica del flujo de ideas en su pasaje de predicación. Una manera de analizar la estructura del pasaje es hacer un diagrama del texto. Aunque podría usted hacerlo utilizando reglas formales de diagramación de frases, también puede

esquematizar el flujo de ideas por medio de un diagrama simple con base en las siguientes cuatro guías básicas:

1. Ubique las cláusulas independientes en el margen izquierdo de la página.
2. Ubique las cláusulas dependientes bajo las palabras o frases que describen o modifican.
3. Alinee verticalmente las palabras y frases iguales.
4. Ubique las conjunciones y los otros conectores entre corchetes, y sepárelos del resto del texto.[2]

Este tipo de diagrama estructural se puede hacer en el lenguaje original del texto o de una traducción, aunque usar el griego y el hebreo siempre le permitirá tener mayor comprensión del flujo de ideas en la mente del autor. Un diagrama de 1 Juan 4:7-8 se parecería al siguiente:

Amados, amémonos unos a otros
   [porque]el amor es
                  de Dios;
   [y]todo el que ama es nacido
                  de Dios
     [y]   conoce a Dios.
Quien no ama, no conoce a Dios
   [porque]   Dios es amor.

Si usted predica sobre un pasaje narrativo, bosquejar los eventos de cada sección de la historia podría serle más útil que crear un diagrama estructural.[3] Para entender el flujo de pensamiento en un pasaje, le puede ayudar escribir, con sus propias palabras, una paráfrasis del pasaje.

(4) *Hacer observaciones y preguntas sobre el texto.* En su estudio, usted querrá observar cuidadosamente los detalles del pasaje, anotar cosas como las palabras importantes, los tiempos verbales, la repetición, las figuras literarias, el lenguaje metafórico, las referencias culturales e históricas y los temas teológicos. Después de

haber observado el pasaje concienzudamente, usted querrá hacerse preguntas sobre el idioma, la gramática, la historia y la teología del texto. La predicación expositiva requiere atención cuidadosa hacia el significado de las palabras. Black ofrece las siguientes preguntas para hacer un estudio de las palabras:

- ¿Cuáles son los posibles significados de la palabra?
- ¿Cuál es el significado que mejor se ajusta al contexto?
- ¿Cómo usa el autor esta palabra en otros pasajes?
- ¿Tiene la palabra algún significado connotativo especial?
- ¿Hay sinónimos o antónimos en el contexto del pasaje que puedan ayudarle a definir su significado?[4]

Una vez haya generado usted una lista de preguntas sobre el pasaje, responderá esas preguntas con recursos como comentarios, diccionarios etimológicos, léxicos, atlas, diccionarios y otras obras de referencia.

(5) *Determinar el material a incluir en el sermón.* En el mensaje no se podrá incluir toda la información obtenida en su tiempo de estudio. En su lugar, debe usted seleccionar los resultados del estudio que sean más pertinentes a la hora de exponer el pasaje. Gordon Fee aconseja sabiamente que los predicadores compilen una "lista para usar en el sermón" de conceptos extraídos del texto.[5]

La tarea de estructurar

Después de hacer un estudio de su pasaje de predicación, debe desarrollar la estructura del sermón para comunicar el mensaje del texto bíblico. Esta tarea requiere dos pasos: declarar la idea principal y bosquejar el mensaje.

(1) *Declarar la idea principal del texto y del sermón.* Probablemente esté usted de acuerdo en que cada pasaje de las Escrituras tiene un tema. En otras palabras, cada texto bíblico habla acerca de algo. Tiene una idea central que el autor bíblico presenta. El trabajo del predicador expositivo es descubrir el tema del texto bíblico y luego convertirlo en la idea central en su sermón.

Una vez haya terminado de estudiar el pasaje, puede aislar la idea principal del texto por medio de dos preguntas: (1) ¿De qué está hablando el autor bíblico? (2) ¿Cómo limita el autor bíblico el alcance de lo que está hablando?

Es útil hallar una respuesta a cada una de estas preguntas con una sola palabra, en aras de desarrollar un tema para su sermón con un enfoque fijo.

Por ejemplo, después de haber terminado mi estudio sobre 1 Juan 4:7-11, puedo hacerme la siguiente pregunta: "¿De qué está hablando aquí Juan?". La respuesta más obvia es "amor". Puedo verificar esta idea haciendo un seguimiento de la idea del amor a lo largo de todos los versículos del pasaje. En este caso la palabra *amor* aparece repetidamente en el pasaje. (En algunos pasajes, la palabra que usted use para responder a la primera pregunta podría no encontrarse explícitamente en el texto. En su lugar, el término que mejor responde a la pregunta podría ser el concepto implicado o sugerido en el texto. Esto es así especialmente en los pasajes narrativos).

Juan habla sobre el amor en 1 Juan 4:7-11. Pero él no dice todo lo que podría decir en cuanto al tema. Tampoco dice las mismas cosas que ya están dichas en otros pasajes de la Biblia o incluso en 1 Juan. Al hacerme la segunda pregunta puedo descubrir la dirección hacia la cual lleva Juan la explicación de la idea principal. ¿Cómo limita Juan el alcance de lo que está hablando? La respuesta a esta pregunta se puede encontrar al principio y al final del pasaje. Al comienzo, Juan dice: "amémonos unos a otros" (4:7); al final dice: "debemos también nosotros amarnos unos a otros" (4:11). Estos dos versículos enmarcan el resto del pasaje. Si la respuesta en una palabra de la primera pregunta es "amor", la respuesta más apropiada en una sola palabra para la segunda pregunta es "mutuo". La idea principal de 1 Juan 4:7-11 es el amor mutuo entre los creyentes.

Ahora que he identificado la idea principal, puedo escribirla como una frase completa: "Dios quiere que los creyentes se amen los unos a los otros". Esta frase declara la idea principal de mi pasaje y de mi sermón. Nótense las siguientes cualidades de la idea principal:

- Expresa un pensamiento completo.
- Es teológico (o está relacionado con Dios de alguna manera).

El plan puesto en marcha 197

- Es aplicable a la audiencia.
- Es relativamente corto.
- Tiene una gramática y un vocabulario simples.
- Está directamente relacionada con el pasaje de predicación.

Las mismas cualidades deben estar presentes en la idea principal de cualquier sermón que usted predique.

La idea principal del sermón ha recibido diferentes nombres según diversos eruditos en homilética. Se le ha llamado idea central del sermón, la gran idea, la proposición del sermón, la idea del sermón en una frase, la esencia del sermón en una frase, el tema del sermón, y muchos nombres más. Cualquiera que sea la terminología usada por los expertos, la mayoría concuerda en que lo esencial es que cada sermón tenga una idea principal claramente definida. Para decirlo de otra manera, el predicador debe tener claro de qué va a hablar.

Escribir esta frase puede ser una de las partes más difíciles al preparar un sermón. Requiere pensar y analizar cuidadosamente para poder articular la idea central del autor bíblico con precisión y concisión. Pero el valor de declarar claramente la idea central hace que el esfuerzo valga la pena. La idea central es el corazón del sermón. Es el pensamiento dominante que usted quiere comunicar a sus oyentes. Usted no estará listo para predicar hasta que pueda declarar la esencia del mensaje en una frase.

El primer paso al desarrollar la estructura de su sermón es darle nombre a la idea principal del texto y del sermón. El segundo paso es bosquejar el mensaje.

(2) Crear un bosquejo de sermón que exprese el mensaje teológico del texto. El bosquejo del sermón es el marco básico usado por el predicador para explicar la idea principal de su mensaje. Todo sermón bien preparado tiene un bosquejo. Este podría ser una serie formal de los puntos del sermón o podría tener una estructura informal. Cualquiera que sea el caso, el predicador debe usar algún tipo de bosquejo para organizar la presentación de sus pensamientos. Las preguntas a tener en mente cuando usted desarrolle el bosquejo del sermón son: (1) ¿Cómo amplía el autor la idea principal? (2) ¿Cómo puedo comunicar mejor a mis oyentes esa idea?

Al mirar 1 Juan 4:7-11 vemos que Juan desarrolla el tema del amor mutuo entre los creyentes cuando muestra que...

- Dios es la fuente del amor (v. 7).
- Quienes hayan nacido de Dios amarán (v. 7).
- Quienes no aman, no conocen a Dios (v. 8).
- El amor es parte del carácter de Dios (v. 8).
- La propiciación de Cristo por nuestros pecados es la expresión última del amor de Dios (vv. 9-10).
- Los creyentes deben amarse los unos a los otros en respuesta al amor que Dios les ha dado en Cristo (v. 11).

Aunque el predicador podría hacer un sermón con cada una de las ideas presentadas en el texto como divisiones, el siguiente bosquejo más simple le permitirá hablar sobre los conceptos del texto.

1. Los creyentes debemos amarnos los unos a los otros porque conocemos a Dios (vv. 7-8).
2. Los creyentes debemos amarnos los unos a los otros porque Dios nos ama (vv. 9-11).

Estos dos puntos resumen el contenido teológico básico del pasaje. Todas las otras ideas del pasaje pueden incluirse bajo estas dos grandes ideas.

Nótense las siguientes cualidades de los puntos de este bosquejo:

- Son teológicos.
- Son aplicables a la audiencia.
- Son relativamente cortos.
- Tienen una gramática y un vocabulario simples.
- Son mutuamente excluyentes.
- Son lógicos en consecuencia (si se sigue el orden de las ideas en el texto bíblico).
- Son semejantes en su estructura gramatical.
- Están directamente relacionados con el pasaje bíblico.
- Están relacionados con la idea principal del sermón.

El plan puesto en marcha 199

La idea principal y el bosquejo de su sermón, en su conjunto, comprenden el esqueleto del sermón: la estructura básica de su mensaje. La siguiente tarea a la hora de preparar el mensaje consiste en añadir músculos y carne en los huesos de este esqueleto, de manera que el sermón pueda ponerse en pie y caminar.

La tarea de la sustancia

Una vez haya descubierto la idea principal de su mensaje y haya preparado el bosquejo, ya tendrá el comienzo de un sermón expositivo. Sin embargo, la preparación del sermón no finaliza aquí. Usted debe diseñar y desarrollar el mensaje de manera que funcione con éxito como un discurso. Los siguientes pasos forman parte del desarrollo de la sustancia del mensaje.

(1) *Ampliación de cada punto del bosquejo*. Usted querrá ampliar estos puntos por medio de la elaboración de las ideas presentadas en cada división del sermón. Puede hacerlo con explicaciones, ilustraciones, argumentaciones y aplicaciones.

La *explicación* requiere mostrar cómo los detalles en el texto bíblico se relacionan con cada punto en el bosquejo de su sermón. Usted explicará el significado de las palabras importantes del texto y su relación entre ellas. También dará una explicación teológica e histórica cuando sea necesaria. La meta de la explicación es que los creyentes conozcan un concepto del sermón.

La *ilustración* ayuda a que los creyentes obtengan una descripción de la idea del sermón apelando a su imaginación. Usted puede hacer ilustraciones por medio de anécdotas, ejemplos, analogías, poemas, estadísticas, imágenes verbales, ayudas gráficas y otros métodos. La meta de la ilustración es que los oyentes visualicen un concepto del sermón.

La *argumentación* apela a la lógica de los oyentes; les muestra que una idea del mensaje es razonable y aceptable. Los argumentos pueden incluir citas de referencias cruzadas, apelar al sentido común de los oyentes, usar razonamientos de causa y efecto, emplear argumentos de menor a mayor y de mayor a menor, entre otras técnicas. La meta de la argumentación es convencer a los oyentes de un concepto del sermón.

La *aplicación* llama a los oyentes a la acción. Por medio de la aplicación, usted hace conscientes a los oyentes de cuáles son las acciones específicas para poner en funcionamiento la verdad del texto bíblico en sus vidas. La aplicación podría requerir la descripción de cómo se obedece o desobedece el concepto bíblico en la experiencia humana. La aplicación también puede adoptar la forma de guías e instrucciones para vivir según los principios mencionados por el texto bíblico. La meta de la aplicación es que los oyentes capten la utilidad del concepto del sermón.

Cuando el predicador emplea estos cuatro elementos para ampliar su bosquejo, puede dirigirse al intelecto, la imaginación, la razón y la voluntad de sus oyentes. Wayne McDill escribe: "Demasiado a menudo, la predicación es estrecha y limitada en su llamado, pasando por alto las diversas dimensiones de la persona. La respuesta completa al mensaje bíblico... requerirá un llamado completo".[6] Además de usar los elementos de explicación, ilustración, argumentación y aplicación, el predicador también puede usar subpuntos para elaborar las ideas básicas de su bosquejo. Sin embargo, tenga cuidado con ello. Pueden volverse demasiado complicados, y hacer que el sermón sea difícil de seguir.

(2) Elaboración de la introducción y la conclusión. Los puntos del sermón, junto con su explicación, comprenden el cuerpo de su mensaje. Un sermón completo necesita también tener una introducción y una conclusión bien desarrolladas. Por lo general, éstas se escriben después de haber preparado el cuerpo del sermón, debido a que usted no puede saber cómo introducir o concluir un sermón hasta primero conocer el contenido de éste.

La introducción debe alcanzar las siguientes metas.

Debe cautivar la atención del oyente. Una ilustración, una cita llamativa, una declaración sorprendente o una pregunta que les haga pensar, servirán para lograr este objetivo.

Debe dirigir el interés del oyente hacia el tema del sermón. El interés y la atención no son la misma cosa. Usted puede captar la atención de una persona si aplaude y grita su nombre, pero eso no quiere decir que ella está interesada en oír lo que usted tiene que decir. El

El plan puesto en marcha 201

predicador capta el interés del oyente cuando le muestra cómo se relaciona el sermón con su vida.

Debe declarar la idea principal del mensaje. Debe decirle a su audiencia clara y memorablemente cuál es el tema de su sermón. Nadie debe salir del culto preguntándose de qué trataba el mensaje.

Debe introducir el texto bíblico. Usted le dará al oyente información del contexto básico antes de leer el pasaje de la predicación. Sea cuidadoso en no elaborar demasiado esta parte de la introducción con explicaciones tediosas y largas del trasfondo histórico o teológico del pasaje. Solo ofrezca lo más esencial.

Debe incluir una transición suave hacia el cuerpo del sermón. Las transiciones están entre las partes más difíciles de los mensajes. Un predicador sabio formulará cuidadosamente las transiciones de manera que sepa cómo pasar de una sección del sermón a la otra. Además de la transición entre la introducción y el cuerpo, hay transiciones entre cada punto del sermón y entre el cuerpo y la conclusión.

La conclusión debe alcanzar las tres metas siguientes.

Debe declarar otra vez los puntos claves del mensaje. Aunque no debe usted volver a predicar el sermón durante la conclusión, necesita volverle a recordar al oyente la idea principal de su sermón y los puntos principales del bosquejo. Esto no tiene por qué hacerse mecánicamente. No es necesario repetir palabra por palabra los puntos de su sermón. Usted tan solo quiere enfatizar una vez más las ideas básicas que ha estado explicando en el sermón.

Debe dejar en el oyente la imagen mental de la idea principal del sermón. Se debe incluir algún tipo de imagen que apele a la imaginación del oyente en la conclusión. Esto podría incluir la narración de alguna historia para ilustrar la verdad de la idea principal del mensaje, una cita memorable o una imagen verbal, un verso de una poesía o algún otro elemento ilustrativo.

Debe llamar al oyente a responder al mensaje con fe y obediencia. Se ha dicho a menudo que la predicación no tiene que ver con transmitir información, sino con producir transformación. Dios usa la predicación para transformar al oyente cuando éste responde al mensaje bíblico con fe y obediencia. La parte final de la conclusión es el llamado a la acción con base en la verdad del sermón.

Encontrar el tiempo para las tareas

Ian Pitt-Watson escribe en *A Primer for Preachers* [Manual para predicadores]: "Los sermones se asemejan más a los bebés que a los edificios. En realidad no los construimos, crecen en nuestro interior".[7] El crecimiento lleva tiempo. A menudo, el tiempo requerido para preparar un sermón puede parecer prohibitivo, especialmente para los predicadores novatos. Pero tener un plan de predicación permitirá que cualquier pastor —ya sea novato o experimentado— saque el máximo provecho de su tiempo.

Cuando estaba en el seminario, el estudio bíblico para mi primer sermón me llevó más de veinte horas, ¡y aún no había preparado el manuscrito de mi sermón! El manuscrito exigió otras diez o quince horas adicionales. Cuando terminé el sermón, me di cuenta de que para acabarlo había tardado cerca de treinta y cinco horas en total. Pensé: *¿Será posible encontrar el tiempo para preparar tres mensajes por semana, además de hacer todas las otras cosas requeridas en el ministerio pastoral?* Me parecía imposible. Por supuesto, aprendí que el tiempo de preparación se volvía más corto a medida que ganaba experiencia en el asunto. Mi tiempo de investigación se hizo más racional cuando aprendí los tipos de preguntas a formular y a no formular. También desarrollé la capacidad de estructurar y preparar más rápidamente mis mensajes.

El estudio detallado de un pasaje de las Escrituras no exige necesariamente el tiempo que yo tomé en mi primer sermón. Gordon Fee, en su libro-guía para la exégesis del Nuevo Testamento, instruye a los pastores a permitirse alrededor de cinco horas y media para el estudio exegético de un pasaje.[8] El proceso descrito por Fee incluye traducir del griego, análisis teológicos y contextuales y la consulta de obras de referencia críticas. A medida que crezcan sus habilidades de estudio, el conocimiento de las Escrituras y su competencia en la composición de los sermones, disminuirá el tiempo requerido para llevar a cabo las tareas de preparación del sermón.

Incluso así, los pastores suelen tener dificultad para encontrar el tiempo necesario para desarrollar tres mensajes por semana. La preparación de uno o más sermones semanales podría recibir menos de lo merecido por culpa de las presiones del tiempo. En el primer capítulo de este libro comenté que planificar su predicación protegería su tiempo; le permitiría elaborar anticipadamente parte de su sermón y repartir la preparación entre varias semanas. Ahora quiero proponerle un sistema para tres mensajes por semana que aproveche al máximo su calendario de predicación y maximice los beneficios de su tiempo de preparación.

Antes de ir más allá, permítame advertirle que el sistema a proponer podría no parecer realista. A primera vista, podría pensar que su implementación es imposible para un pastor. Podría sentirse tentado a ignorarlo como la torre de marfil del idealismo de un profesor de homilética que no está en las trincheras del trabajo pastoral y que se ha olvidado de todas las otras obligaciones que compiten por el tiempo del pastor. Pero espero que me preste atención, porque creo que este sistema de preparación puede beneficiar tremendamente su ministerio, si usted lo adapta a su situación y lo usa.

La buena predicación requiere una preparación ardua. Requiere una cantidad de trabajo y disciplina. Podría requerir reorganizar sus prioridades en su programa semanal. El ejemplo apostólico es que quien está llamado a predicar debe persistir "en la oración y en el ministerio de la palabra" (Hch. 6:4). Por admirable que pueda resultar su plan de predicación, éste se desperdiciará si no se acompaña con un tiempo semanal de estudio efectivo.

Imagínese que se encuentra en una situación semejante a la del pastor Buen Predicador, a quien conocimos al comienzo del capítulo. Está usted sentado en el escritorio de su oficina con un calendario de predicación sin estrenar en sus manos y se pregunta qué hacer ahora. He aquí lo que debería hacer. Primero, debe organizar la preparación de los sermones semanales del año entrante. Puede hacerlo creando carpetas para cada sermón semanal. Cada archivo debe estar marcado de acuerdo con el mes, la semana y el servicio de predicación como sigue:

Enero, semana 1, mañana de domingo.
Enero, semana 1, noche de domingo.
Enero, semana 1, mitad de semana.
Enero, semana 2, mañana de domingo.

Enero, semana 2, noche de domingo.
Enero, semana 2, mitad de semana.
Y así sucesivamente.

Al marcar las carpetas de la manera sugerida, podrán ser reutilizables cada año. Podría preparar dos conjuntos de carpetas: uno para este año y otro para el año siguiente. Al hacerlo así, no interrumpirá su trabajo de este año cuando planifique el del próximo.[9] Podría hacer estas carpetas en su computadora. Esta decisión puede serle especialmente útil si en gran parte de su preparación usted usa herramientas de estudio en la computadora. Sin embargo, a medida que reúna el material para cada mensaje, podría encontrarse con que puntos como los recortes de revistas o los libros son más fáciles de guardar en un sobre que mecanografiarlos o escanearlos en su computadora. Entonces es ventajoso tener en su archivo copias físicas de cada servicio de predicación del año y el archivo electrónico correspondiente en su computadora.

Una vez ha creado las carpetas, debe insertar una *Hoja de apuntes del sermón* en cada carpeta. Hay una muestra de esta *Hoja* al final de este capítulo. Nótese que ésta contiene tres secciones: (1) una sección para escribir la referencia bíblica del texto de predicación, el título provisional y la fecha programada para predicar el sermón; (2) una sección que lo guía en la declaración de la idea principal de su mensaje, y (3) una sección que le ayuda a formular el bosquejo del mensaje. En esta etapa del proceso solo necesita escribir el texto, el título provisional y la fecha de cada sermón del año en la hoja, para lo cual puede copiar la información que aparece en su calendario de predicación. Podría serle útil duplicar esta hoja en papel de color, de modo que sobresalga entre las otras páginas de la carpeta.

Con las carpetas organizadas para cada servicio de predicación, ahora está listo para comenzar a trabajar en la preparación de sus sermones. Si predica más de una vez por semana, debe establecer prioridades para sus oportunidades de predicación semanal. Como el mensaje de los domingos por la mañana tiene más audiencia, probablemente quiera dedicarle la mayor cantidad de tiempo a la preparación de ese sermón. El mensaje del domingo por la noche recibirá el segundo bloque más largo de tiempo de preparación, seguido por el sermón a mitad de la semana.

Yo le aconsejaría usar tres planes de preparación diferentes, uno para cada servicio de la semana. Así preparará cada mensaje del domingo por la mañana en un período de tres semanas. Preparará cada mensaje del domingo por la noche en siete días. Y completará cada sermón de mitad de semana en dos días. He aquí cómo funcionan estos planes de preparación.

(1) *Plan de preparación de tres semanas (mensajes del domingo por la mañana).* Usted completará la *tarea de estudio* el lunes, miércoles y viernes de la primera semana. En esos días, hará un diagrama o bosquejo del pasaje de predicación, hará observaciones y preguntas sobre cada versículo, investigará y responderá a esas preguntas y luego detallará las ideas del sermón que haya descubierto. Su objetivo, al final de la primera semana, es tener una mejor comprensión del contenido del texto bíblico y saber qué aspectos del texto necesita explicar y tratar en su sermón.

Completará la *tarea de estructura* el martes de la segunda semana. Después de revisar sus notas de estudio de la primera semana, escribirá la idea principal del sermón usando la *Hoja de apuntes del sermón*. Después, formulará el bosquejo del sermón en la misma hoja. Si, como Pitt-Watson sugiere, el sermón nace y no se hace, podría pensar en esta segunda semana como el tiempo de gestación. Con toda probabilidad, solo necesitará alrededor de una hora para crear la estructura básica de su mensaje. Durante esta semana usted no pasará una gran cantidad de tiempo trabajando formalmente en el mensaje. En su lugar, en esta semana tendrá la oportunidad de reflexionar sobre el texto y el sermón y de considerar ilustraciones y aplicaciones creativas para su mensaje.

Completará la *tarea de la sustancia* el miércoles, jueves y viernes de la tercera semana. En estos días es cuando usted verdaderamente compone el sermón. Aquí se incluye el diseño del mensaje para la comunicación efectiva, el desarrollo de cada punto del sermón con su explicación, ilustración, argumentación y aplicación, además de escribir notas completas o un manuscrito para el sermón. Después de haber preparado la predicación, se preparará usted para dar el mensaje. El sábado y el domingo temprano se familiarizará íntimamente con el mensaje, lo interiorizará de modo que pueda comunicarlo eficazmente a su audiencia.

(2) Plan de preparación en siete días (mensajes del domingo por la noche). Completará la *tarea de estudio* el lunes y martes. Para este plan usted dinamizará un poco el proceso de estudio. Hará un diagrama o bosquejo del pasaje tal como lo haría para el plan más largo. Sin embargo, en lugar de hacer observaciones y preguntas sobre cada versículo, las hará usted sobre el pasaje completo. Entonces consultará los comentarios y otros recursos para responder a las preguntas y detallar las ideas para el sermón sobre todo el pasaje.

Completará la *tarea de la estructura* el miércoles, escribirá la idea del sermón y el bosquejo en la *Hoja de apuntes del sermón*. El jueves revisará sus notas de estudio y el bosquejo, apuntando cualquier idea que pueda ocurrírsele para el sermón.

El viernes completará la *tarea de la sustancia*. El proceso de componer el sermón se debe condensar de alguna manera para el servicio del domingo por la noche. Escribirá usted notas que expresen el contenido básico de su mensaje, pero no les dará tanta sustancia como si fueran para el sermón del domingo por la mañana. A medida que escribe las notas para este sermón, le sugiero apuntar completamente sólo la introducción, la conclusión, la idea principal y los puntos del sermón. Entonces, haga un esbozo general de la explicación, ilustración, argumentación y aplicación de cada punto. Revisará sus notas la tarde del domingo, de manera que pueda comunicar el sermón con eficacia.

(3) Plan de preparación de dos días (mensajes de mitad de semana). Este plan está diseñado para asumir que usted tardará muchísimo menos tiempo en preparar el sermón de mitad de la semana. Completará las *tareas de estudio y estructura* el jueves de la semana anterior al servicio. En lugar de hacer observaciones y preguntas sobre el pasaje, escogerá dos o tres comentarios para ayudar en la comprensión del contexto, trasfondo, e ideas teológicas del pasaje. Entonces hará estudios básicos sobre los términos principales que aparecen en el texto bíblico. Después escribirá la idea principal y formulará el bosquejo en la *Hoja de apuntes del sermón*.

La cantidad de tiempo apropiada para el estudio variará de pastor a pastor. Algunos querrán pasar entre cuatro y seis horas de estudio diario. Otros tardarán la mitad del tiempo. Sin importar cuál sea la cantidad de tiempo que usted tarde, todo predicador debe comprometerse a estudiar a diario y por adelantado la preparación del sermón. Cuando combine estos tres planes para preparar sus mensajes semanales, el programa de preparación de su sermón para cada semana se parecerá un poco al siguiente diagrama.

Lunes
 Estudio para el sermón del domingo por la mañana (tres domingos en adelante)
 Estudio para el sermón del domingo por la noche (próximo domingo)
Martes
 Estructura del sermón del domingo por la mañana (dos domingos en adelante)
 Estudio para el sermón del domingo por la noche (próximo domingo)
 Sustancia para el sermón de mitad de semana (esta semana)
Miércoles
 Sustancia para el sermón del domingo por la mañana (próximo domingo)
 Estudio para el sermón del domingo por la mañana (tres domingos en adelante)
 Estructura para el sermón del domingo por la noche (próximo domingo)
 Predicación del sermón de mitad de la semana
Jueves
 Sustancia para el sermón del domingo por la mañana (próximo domingo)
 Estudio y estructura del sermón de mitad de semana (próxima semana)
Viernes
 Sustancia para el sermón del domingo por la mañana (próximo domingo)

Sustancia para el sermón del domingo por la noche (próximo domingo)
Estudio para el sermón del domingo por la mañana (tres domingos en adelante)
Sábado
Revisión del manuscrito o notas para el sermón del domingo por la mañana
Domingo
Predicación del sermón del domingo por la mañana
Revisión del bosquejo para el sermón del domingo por la noche
Predicación del sermón del domingo por la noche

Permítame añadir unas palabras adicionales acerca de este programa de predicación. Primero, he sido muy específico en la designación de los días de la semana en que usted debe trabajar cada tarea para cada sermón. Lo he hecho de este modo porque es más beneficioso presentar el plan específicamente que genéricamente. Usted podría usar el plan tal como lo presenté aquí o podría modificarlo, asignándole las tareas a días diferentes. Por ejemplo, algunos pastores se toman un día a la semana como descanso o como día familiar. Los pastores bivocacionales o los pastores estudiantes podrían tener programas que impidan la preparación del sermón en ciertos días. En cualquier caso, el plan tendría que modificarse. Que cada predicador descubra lo que es mejor para él y lo use.

Segundo, algunas personas podrían preguntarse si extender el tiempo de preparación para el mensaje del domingo por la mañana por un período de tres semanas le ofrece alguna ventaja al predicador. Después de todo, un predicador podría hacer una semana antes su preparación para el mensaje del domingo en la mañana e invertir la misma cantidad de tiempo. Sin embargo, este programa de tres semanas le ofrece varias ventajas. Un beneficio es que extender el tiempo de preparación del sermón incrementa su creatividad. Ciertamente, los elementos creativos en su mensaje, como las ilustraciones, se beneficiarán de un período de predicación más largo. Otra ventaja es que usted se concede más tiempo para pensar y orar por el mensaje. Esto tenderá a profundizar el pensamiento y la idea del sermón. El mensaje se volverá parte de usted en un período de tres semanas. Usted será capaz de predicarlo de forma más personal y con menos apoyo en las notas o apuntes.

Y lo más importante: el tiempo extendido de preparación le permitirá más flexibilidad a la hora de tratar las emergencias, interrupciones y circunstancias imprevistas con las cuales se encuentran los pastores regularmente. Casi todas las semanas hablo con pastores que no se sienten preparados cuando suben al púlpito porque su tiempo de preparación se vio alterado por alguna circunstancia no prevista. Todos los pastores tienen semanas durante las cuales las necesidades apremiantes de su congregación se acumulan durante el tiempo de preparación del sermón. La forma de ganarles a las interrupciones es la planificación. El programa de preparación de tres semanas le da tiempo para ponerse al día cuando surgen esas semanas difíciles.

Potenciar la preparación de su sermón

Además del programa que he propuesto para la preparación de su sermón, quiero ofrecerle algunas guías generales para obtener el máximo provecho de su tiempo de estudio.

(1) Reserve grandes bloques de tiempo para el estudio. Prepararse para predicar es un asunto serio que requiere un esfuerzo serio. El programa que he proporcionado en este capítulo asume que usted pasará buena parte de cada día dedicado al estudio concentrado. Si hace su preparación a trancas y barrancas podrá poner en su sermón el pensamiento y el esfuerzo necesarios. Será necesario apartar un bloque de varias horas al día para la parte principal de su estudio.

(2) Use su plan de predicación para guiar su tiempo de lectura devocional. A veces mis estudiantes me preguntan en qué grado deben solapar el tiempo de preparación de los sermones con el tiempo de estudio personal de la Biblia. Es verdad que un pastor necesita leer la Biblia para alimentar su alma. Decrecerá en su vitalidad espiritual si el único tiempo en que estudia la Biblia es cuando trabaja en su sermón. Habiendo dicho eso, debo decir que la Biblia es la Biblia, y leer la Palabra de Dios lo beneficiará espiritualmente aun cuando

esté preparando un mensaje. De hecho, antes de que un pastor predique sobre un texto de las Escrituras, debe tener un encuentro espiritual personal con ese pasaje. Por esta razón, le animo a incorporar sus textos de predicación en su lectura devocional. Tal vez pueda trazarse la meta de leer en su devocional todos los textos sobre los cuales predicará el mes siguiente. De este modo tendrá más conocimiento de su pasaje de predicación y se dará cuenta de cosas en la vida diaria que puede usar como aplicaciones e ilustraciones para los textos. Más aún, permitir que el Espíritu del Dios santo le hable a su corazón por medio de un texto, antes de predicarlo a su congregación, hará del pasaje una realidad vital y viviente en su vida.

(3) Identifique los momentos del día en los cuales puede estudiar mejor. Entre los predicadores existe el adagio de reservar las horas de la mañana para estudiar la Palabra de Dios. Creo que este viejo consejo es bueno. Si comienza su tiempo de estudio a las seis o siete de la mañana y sigue hasta las once o hasta el mediodía, en general encontrará el tiempo provechoso y en gran parte libre de interrupciones. Las visitas pastorales y la administración eclesial se pueden llevar a cabo después. Estudiar temprano le permite realizar el trabajo más exigente durante el tiempo en el cual su mente y su cuerpo están más frescos y con más energía. También le permite disfrutar el resto del día sin la presión de tener que estudiar. Las horas de la noche, en las cuales la casa está en silencio y su mente está relajada, también son buenas para la preparación de los sermones.

Sin embargo, algunos predicadores podrían descubrir que al principio del día no son tan productivos. Sus horas cumbre podrían estar entre las dos y las seis de la tarde. Conozco a un pastor que muy temprano por la mañana visita a los miembros de la iglesia hospitalizados, termina su trabajo administrativo antes del mediodía y luego se pasa toda la tarde dedicado al estudio. Seleccione un tiempo de estudio que le permita hacer mejor su trabajo con base en lo que sabe de usted, sus hábitos, preferencias y las situaciones particulares de su pastorado.

(4) Elimine tantas distracciones como le sea posible cuando esté estudiando. El lugar donde estudie sus sermones debe ser silencioso,

El plan puesto en marcha 211

con buena luz y una temperatura que no sea ni muy caliente ni muy fría. Limpie su área de estudio al final del tiempo de preparación diario. De este modo su estudio será más acogedor para usted cuando se siente a trabajar en sus sermones al día siguiente. Si es posible, su estudio debe estar libre de timbrazos del teléfono, interrupciones de visitantes y las conversaciones a un alto volumen de personas en el pasillo. Algunos pastores escogen hacer la mayor parte de la preparación del sermón en sus hogares para eliminar las interrupciones y distracciones. Este método tiene ventajas, pero puede resultar difícil para pastores con hijos pequeños en el hogar. Donde sea que realice su estudio, haga lo posible por tenerlo en un lugar de retiro y refugio en el cual pueda hacer una investigación, reflexión, oración y escritura con sentido.

(5) *Desarrolle formatos y hojas que le ayuden a encaminar su trabajo.* En este libro he proporcionado varias hojas para ayudarle en el proceso de planificación. También puede usar formatos como el de la *Hoja de apuntes del sermón* para ayudarle en su preparación semanal. Yo le sugeriría que creara una hoja para su estudio de la Biblia y otra para desarrollar la sustancia de su sermón. Estas hojas le recordarán las cosas que quiere incluir en el estudio del texto y en la preparación del sermón. La ventaja de estas hojas, en mi experiencia, es que lo encaminan a hacer lo que se debe hacer. Incluso si el predicador está cansado o sin inspiración, puede comenzar por rellenar las hojas. Así se encamina en la preparación del próximo sermón.

Una de las cosas que más me emociona en la vida es pararme al frente del pueblo de Dios, abrir su Palabra y predicar. Concuerdo de todo corazón con las palabras de G. Campbell Morgan, maestro de la predicación, quien escribió: "Predicar para mí es la mayor diversión del mundo. Preferiría predicar a hacer cualquier otra cosa".[10] La predicación es una gran diversión. También es un trabajo duro. Mi esperanza al escribir este libro es que no parezca que la predicación es más difícil de lo que es. En su lugar, espero que planificarla le haga disfrutar más su trabajo en el púlpito, le dé más propósito y, sobre todas las cosas, sea más fructífero para alcanzar los objetivos de Dios. ¡Que Él lo bendiga con poder y habilidad para la tarea gloriosa de la predicación!

Hoja de apuntes del sermón

Texto bíblico: _____
Título provisional: _____
Fecha programada: _____

Esta hoja está diseñada para ayudarle a crear la estructura de sus sermones. Después de que haya finalizado de estudiar todo el texto bíblico para la predicación, continúe con los pasos siguientes.

Paso 1: Descubra la idea principal del texto bíblico y del sermón
(1) ¿De qué está hablando el autor bíblico?
(2) ¿Cómo limita el autor el alcance de lo que está hablando?
   • Intente responder a cada pregunta con una palabra.
   • Las respuestas pueden estar explícitas o implícitas en el texto.
   • Use los términos más simples posibles.
(3) Use las respuestas de los puntos (1) y (2) para escribir una frase que declare la idea principal de su sermón.

Paso 2: Descubra el bosquejo del sermón
(1) ¿Cómo amplía el autor su idea principal?
   • Todo autor de la Biblia usa algún tipo de estructura para comunicarse.
(2) ¿Cómo puede comunicar al oyente el tratamiento de su idea?
   • La estructura del sermón debe expresar el contenido teológico del texto.
(3) Exprese el bosquejo como una serie de puntos del sermón.

Notas

Introducción
1. Andrew Blackwood, *Planning a Year's Pulpit Work* (Nueva York: Abingdon-Cokesbury, 1942), p. 15.

Capítulo 1. Razones para planificar su predicación
1. Thomas Lee, *1, 2 Timothy*, The New American Commentary (Nashville: Broadman and Holman, 1992), pp. 242-243.
2. Gary W. Demarest, *1, 2 Thessalonians, 1, 2 Timothy, Titus*, The Communicator's Commentary (Waco: Word, 1984), p. 286.
3. J. I. Packer, "The Lost Word" [La palabra perdida], en *God has Spoken* [*La voz del Dios santo*] (Downers Grove, Ill.: InterVarsity, 1979), p. 28. Publicado en español por Vida.
4. Fritz Rienecker, *Linguistic Key to the Greek New Testament* (Grand Rapids: Zondervan, 1980), p. 647.
5. Demarest, *1, 2 Thessalonians, 1, 2 Timothy, Titus*, p. 287.
6. Aubrey Malphurs, *Advanced Strategic Planning: A New Model for Church and Ministry Leaders* [*Planeamiento estratégico*] (Grand Rapids: Baker, 1999), p. 12. Publicado en español por Peniel.
7. *Ibíd.*
8. Alton McEachern, *Proclaim the Gospel: A Guide to Biblical Preaching* (Nashville: Convention, 1975), p. 4.
9. D. Martin Lloyd-Jones, *Preaching and Preachers* [*La predicación y los predicadores*] (Grand Rapids: Zondervan, 1971), p. 304. Publicado en español por Peregrino.
10. *Ibíd.*, p. 305.
11. Andrew Blackwood, *Planning a Year's Pulpit Work* (Nueva York: Abingdon-Cokesbury, 1942), p. 213.
12. Tercera estrofa del himno "Cabeza ensangrentada", de Bernardo de Claraval. Trad. P. Gerhardt.
13. Quinta estrofa del himno "Cómo en su sangre pudo haber", de Carlos Wesley.
14. J. Winston Pearce, *Planning Your Preaching* (Nashville: Broadman, 1967), p. 19.
15. *Ibíd.*, p. 23.

Capítulo 2. Determinar su estrategia de predicación
1. Wayne McDill, *The Twelve Essential Skills for Great Preaching* (Nashville: Broadman and Holman, 1994), p. 244.
2. Charles W. Koller, *Expository Preaching Without Notes* (Grand Rapids: Baker, 1962), p. 18.

3. McDill, *The Twelve Essential Skills*, p. 245.
4. James Montgomery Boice y A. Skevington Wood, *The Expositor's Bible Commentary: Galatians and Ephesians* (Grand Rapids: Zondervan, 1995), p. 160.
5. Marcus Barth, *The Anchor Bible: Ephesians*, vol. 2 (Garden City: Doubleday, 1974), p. 438.
6. *Ibíd.*, p. 439.
7. Koller, *Expository Preaching Without Notes*, p. 19.
8. David Berlo, *The Process of Communication: An Introduction to Theory and Practice* (Nueva York: Holt, Rinehart and Winston, 1960), p. 134.
9. Ramesh Richard, *Scripture Sculpture: A Do-It-Yourself Manual for Biblical Preaching* (Grand Rapids: Baker, 1995), p. 185.
10. Theodore Clevenger Jr., *Audience Analysis* (Indianapolis: Bobbs-Merrill, 1966), p. 10.
11. Berlo, *The Process of Communication*, p. 134.
12. Richard L. Weaver II, *Essentials of Public Speaking*, 2ª ed. (Boston: Allyn and Bacon, 2001), p. 53.
13. Virginia P. Richmond y Mark Hickson III, *Going Public: A Practical Guide to Public Talk* (Boston: Allyn and Bacon, 2002), p. 79.
14. Donald C. Bryant y Karl R. Wallace, *Fundamentals of Public Speaking* (Nueva York: Appleton-Centry-Crofts, 1953), pp. 285-286.
15. Wayne McDill, *The Moment of Truth* (Nashville: Broadman and Holman, 1999), p. 47.
16. H. L. Hollingsworth, *The Psychology of an Audience* (Nueva York: American Book, 1977), p. 21.
17. Arthur Koch, *Speaking with a Purpose*, 5ª ed. (Boston, Allyn and Bacon, 2001), pp. 32-37.
18. *Ibíd.*, p. 36.
19. Jerry Vines y Jim Shaddix, *Power in the Pulpit* (Chicago: Moody, 1999), p. 128.
20. Koller, *Expository Preaching Without Notes*, p. 19.
21. Harold T. Bryson y James C. Taylor, *Building Sermons to Meet People's Needs* (Nashville: Broadman, 1980), p. 44.
22. Barbara Gross Davis, *Tools for Teaching* (San Francisco: Jossey-Bass, 1993), p. 4.

Capítulo 3. La mecánica de la planificación

1. Wayne McDill, *The Twelve Essential Skills for Great Preaching* (Nashville: Broadman and Holman, 1994), p. 272.
2. Bryan Chapell, *Christ-centered Preaching: Redeeming the Expository Sermon* (Grand Rapids: Baker, 1994), p. 272.
3. J. Winston Pearce, *Planning Your Preaching* (Nashville: Broadman, 1967), p. 5.
4. Dallas Willard, *The Spirit of the Disciplines* (San Francisco: Harper-San Francisco, 1988), pp. 160-162. Richard Foster, *A Celebration of Discipline* [*Celebración de la disciplina*], ed. rev. (San Francisco: Harper San Francisco, 1988), pp. 96-109. Publicado en español por Peniel.
5. Pearce, *Planning Your Preaching*, p. 5.
6. Andrew Blackwood, *Planning a Year's Pulpit Work* (Nueva York: Abingdon-Cokesbury, 1942), p. 17.

Notas 215

Capítulo 4. Planificación de series expositivas

1. Thomas R. McKibbens Jr., *The Forgotten Heritage: A Lineage of Great Baptist Preaching* (Macon: Mercer University Press, 1986), p. 82.
2. Edwin Charles Dargan, *A History of Preaching*, vol. 2 (Nueva York: Hodder and Stoughton, 1912), p. 576.
3. Citado en Clyde E. Fant Jr. y William M. Pinson Jr., *A Treasury of Great Preaching*, vol. 5, ed. rev. (Dallas: Word, 1995), p. 7.
4. Harold T. Bryson, *Expository Preaching: The Art of Preaching Through a Book of the Bible* (Nashville: Broadman and Holman, 1995), p. 12. Bryson hace una revisión y una evaluación excelentes de las varias definiciones que los eruditos en homilética dan para la predicación expositiva.
5. Donald Miller, *The Way to Biblical Preaching* (Nashville: Abingdon, 1957), p. 22.
6. Leander E. Keck, *The Bible in the Pulpit: The Renewal of Biblical Preaching* (Nashville: Abingdon, 1978), p. 106.
7. William D. Thompson, *Preaching Biblically* (Nashville: Abingdon, 1981), p. 10.
8. Haddon W. Robinson, *Biblical Preaching: The Development and Delivery of Expository Messages* [*La predicación bíblica*] (Grand Rapids: Baker, 1980), p. 20. Publicado en español por Unilit.
9. Merrill Unger, *Principles of Expository Preaching* (Grand Rapids: Zondervan, 1955), p. 33.
10. Jerry Vines y Jim Shaddix, *Power in the Pulpit* (Chicago: Moody, 1999), p. 32.
11. William M. Taylor, *The Ministry of the Word* (Nueva York: T. Nelson & Sons, 1876), p. 155.
12. F. B. Meyer, *Expository Preaching Plans and Methods* (Nueva York: George H. Doran, 1912), p. 29.
13. R. W. Dale, *Nine Lectures on Preaching* (Londres: Hodder and Stoughton, 1896), pp. 229-230.
14. W. A. Criswell, *Standing on the Promises* (Dallas: Word, 1990).
15. Meyer, *Expository Preaching Plans and Methods*, p. 50.
16. Bryson, *Expository Preaching*, p. 60.
17. Gordon D. Fee, y Douglas Stuart, *How to Read the Bible for All Its Worth*, 2d ed. [*La lectura eficaz de la Biblia*] (Grand Rapids: Zondervan, 1993), p. 54. Publicado en español por Vida.
18. Maxie D. Dunnam, *Exodus*, The Communicator's Commentary Series (Waco: Word, 1987), p. 7.
19. Charles Ryrie, *The Ryrie Study Bible* [*Biblia de estudio Ryrie*] (Chicago: Moody, 1978), p. 937. Publicado en español por Portavoz.
20. Edwin Charles Dargan, *A History of Preaching*, vol. 1 (Nueva York: Hodder and Stoughton, 1905), p. 212.
21. James Montgomery Boice, *Romans*, vols. 1-4 (Grand Rapids: Baker, 1995).
22. John MacArthur Jr., "Frequently Asked Questions about Expository Preaching", en Richard L. Mayhue, ed., *Rediscovering Expository Preaching* [*El redescubrimiento de la predicación expositiva*] (Dallas: Word, 1992), p. 340. Publicado en español por Caribe.
23. Warren W. Wiersbe, *Usted puede estar bien con Dios: Estudio expositivo de la Epístola a los Romanos* (Sebring, Fla.: Ed. Bautista Independiente, 1983).

24. R. Kent Hughes, *Romans: Righteousness from Heaven* (Wheaton: Crossway, 1991).
25. Bryson, *Expository Preaching*, p. 79.
26. *Ibíd.*, 73.

Capítulo 5. Planificación para las ordenanzas

1. J. Winston Pearce, *Planning Your Preaching* (Nashville: Broadman, 1967), p. 19.
2. Scott Gibson, *Preaching for Special Services* (Grand Rapids: Baker, 2001), pp. 67-69, ofrece un resumen excelente del papel que ha jugado la predicación en la celebración del bautismo y de la Cena del Señor a lo largo de toda la historia cristiana.
3. Hughes Oliphant Old, *The Reading and Preaching of the Scriptures in the Worship of the Christian Church*, vol. 1, *The Biblical Period* (Grand Rapids: Eerdmans, 1998), p. 180.
4. Franklin M. Segler, *Christian Worship: Its Theology and Practice* (Nashville: Broadman, 1967), pp. 142-143.
5. Justino, *Apology*, I, 67 en Bard Thompson, ed., *Liturgies of the Western Church* (Cleveland: World, 1962).
6. William H. Willimon y Robert L. Wilson, *Preaching and Worship in the Small Church* (Nashville: Abingdon, 1980), p. 68.
7. Gibson, *Preaching for Special Services*, p. 65.
8. *Companion to the Book of Services: Introduction, Commentary, and Instructions for Using the New United Methodist Services* (Nashville: Abingdon, 1988), p. 55.
9. Gibson, *Preaching for Special Services*, p. 85.
10. Craig Brian Larson, "The Crux of Communion" en *Changing Lives Through Preaching and Worship* (Nashville: Moorings, 1995), p. 266.
11. Willimon y Wilson, *Preaching and Worship in the Small Church*, p. 67.
12. Pearce, *Planning Your Preaching*, p. 149. Gran parte de mi explicación en esta sección se adaptó de Pearce, pp. 149-151.
13. Segler, *Christian Worship: Its Theology and Practice*, p. 142.
14. *Ibíd.*, p. 143.
15. Pearce, *Planning Your Preaching*, p. 146.
16. Gibson, *Preaching for Special Services*, pp. 80, 98.

Capítulo 6. Planificación para los días especiales

1. Stossel, John. "Dumb Days! Do We Need a National Pretzel Day?" http://absnews.go.com/sections/2020/2020/stossel020614.html, 14 de junio de 2002.
2. Scott Gibson, *Preaching for Special Services* (Grand Rapids: Baker, 2001), p. 16.
3. Andrew Blackwood, *Expository Preaching for Today* (Nueva York: Abingdon-Cokesbury, 1953), p. 175.
4. *Ibíd.*, p 176.
5. David Steel, *Preaching Through the Year* (Atlanta: John Knox, 1980).
6. John W. Yates II, "Preaching and the Calendar" en James D. Berkley, ed., *Leadership Handbook of Preaching and Worship* (Grand Rapids: Baker, 1992), p. 62.

Notas 217

7. D. W. Cleverley Ford, *Preaching on Special Ocassions* (Oxford: Mowbrays, 1975), pp. 1-2.
8. Blackwood, *Expository Preaching for Today*, p. 176.
9. Stephen F. Olford, *The Pulpit and the Christian Calendar 3* (Grand Rapids: Baker, 1992), p. 7.
10. Warren W. Wiersbe, *Preaching and Teaching with Imagination: The Quest for Biblical Ministry* (WHeaton: Victor, 1994), p. 259.
11. C. H. Spurgeon, *Christ's Words from the Cross* (Grand Rapids: Baker, 1997).
12. Gardner C. Taylor, *How Shall They Preach* (Elgin: Progressive Baptist, 1977), pp. 95-148.
13. Lloyd M. Perry, *A Manual for Biblical Preaching* (Grand Rapids: Baker, 1994), p. 181.
14. *Ibíd.*, p. 178.
15. *Ibíd.*, p. 175.

Capítulo 7. Planificación para la predicación doctrinal

1. Stuart Briscoe, "Planning a Preaching Menu" en *Mastering Contemporary Preaching* (Portland: Multnomah Press, 1989), pp. 45-46.
2. Chuck Swindoll, *Growing Deep: Exploring the Roots of Our Faith* (Portland: Multnomah Press, 1986), p. 12.
3. Andrew Blackwood, *Planning a Year's Pulpit Work* (Nueva York: Abingdon-Cokesbury, 1942), p. 69.
4. Gerharde O. Forde, *Theology is for Proclamation* (Mineapolis: Fortress, 1990), p. 1.
5. Agustín, *On Christian Doctrine*, traducción de J. F. Shaw en Robert Maynard Hutchins, ed., *Great Books of the Western World* (Chicago: Encyclopedia Britannica, 1952), pp. 676-677.
6. John A. Broadus, *A Treatise on the Preparation and Delivery of Sermons*, 29ª ed. (Grand Rapids: Baker, 1997), pp. 21-22.
7. Millard Erickson, y James Heflin, *Old Wine in New Wineskins: Doctrinal Preaching in a Changing World* (Grand Rapids: Baker, 1997), pp. 21-22.
8. James Earl Massey, *Designing the Sermon* (Nashville: Abingdon, 1980), pp. 61-62.
9. Se pueden encontrar ejemplos de estas tendencias en varios grados en los escritos de David Buttrick, Fred Craddock, Thomas Long y Eugene Lowry, entre otros eruditos de la homilética.
10. Mark Abbott, "Should Preaching Teach?", *Preaching*, mayo-junio de 1999, p. 5.
11. Dorothy Sayers, *Creed or Chaos?* (Londres: Methuen and Company, 1947), p. 28.
12. *Ibíd.*
13. Henry Sloane Coffin, *What to Preach* (Nueva York: George H. Doran, 1926), p. 47.
14. Donald English, *An Evangelical Theology of Preaching* (Nashville: Abingdon, 1996), p. 68.
15. D. James Kennedy, *Truths that Transform: Christian Doctrines for Your Life Today* [*Verdades que transforman*], ed. ampliada (Grand Rapids: Revell, 1996),

p. 9. Publicado en español por la Subcomisión de Literatura Cristiana de la Iglesia Cristiana Reformada.
16. Lloyd M. Perry, *Biblical Preaching for Today's Word*, ed. rev. (Chicago: Moody, 1990), p. 161.
17. Hershel H. Hobbs, *Fundamentals of Our Faith* (Nashville: Broadman, 1960), p. 38.
18. *Ibíd.*, pp. 39-50.
19. Kennedy, *Truths that Transform* [*Verdades que transforman*], p. 138.
20. *Ibíd.*, pp. 141-144.
21. Faris D. Whitesell, *The Art of Biblical Preaching* (Grand Rapids: Zondervan, 1950), p. 45.
22. Jerry Vines, *Believer's Guide to Hebrews* (Neptune: Loizeaux, 1993), p. 12.
23. *Ibíd.*, pp. 12-17.
24. Faris D. Whitesell, *Expository Sermon Outlines* (Westwood: Revell, 1959), pp. 39-40.
25. Blackwood, *Planning a Year's Pulpit Work*, p. 75.
26. Broadus, *A Treatise on the Preparation and Delivery of Sermons*, pp. 78-79.
27. Blackwood, *Planning a Year's Pulpit Work*, p. 87.
28. Rick Warren, *The Purpose-Driven Church* [*Una iglesia con propósito*] (Grand Rapids: Zondervan, 1995), p. 300. Publicado en español por Vida.
29. Blackwood, *Planning a Year's Pulpit Work*, pp. 74-75.
30. Merle Mees, "The Serial Preacher", en *Proclaim*, primavera de 1999, p. 20.
31. Arthur John Gossip, "The Whole Counsel of God: The Place of Biblical Doctrine in Preaching", *Interpretation*, julio de 1947, p. 327.
32. Además de los otros libros referenciados en este capítulo, se puede encontrar un tratamiento a nivel del laico de los posibles temas a tratar en la predicación doctrinal en libros tales como Millard J. Erickson, *Does It Matter What I Believe?* (Grand Rapids: Baker, 1992); J. I. Packer, *El conocimiento del Dios santo* (Miami: Vida, 2006) y James Montgomery Boice, *Foundations of the Christian Faith: A Comprehensive and Readable Theology* (Downers Grove: InterVarsity, 1986).
33. Citado en Paul E. Little, *Know What You Believe* (Wheaton: Victor, 1987), p. 22.
34. *Ibíd.*, p. 74.
35. William Evans, *The Great Doctrines of the Bible*, ed. ampliada (Chicago: Moody, 1974), p. 225.
36. Erickson y Heflin, *Old Wine in New Wineskins: Doctrinal Preaching in a Changing World*, p. 247.
37. Phillips Brooks, *Lectures on Preaching* (Londres: H. R. Allenson, 1878), p. 129.

Capítulo 8. Planificación para la predicación pastoral

1. Charles H. Spurgeon, *Lectures to My Students* [*Discursos a mis estudiantes*] (Grand Rapids: Zondervan, 1954), p. 132. Publicado en español por Casa Bautista de Publicaciones.
2. Citado en Frank Hill Caldwell, *Preaching Angles* (Nueva York: Abingdon, 1954), p. 109.

Notas

3. Halford E. Luccock, *In the Minister's Workshop* (Nueva York: Abingdon, 1944), p. 51.
4. *Ibíd.*, p. 56.
5. *Ibíd.*, pp. 57-58.
6. Illion T. Jones, *Principles and Practices of Preaching* (Nueva York: Abingdon, 1956), p. 107.
7. Ronald Sleeth, *Proclaiming the Word* (Nashville: Abingdon, 1964), p. 86.
8. William L. Malcomson, *The Preaching Event* (Filadelfia: Westminster, 1968), p. 115.
9. *Ibíd.*
10. Charles F. Kemp, *Pastoral Preaching* (San Luis: Bethany, 1963), p. 12.
11. G. Ray Jordan, *You Can Preach!* (Nueva York: Revell, 1951), p. 217.
12. Edgar N. Jackson, *How to Preach to People's Needs* (Nueva York: Abingdon, 1956), pp. 12-13.
13. William D. Thompson, *Preaching Biblically* (Nashville: Abingdon, 1981), p. 80.
14. Haddon W. Robinson, *Biblical Preaching* [*La predicación bíblica*] (Grand Rapids: Baker, 1980), p. 164. Publicado en español por Unilit.
15. William H. Willimon, *Worship as Pastoral Care* (Nashville: Abingdon, 1979).
16. John Killinger, *The Centrality of Preaching in the Total Task of the Ministry* (Waco: Word, 1969), pp. 70-71.
17. Lloyd M. Perry y Charles M. Sell, *Speaking to Life's Problems* (Chicago: Moody, 1983), p. 14.
18. Jay Adams, *Preaching with Purpose* [*Predicar al corazón*] (Grand Rapids: Zondervan, 1982), p. 14. Publicado en español por Vida.
19. Jordan, *You Can Preach!*, p. 218.
20. Luccock, *In the Minister's Workshop*, p. 52.
21. William Sangster, *The Craft of Sermon Construction* (Londres: Epworth, 1949), p. 32.
22. John Watson (Ian Maclaren), *The Cure of Souls* (Nueva York: Dodd, Mead, and Co., 1896), p. 55.
23. Phillips Brooks, *Lectures on Preaching* (Londres: H. R. Allenson, 1878), p. 190.
24. Perry y Sell, *Speaking to Life's Problems*, p. 19.
25. Sleeth, *Proclaiming the Word*, p. 102.
26. Bill Hybels, "Well-focused Preaching", *Leadership*, invierno de 1989, p. 92.
27. Sangster, *The Craft of Sermon Construction*, p. 124.
28. Hybels, "Well-focused Preaching", p. 94.
29. Andrew Blackwood, *Planning a Year's Pulpit Work* (Nueva York: Abingdon-Cokesbury, 1942), pp. 194-195.
30. Esta lista se adaptó de Perry y Sell, *Speaking to Life's Problems*, pp. 235-246.

Capítulo 9. Aprender del plan antiguo

1. Robert Webber, *Worship Old and New*, ed. rev. (Grand Rapids: Zondervan, 1994), pp. 114-119.
2. Norman H. Maring, *The Christian Calendar in the Free Churches* (Valley Forge: Judson, 1994), pp. 114-119.

3. James F. White, *Introduction to the Christian Worship*, ed. rev. (Nashville: Abingdon, 1990), p. 56.
4. G. Thomas Halbrooks, "The Theology and Symbolism of the Christian Year", *Faith and Mission*, tomo 7:2, 1991, p. 3.
5. Edward T. Horn, *The Christian Year* (Filadelfia: Muhlenberg, 1957), p. 16.
6. Halbrooks, "The Theology and Symbolism of the Christian Year", pp. 3-4.
7. *Ibíd.*, p.62.
8. Agustín, *Letters*, Fathers of the Church, vol. 12, traducción [al inglés] de Wilfrid Parsons (Nueva York: Fathers of the Church, 1951), pp. 284-285.
9. White, *Introduction to the Christian Worship*, p. 64.
10. *Ibíd.*, p. 66.
11. Halbrooks, "The Theology and Symbolism of the Christian Year", pp. 4-5.
12. Webber, *Worship Old and New*, p. 223.
13. Halbrooks, "The Theology and Symbolism of the Christian Year", p. 5.
14. Webber, *Worship Old and New*, p. 223.
15. George M. Gibson, *Planned Preaching* (Filadelfia: Westminster Press, 1954), pp. 51-52.
16. *Ibíd.*, p. 57.
17. Horn, *The Christian Year*, p. 41.
18. Thomas Long, "Preaching the Lectionary", en James D. Berkley, ed., *Leadership Handbook of Preaching and Worship* (Grand Rapids: Baker, 1997), pp. 54-55.
19. Véase Hoyt L. Hickman, *et. al.*, *Handbook for the Christian Year* (Nashville: Abingdon, 1986) para tener información más detallada sobre las formas de incorporar el *Leccionario común revisado* al servicio de adoración.

Capítulo 10. El plan puesto en marcha

1. David Alan Black, *Using New Testament Greek in Ministry* (Grand Rapids: Baker, 1993), p. 94.
2. Para mayor información sobre la diagramación de las frases véase Walter Liefeld, *New Testament Exposition: From Text to Sermon* (Grand Rapids: Zondervan, 1984), pp. 45-56.
3. Robert B. Chisholm Jr., *From Exegesis to Exposition: A Practical Guide to Using Biblical Hebrew* (Grand Rapids: Baker, 1998), pp. 187-191, ofrece múltiples sugerencias que ayudarán al predicador en la interpretación de las narrativas del Antiguo Testamento.
4. Black, *Using New Testament Greek in Ministry*, pp. 98-99.
5. Gordon D. Fee, *New Testament Exegesis* [*Exégesis del Nuevo Testamento*], rev. ed. (Louisville: Westminster/John Knox, 1993), pp. 146-147. Publicado en español por Vida.
6. Wayne McDill, *The Twelve Essential Skills of Sermon Preparation* (Nashville: Broadman and Holman, 1994), p. 189.
7. Ian Pitt-Watson, *A Primer for Preachers* (Grand Rapids: Baker, 1986), p. 56.
8. Fee, *New Testament Exegesis* [*Exégesis del Nuevo Testamento*], pp. 147-161.
9. Este sistema de archivo lo sugirió James T. Meadows, "The Rationale and

Methodology of Planned Preaching", *Preaching*, julio-agosto de 1991, pp. 15-16.

10. Citado en Edgar DeWitt Jones, *American Preachers of Today* (Indianapolis: Bobbs-Merrill, 1933), p. 287.

Escrito en un estilo conversacional con abundantes ejemplos para ilustrar todos los conceptos, *Volvamos a la predicación bíblica* lleva al lector paso a paso a través de todo el proceso de preparación de un mensaje bíblico, desde estudiar el pasaje bíblico con habilidad e integridad hasta comunicar el mensaje con persuasión, precisión, pasión y pertinencia. El autor proporciona a los incipientes pastores consejos sabios que, sin duda, permanecerán con ellos a lo largo de su ministerio.

ISBN: 978-0-8254-1798-6

Disponible pronto en su librería cristiana favorita o en www.portavoz.com

La editorial de su confianza

Cada uno provee al predicador con 104 bosquejos de sermones bíblicos, ¡suficientes para predicar dos sermones cada domingo del año!

ISBN: 978-0-8254-1114-4 / rústica
ISBN: 978-0-8254-1115-1 / rústica
ISBN: 978-0-8254-1116-8 / rústica
ISBN: 978-0-8254-1117-5 / rústica
ISBN: 978-0-8254-1118-2 / rústica
ISBN: 978-0-8254-1119-9 / rústica
ISBN: 978-0-8254-1184-7 / rústica

Disponible pronto en su librería cristiana favorita o en www.portavoz.com

La editorial de su confianza

La *Biblia de estudio Ryrie ampliada* es una herramienta única y amplia que satisface todas las necesidades del estudio de la Biblia. Incluye:

- 10.000 notas explicativas concisas
- Abundantes mapas, cuadros, cronologías y diagramas
- Extensas referencias cruzadas
- Bosquejos de los libros en un formato fácil de leer
- Introducción minuciosa a cada libro
- Introducción al Antiguo y Nuevo Testamento así como a los Evangelios
- Índice de temas ampliado
- Amplia concordancia
- Breve resumen de doctrinas bíblicas
- La inspiración de la Biblia
- Cómo comprender la Biblia
- Cómo nos llegó la Biblia
- Significado de la salvación y bendiciones que comporta
- La arqueología y la Biblia
- Panorama de la historia de la iglesia

"La Biblia es el libro más grandioso de todos; estudiarla es la más noble de todas las ocupaciones; entenderla, la más elevada de todas las metas".
—Dr. Charles C. Ryrie

ISBN: 978-0-8254-1816-7 / Tapa dura
ISBN: 978-0-8254-1817-4 / Imitación piel azul
ISBN: 978-0-8254-1818-1 / Imitación piel negro

Disponible pronto en su librería cristiana favorita o en www.portavoz.com
La editorial de su confianza